# Deutsche Reitlehre

# Deutsche Reitlehre

Grundausbildung für Reiter und Pferd

Deutsche Reiterliche Vereinigung e.V.

# Deutsche Reitlehre

# Grundausbildung für Reiter und Pferd

Herausgeber:
Deutsche Reiterliche Vereinigung e. V.
Hauptverband für Zucht und Prüfung deutscher Pferde (FN)


4410 Warendorf 1, Freiherr-von-Langen-Straße 13, Ruf (02581) 8041

1. neu bearbeitete und neu gestaltete Auflage der Richtlinien für Reiten und Fahren, Bd. 1

Text: H. D. Donner, Dr. D. Specht
Beratung: G. Festerling, M. Habel, H. Niemack
Zeichnungen: M. Merz, U. Spenlen

Layout: U. Spenlen, Köln
Druck: Schnell-Druck, Oststraße 24, 4410 Warendorf 1

10. 08./80



ISBN 3 – 88542 – 023 – 6

# INHALT

Seite

## GRUNDAUSBILDUNG DES PFERDES

# Vorwort

Die seit mehr als 25 Jahren bewährten Richtlinien für Reiten und Fahren, Band I, wurden neu bearbeitet und durch informative Farbtafeln, zahlreiche schwarz-weiße Abbildungen und Zeichnungen ergänzt. Eine Vielzahl komplizierter Zusammenhänge werden optisch in Einzelbildfolge und durch anschauliche Texte erläutert.
Auf der Basis der unumstößlichen Grundsätze der klassischen Reitkunst werden die Themen »Grundausbildung des Reiters« und »Grundausbildung des Pferdes« übersichtlich und leicht verständlich abgehandelt.
Grundlage dieser Reitlehre sind die leider mehr und mehr in Vergessenheit geratenen Maximen »Das geschulte Pferd ist der beste Lehrmeister« und »Auf ein junges Pferd gehört ein erfahrener Reiter«. So ausgebildete Reiter und Pferde finden den seit Jahrzehnten unverändert richtigen Weg zum fundierten und soliden Erfolg.
Das praxisbezogene Wissen der Autoren gepaart mit dem reichen Erfahrungsschatz ihrer Berater rechtfertigen den Anspruch einer »Deutschen Reitlehre«. Sie besitzt den Grad an Verbindlichkeit, der auch zukünftig die klassische Lehre als Grundlage für die Ausbildungsarbeit in unseren Vereinen und Schulen garantieren wird.

FN – Abteilung Sport

# Grundausbildung des Reiters

## 1. Vorbedingungen für eine erfolgreiche Ausbildung

### 1.1. Reitlehrer

Die Motive, die die Menschen dazu bringen, sich mit dem Pferd und der Reiterei zu beschäftigen, sind sehr unterschiedlich.
Der eine will sich in seiner Freizeit ohne jedweden leistungssportlichen Ehrgeiz mit dem Pferd in der Natur bewegen, der andere sucht eine ausgleichende körperliche Betätigung. Ein Dritter will sich im Leistungs- oder Hochleistungssport bewähren. Das Therapeutische Reiten und das Reiten für Behinderte und Rekonvaleszenten gewinnt mehr und mehr an Bedeutung. Eine Vielzahl von Rassen vom Großpferd bis zum Pony bieten unterschiedliche Nutzungsmöglichkeiten.
Die Aufgabe des Reitlehrers ist es, den Interessenten Kenntnisse und Fertigkeiten im Umgang mit dem Pferd zu vermitteln. Diese sind erforderlich, um allen Beteiligten eine sichere und tierschutzgerechte Sportausübung und Freizeitgestaltung mit dem Pferd zu gewährleisten.
Je größer der Aufgabenbereich des Reitlehrers ist, um so mehr muß von ihm der Nachweis einer gediegenen, in langjährigem Umgang mit der Materie erworbenen Qualifikation durch die Ablegung einer allseits anerkannten Prüfung gefordert werden. Das Zeugnis der »Berufsreitlehrerprüfung (FN)« – mit den Vorstufen »Pferdewirt - Schwerpunkt Reiten« (Bereiter FN) – erfüllt diese Forderung. Für den mit kleineren Aufgaben betrauten oder auf Amateurbasis wirkenden Personenkreis gibt es die Möglichkeit der Reitwart- und Amateurreitlehrerprüfung*), deren Anforderungen dieser Aufgabenstellung entsprechen.

### 1.2. Ort der Ausbildung

Zweckmäßigerweise wird die Ausbildung zunächst in einer Reithalle stattfinden. Hier ist für den Anfänger ein großes Maß an Sicherheit gegeben, da äußere Einflüsse, die das von ihm noch nicht voll beherrschte Pferd ablenken könnten, weitgehend ausgeschaltet sind. Um Reiter

*) *Auskunft über Ausbildungs- und Prüfungsbedingungen für Berufs- und Amateurausbilder erteilt die Deutsche Reiterliche Vereinigung e.V., 4410 Warendorf, Freiherr-von-Langen-Straße 13.*

sachgemäß unterweisen zu können, sollten die Mindestmaße der Reitfläche 20 × 40 m betragen. Wenn irgend möglich, sollte auch ein Reitplatz im Freien zur Verfügung stehen. Als Begrenzung dafür empfiehlt sich die Anlage eines kleinen Erdwalles oder eines 50 bis 60 cm hohen Holzgeländers.
Wünschenswert ist neben diesem Dressurviereck ein größerer Platz für die Galopparbeit, das Reiten im leichten Sitz und die Springausbildung. Es sollte möglichst soviel Hindernismaterial vorhanden sein, daß von Zeit zu Zeit eine Trainings-Springbahn in den Anforderungen der Klassen E, A oder L aufgebaut werden kann. Ein Wassergraben von natürlichem Aussehen sollte auf keinem Übungsplatz fehlen.*)
Der Reitplatz ist die Visitenkarte der Ausbildungsstätte. Ein verwahrloster Platz, auf dem zerbrochene Hindernisse unordentlich herumliegen, und wo man dem Hufschlag ansieht, daß er nie eingeebnet und glattgezogen wird, spricht nicht für die Reiter, die dort zu Hause sind. Bei geeigneter Führung und gutem Willen wird es überall mit wenig Aufwand zu erreichen sein, daß sich der Reitplatz stets in einem sauberen, ordentlichen Zustand befindet.
Für den theoretischen Unterricht, der eine unerläßliche Ergänzung der praktischen Reitausbildung bedeutet, soll ein behaglicher Raum gewählt werden, soweit der Unterricht nicht im Stall (z. B. über Körperbau des Pferdes, Frisieren, Satteln und Zäumen usw.) oder auf dem Reitplatz stattfindet. Von Anschauungsmaterial soll weitmöglichst Gebrauch gemacht werden. Z. B. können an einer Lehrtafel*) oder mit Dia-Bildern Erläuterungen gegeben werden. Lehrfilme oder die Benutzung eines Video-Recorders werden den Unterricht beleben und intensivieren.

## 1.3. Einteilung der Ausbildung

Nach dem Vertrautmachen mit dem Pferd steht am Anfang der Reitausbildung die Sitzschulung an der Longe. Unter direkter Aufsicht des Lehrers kann hier der Anfänger zunächst mit nicht zu lang geschnallten Bügeln das Gefühl für Gleichgewicht und losgelassene, zweckentsprechende Körperhaltung in den drei Grundgangarten des Pferdes üben und erwerben. Er soll sich darauf konzentrieren können, ohne mit der

*) *Wertvolle Anregungen über den Bau und Ausbau von Reithallen, Ställen und Reitanlagen können den »Orientierungshilfen für die Planung und den Bau von Reitanlagen« der Deutschen Reiterlichen Vereinigung e.V. (FN) entnommen werden.*

*) *Über die Anatomie des Pferdes unterrichten 9 farbige Lehrtafeln, die im FN-Verlag erschienen sind.*

Lenkung und Beherrschung des Pferdes beschäftigt zu sein. Später kann diese Sitzschulung auch ohne Steigbügel vorgenommen werden. Der hiermit verbundene relativ große Zeitaufwand wird durch erhöhte Sicherheit für den Reitanfänger und schnellere Fortschritte in der Ausbildung reichlich wettgemacht.
Sind die Voraussetzungen für Sitz und Einwirkung erreicht, ist möglichst eine Einteilung in kleine Gruppen von ca. 6 bis 8 Reitern etwa gleicher Ausbildungsstufe anzustreben.
Innerhalb der Gruppe kann sich manchmal ein vorübergehendes Umsitzen der besseren Reiter auf die schwierigeren Pferde empfehlen. Es ist vorteilhaft, wenn der Reitlehrer gelegentlich die in der Ausbildung verwendeten Pferde selbst reitet, um über ihre Eigenarten informiert zu sein und sie gegebenenfalls auch zu korrigieren.
In der Abteilung reitet der Anfänger ohne Beachtung bestimmter Abstände zunächst mit Steigbügeln, bis das Gefühl der Sicherheit und des Vertrauens gewonnen ist. Erst dann sind die Steigbügel für einen Teil der Reitstunde hochzuschlagen.
Solange ein Reiter noch nicht in der Lage ist, durch richtige Einwirkung das Pferd in Gebrauchshaltung zu reiten, empfiehlt sich der Gebrauch von Ausbindezügeln.
Die Vorführung gut gerittener Pferde unter bewährten Reitern mit erklärenden Worten des Reitlehrers kann – ebenso wie der gemeinsame Besuch eines Reitturniers – anregend wirken und das Allgemeinverständnis und den Ehrgeiz der »Reitneulinge« fördern.
Für Kinder sind Voltigierstunden ganz besonders geeignet, sie frühzeitig mit dem Pferd vertraut zu machen. Ebenso erleichtert das Reiten auf Reitponys dem jugendlichen Reitanfänger den Beginn erheblich. Voltigiergruppen und Ponyabteilungen sollten daher in jeder Reitschule und bei jedem Reiterverein eine ständige Einrichtung sein.*)

## 1. 4. Ausrüstung

### 1. 4. 1. Anzug und Ausrüstung des Reiters

Für die ersten Reitstunden ist dem Anfänger eine legere, strapazierfähige und bequeme Bekleidung zu empfehlen, die aus Jeans und Pullover bestehen kann. Später empfiehlt sich der Erwerb sachgemäßer Reitbekleidung.

*) *Über das Voltigieren und die Voltigierausbildung informiert der Band III der Richtlinien, während für das Reiten auf Ponys die im folgenden zusammengestellten Ratschläge und Erläuterungen in vollem Umfange Gültigkeit haben.*

Von besonderer Wichtigkeit ist eine gut passende *Reithose,* die über dem Knie nicht spannen und in der Sitzfläche keine Falten schlagen darf, da das zum Durchreiten führen kann. Sie soll jedoch so lang sein, daß sie im »Schritt« bequem ist.
Die *Reitstiefel* müssen einen langen Schaft haben. Zu kurze Schäfte können unter *das Sattelblatt haken* und den Reiter in Sitz undHilfengebung behindern. Die Sohlen der Stiefel – bei langen Reithosen (Yodhpur) trägt man Stiefeletten – müssen bis zum Absatz durchbesohlt sein. Andernfalls können bei Festhaken der Steigbügel an der Sohle gefährliche Situationen entstehen.
Das Tragen geeigneter *Reithandschuhe* ist empfehlenswert. Sie müssen eine genügende Weite über dem Handrücken haben, das sonst das Gefühl der Reiterhand beeinträchtigt wird und sie im Winter auch nicht vor Kälte schützen. Bei gewirkten Woll- oder Zwirnhandschuhen kann eine Lederverstärkung zwischen Ring- und kleinem Finger das Durchrutschen der Zügel verhindern.
Eine feste bruch- und splittersichere *Kappe* sollte für alle Reiter wenigstens bei Springübungen und beim Reiten im Gelände obligatorisch sein.
Zur Unterstützung der gerade beim Reitanfänger noch nicht gefestigten Hilfengebung empfiehlt sich eine *Gerte* von 1 m bis 1,20 m Länge. Sie darf nicht zu weich sein, damit sie nicht schon durch die Bewegung des Pferdes ständig im Takt den Pferdekörper berührt. Andererseits muß sie aber so elastisch sein, daß sie bereits durch kleinste Bewegungen der sie tragenden Hand gezielt und bestimmt eingesetzt werden kann. Zum Springen und Geländereiten empfiehlt sich dann später eine kurze Springpeitsche, die nicht länger als 80 cm sein darf.

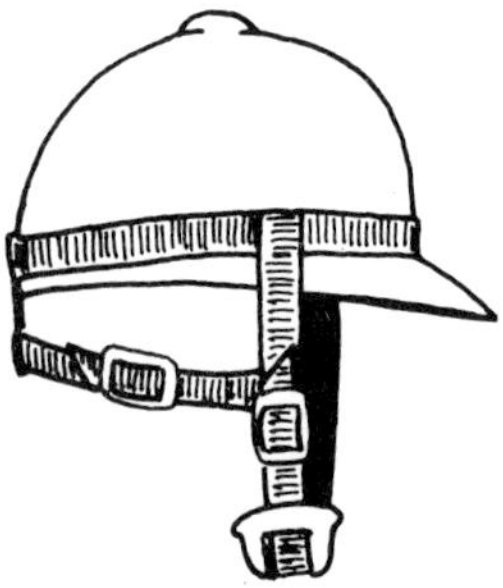

*bruch- und splittersichere Kappe mit Kinnschutz*

*Reithandschuhe mit Lederverstärkung*

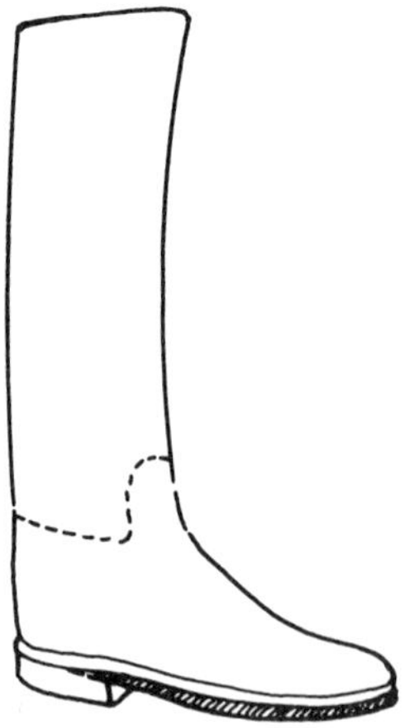

*Reitstiefel (durchgesohlt)*

Ab wann der Reitanfänger *Sporen* benutzen darf, sollte ausschließlich der Ausbilder bestimmen.
Die Sporen werden dann so angeschnallt, daß sie nicht zu fest waagerecht oder hinten etwas tiefer – ca. 4 bis 5 Fingerbreit – über dem Absatz liegen. Bei Rädchensporen ist darauf zu achten, daß die Sporenrädchen sich leicht drehen lassen, um Rißwunden zu vermeiden.

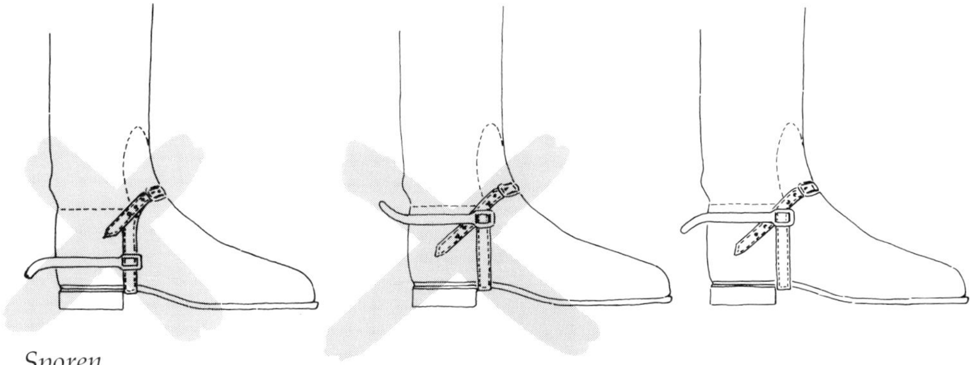

*Sporen*

Eine *Reitjacke* braucht der Anfänger zunächst nicht. Beim späteren Kauf sollte man dann darauf achten, daß sie in der Schulterpartie weit genug ist, damit der Reiter nicht beengt wird. Sie sollte außerdem nur so lang sein, daß der Reiter nicht auf den Rockschößen sitzt. Werden Pullover oder Hemden getragen, ist es gut, wenn diese nicht zu weit gewählt werden, damit sie den Sitz des Reiters nicht krumm erscheinen lassen.*)

### 1. 4. 2. Ausrüstung des Pferdes

Zur Grundausrüstung des Reitpferdes gehören das *Zaumzeug* (Trense, Kandare oder gebißlose Zäumung) und der *Sattel.*
*Zubehör* bilden ggf. Ausbindezügel, Martingal, sonstige Hilfszügel, Bandagen, Gamaschen und Vorderzeug.

*Zaumzeug*

– *Trensenzäumung*
*Die Trense* ist die für die Grundausbildung sowie zum Springen und zum Reiten im Gelände am besten geeignete Zäumung.

*) *Über die sonstige bei Wettbewerben und Leistungsprüfungen übliche Kleidung und Ausrüstung gibt die Leistungsprüfungsordnung (LPO) Auskunft.*

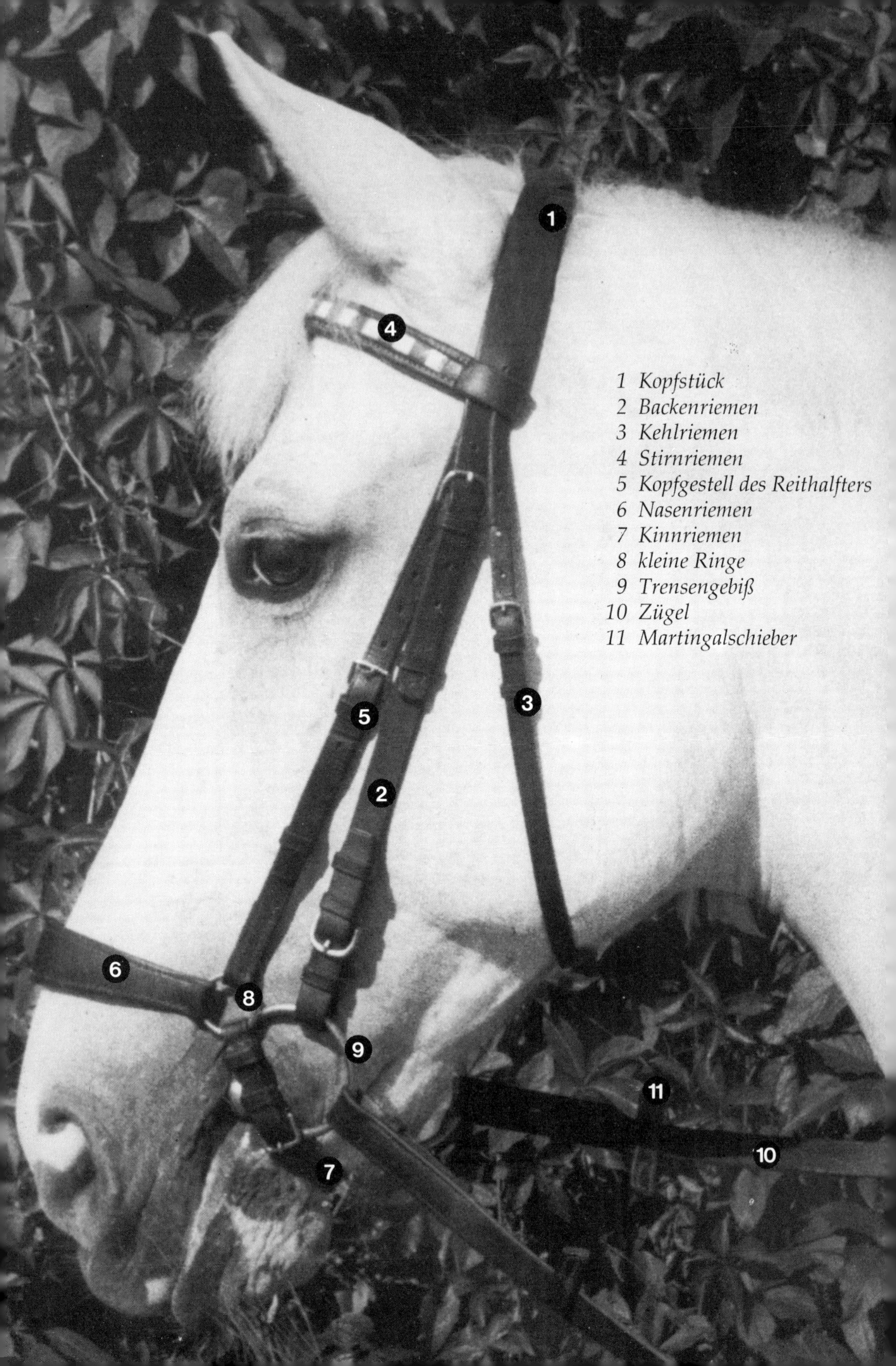
1
4
5
3
2
6
8
9
11
10
7
1 Kopfstück
2 Backenriemen
3 Kehlriemen
4 Stirnriemen
5 Kopfgestell des Reithalfters
6 Nasenriemen
7 Kinnriemen
8 kleine Ringe
9 Trensengebiß
10 Zügel
11 Martingalschieber

Die Trensenzäumung besteht aus zwei Hauptteilen
- dem Trensenzaum mit Gebiß und Zügeln;
- dem Reithalfter.

Der Trensenzaum setzt sich aus dem Kopfstück, den Backenriemen, dem Kehlriemen und dem Stirnriemen zusammen. Die benötigte Länge des Zaumes sollte durch eine oder zwei Schnallen an einem oder an beiden Backenstücken hergestellt werden können. Eine Verschnallungsmöglichkeit am Kopfstück (auf dem Genick des Pferdes) birgt Verletzungsgefahr für den Reiter in sich.

Im allgemeinen wird ein einfaches Trensengebiß verwendet. Je dicker das Gebiß ist, um so weicher und angenehmer ist seine Wirkung für das Pferd. Empfehlenswert ist eine am Trensenring gemessene Dicke von 16 mm, die auch bei Wettbewerben und Leistungsprüfungen vorgeschrieben ist. Die Trensenringe haben einen Durchmesser von ca. 7 cm.

Es gibt die Ringtrense, die Olivenkopf- und Knebeltrense. Bei der *Ringtrense* ist darauf zu achten, daß die Löcher, durch welche die Trensenringe laufen, nicht abgenutzt sind und hierdurch scharfe Kanten bilden, die das Pferdemaul verletzen könnten.

Die *Olivenkopftrense* schmiegt sich den Lefzen des Pferdes gut an und hat gleich der *Knebeltrense* eine festere Lage im Pferdemaul als die Ringtrense.

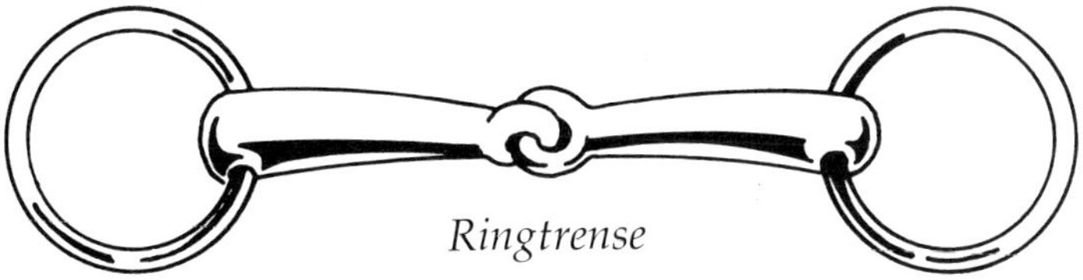

*Ringtrense*

*Olivenkopftrense*

*Knebeltrense*

*ensenzäumung mit hannoverschem Reithalfter*

Die Trensenzügel – aus Leder oder Gurt – werden in die Trensenringe eingeschnallt oder angenäht und müssen an ihrem hinteren Ende zusammenschnallbar sein.
Beide Zügelhälften zusammen sind ca. 2,75 m lang. Die Breite beträgt ca. 2,5 cm. Gurtzügel haben den Vorteil, insbesondere bei nassem Wetter, rutschfest in der Hand des Reiters zu liegen. Zusätzlichen Halt können aufgenähte Lederstege bieten.
Wichtig für die Sicherheit ist die Qualität der Vernähung von Leder und Gurt sowie bei Verwendung von Haken deren Befestigung.
Das *Reithalfter* vervollständigt die Zäumung. Es hat die Aufgabe, einen Teil der Wirkung des Gebisses auf das Nasenbein zu übertragen und zu verhindern, daß sich das Pferd durch Aufsperren des Maules den Einwirkungen des Reiters entzieht.
Es gibt zwei Grundtypen von Reithalftern:
– das hannoversche Reithalfter
– das englische Reithalfter
*Das hannoversche Reithalfter* ist besonders bei jungen Pferden bei der Arbeit auf Trense empfehlenswert. Es überträgt den Druck des Gebisses, verhindert das gelegentlich vorkommende Aufsperren des Maules und das seitliche Verschieben des Unterkiefers. Dadurch wird das Pferd veranlaßt, nicht nur mit dem Unterkiefer, sondern auch im Genick nachzugeben. Das Kopfstück, der Kinnriemen und der Nasenriemen des Reithalfters sind in kleine Ringe eingenäht; ein kleiner Verbindungssteg oder eine am Ring befestigte »Nase« verhindert das Herabfallen des Nasenriemens. Der Kinnriemen verläuft unter dem Trensengebiß.
*Das englische Reithalfter* hat einen etwas breiter gehaltenen, in der Regel verdickten Nasenriemen, der ein eigenes verstellbares Kopfteil hat. Es findet vorwiegend bei der Kandarenzäumung Anwendung. Die Schnallung erfolgt oberhalb des Trensengebisses.
Weitere Arten von Reithalftern sind die aus den oben aufgeführten Grundtypen entwickelten kombinierten Reithalfter sowie die mexikanischen oder Kreuzreithalfter.
Das *kombinierte Reithalfter* besteht aus dem englischen Halfter, an dessen vorderem Nasenteil ein dünnerer Riemen durch eine kleine Schlaufe geführt und unterhalb des Trensengebisses am Unterkiefer geschnallt wird.
Bei dem *mexikanischen oder Kreuzreithalfter* (oft auch als polnisches, schwedisches u. a. bezeichnet) kreuzen sich zwei, durch eine Rosette auf dem Nasenbein des Pferdes gehaltene Riemen und werden jeweils ober- und unterhalb des Gebisses zusammengeschnallt.

*Hannoversches Reithalfter*
*Kombiniertes Reithalfter*

*Englisches Reithalfter*
*Mexikanisches Reithalfter*

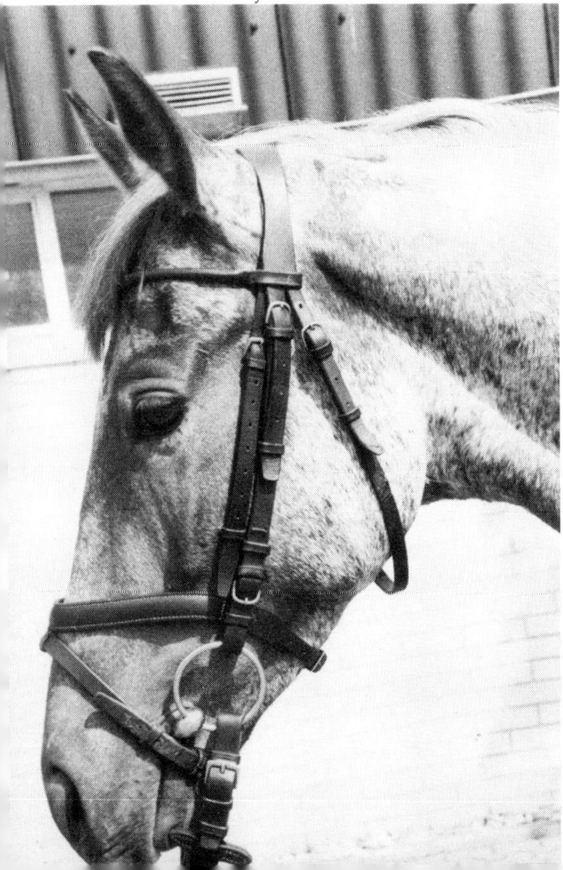

– *Kandarenzäumung*

Die Kandarenzäumung dient zur Verfeinerung der Hilfengebung für den fortgeschrittenen Reiter auf einem entsprechend ausgebildeten Pferd. In der Grundausbildung findet sie höchstens zum Abschluß Verwendung, wenn der Reiter gelernt hat, die Lektionen der L-Dressur mit Trensenzäumung zu reiten.

*Unterlegtrense für Kandarenzäumung*

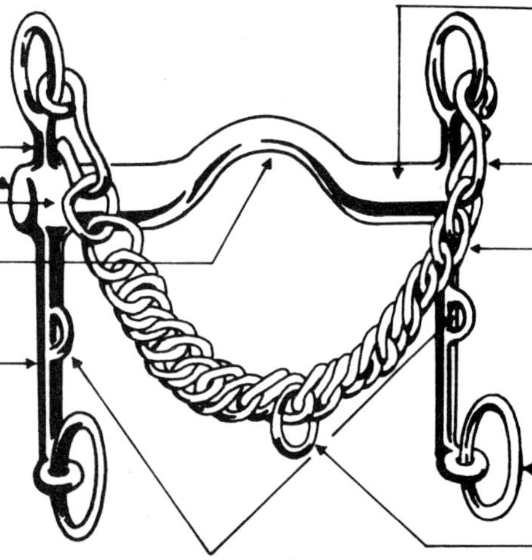


Als *Kandare* bezeichnet man ein ungebrochenes Mundstück mit seitlichen Hebeln, deren Länge in Verbindung mit einer Kinnkette (früher auch Kinnriemen) die Stärke der Wirkung (Hebelwirkung) bestimmt. Weiteren Einfluß auf die Wirkung hat die sogenannte »Zungenfreiheit« und die Dicke des Gebisses. Als Zungenfreiheit wird eine mehr oder weniger starke Aufwölbung in der Mitte der »Stange« bezeichnet. Je höher die Aufwölbung ist, um so mehr wird die Zunge auf einen engeren Raum fixiert, was zur Folge hat, daß die Seiten der Stange vermehrt auf die Lade (Unterkieferäste) des Pferdes wirken.

Die seitlichen Hebel der Kandare, in den sogenannten Ober- und Unterbaum unterteilt, sollen ein Längenverhältnis von 1 : 1,5 bis 1 : 2 haben.

Bei Wettbewerben und Leistungsprüfungen ist die Länge der Unterbäume, die auch als »Anzüge« bezeichnet werden, in der Dressur auf 5–10 cm, in allen anderen Disziplinen, in denen Kandarenzäumung erlaubt ist, auf maximal 7 cm festgelegt.

An den Oberbäumen werden die Backenstücke des Zaumzeuges befestigt, an den beweglichen Ringen des Unterbaumes die Zügel. Die Kandarenzügel sollten etwas schmaler als die Trensenzügel und am Ende zusammengenäht sein, um während des Reitens eine leichtere Unterscheidung zwischen Trensen- und Kandarenzügel zu ermöglichen.

Die *Kinnkette* besteht aus mehreren, sich zu den Enden hin verjüngenden und ineinanderschmiegenden ovalen Ringen. Ein kleiner runder, in der Mitte der Kinnkette befindlicher Ring, Scherriemenring genannt, dient zum Anschnallen des sogenannten Scherriemens.

Dieser läuft durch die im unteren Drittel des Unterbaumes befindlichen Scherriemenlöcher und reguliert im Bedarfsfall die Lage (Höhe) der Kinnkette. Er verhindert ein »Greifen« der Kandarenbäume durch das Pferdemaul.

Die *Kinnkettenhaken*, in die die immer nach rechts auszudrehende Kinnkette von oben eingehängt wird, müssen nach außen gebogen sein und zeigen mit der Öffnung nach oben. Ihre richtige Biegung ist von wesentlichem Einfluß auf eine gute Zäumung. Verbogene oder verwechselte Haken führen zu Verletzungen am Pferdemaul.

Die zur Kandarenzäumung gehörende *Unterlegtrense* kann sowohl eine Ringtrense als auch eine Olivenkopftrense sein. Sie ist dünner als die normale Trense und wird in das zweite Backenstück des Kandarenzaumes geschnallt.

Als *Reithalfter* wird bei der Kandare das englische Reithalfter verwendet.

Bei Leistungsprüfungen ist für die Kandare – am Maulwinkel gemessen – eine Mindestdicke von 16 mm, bei der Unterlegtrense von 10 mm gefordert.

– *Weitere Zäumungen*

Verschiedene Pelham- und Trensenarten, Hackamore und Bosal zählen zu den Spezialzäumungen und sollten auch nur in speziellen Fällen und am Anfang nur unter Anleitung des Reitlehrers verwendet werden.

Als *Pelham* wird ein Trensengebiß bezeichnet, welches durch seitliche Stangen und eine Kinnkette ähnlich der Kandare eine Hebelwirkung erhält. Durch Verbindung der Seitenringe mit einem Lederriemen kann das Pelham mit einem Zügel benutzt werden.

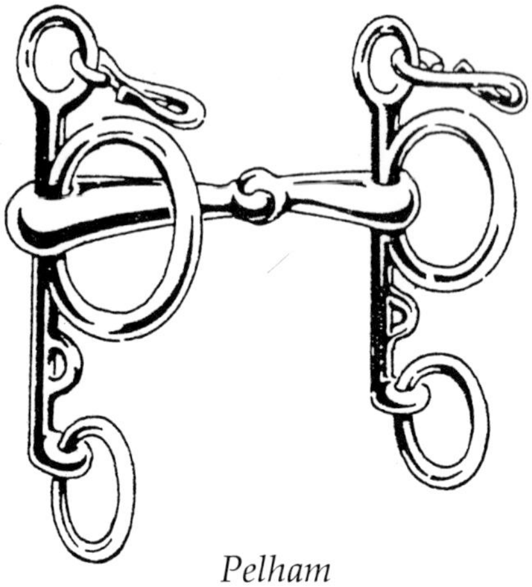

*Pelham*

Als *Spezialgebisse* dienen mehrfach gebrochene Trensenmundstücke, Gummitrensen und ähnliche.
*Hackamore* und *Bosal* sind gebißlose Zäumungen, deren Wirkung auf das Nasenbein des Pferdes erfolgt. Beim Hackamore wird diese Wirkung durch seitliche Bäume und eine Kinnkette verstärkt, während beim Bosal die Einwirkung durch ein Leitseil, die »Mecate«, erfolgt.

*Hackamore*

*Bosal*

## Sattel

Jeder Sattel besteht aus den folgenden Teilen:
Der *Sattelbaum* bildet die Grundlage für die Form des Sattels. Er kann aus Stahl, Leder, Holz, Fischbein oder Kunststoff sein.
Der vordere, etwas hochgewölbte, manchmal auch zurückgezogene Bogen des Sattelbaumes bildet die *Sattelkammer*.* Sie muß so hoch sein, daß auch bei belastetem Sattel kein Druck auf die am Widerrist sehr langen und unmittelbar unter der Haut liegenden Dornfortsätze der Rückenwirbel des Pferdes ausgeübt wird. Der seitliche Teil der Sattelkammer (Kopfeisen) muß in seiner Breite zum Pferd passen. Nach der Weite dieses Kopfeisens wird die genormte Größe des Sattels bestimmt.
Der hintere Teil der Sitzfläche des Sattels bildet den *Sattelkranz*.
Die *Sturzfeder* dient der Befestigung der Steigbügelriemen. Von besonderer Wichtigkeit ist ihre absolut sichere Verbindung mit dem Sattelbaum.
Die *Polsterung* (Sattelkissen) bedeckt die Unterseite des Sattelbaumes und wird im allgemeinen aus Pferdehaar oder Werg hergestellt. Sie muß gleichmäßig sein, darf sich nicht zusammendrücken und sollte nicht stärker als unbedingt nötig sein. Verdickungen, besonders unterhalb, manchmal auch am vorderen oberen Rand der Sattelblätter werden als *Pauschen* bezeichnet.
Die *Sitzfläche* hat durch ihre Form großen Einfluß auf den Sitz des Reiters. Der tiefste Punkt der Sitzfläche muß in der Mitte des Sattels liegen.
Die *Sattelblätter* bilden die Seitenteile des Sattels, ihre Form wird vom Spezialzweck des Sattels als Dressur- oder Springsattel bestimmt. Das Material (Leder) der Sattelblätter muß eine gute »Ständigkeit« (Festigkeit) besitzen und deshalb von bester Qualität sein.
Die *Sattelgurtstrupfen* dienen zur Befestigung des Sattelgurtes. Aus Sicherheitsgründen ist Handvernähung und reißfestes Leder (Chromleder) zu empfehlen.
Der *Sattelgurt* muß breit genug sein, um genügend Auflagefläche zu haben. Eingearbeitete geschmiedete Schnallen sind gegossenen oder Messingschnallen vorzuziehen.
Sattelgurte werden aus Schnurengarn, Leder, Gummi oder Kunststoff hergestellt.
Die *Steigbügelriemen* sollen aus geschmeidigem, haltbarem Leder hergestellt werden. Der Umschlag an den Schnallen sollte etwa 7 cm betragen und handvernäht sein. Ovale Löcher erleichtern das Verschnallen.

*) *Vorder- bzw. Hinterzwiesel befinden sich nur noch über der Sattelkammer bzw. dem Sattelkranz bei »Westernsätteln«.*

*Dressursattel – Springsattel*

Der *Steigbügel* muß genügend breit (für Erwachsene etwa 12 cm, für Kinder etwa 10 cm) und schwer sein, damit der Fuß ihn schnell aufnehmen und auch wieder loslassen kann. Gummieinlagen erleichtern den Halt des Fußes. Die Steigbügelöse muß gratfrei sein, sonst wird der Steigbügelriemen beschädigt.

Die *Satteldecke* hat den Zweck, den Schweiß des Pferdes von der Sattelpolsterung abzuhalten. Es gibt Satteldecken aus Filz, Stoff, Leder, Gummi, Kunststoff. Sie sind entweder nach der Form des Sattels geschnitten oder viereckig (Schabracken). Dicke Wolldecken (Woilach) entfernen den Sattel zu weit vom Pferderücken und sind nur bei Trachtensätteln bei Wanderritten zugleich als Schutzdecke für die Pferde zweckmäßig.

**Sattelarten und -formen**

Nach der Bauart wird unterschieden zwischen

– Pritschsattel (englischer Sportsattel)

– Trachtensattel (Armee- oder Cowboysattel)

Charakteristisch für den *Pritschsattel* ist der durchgehende Sattelbaum,

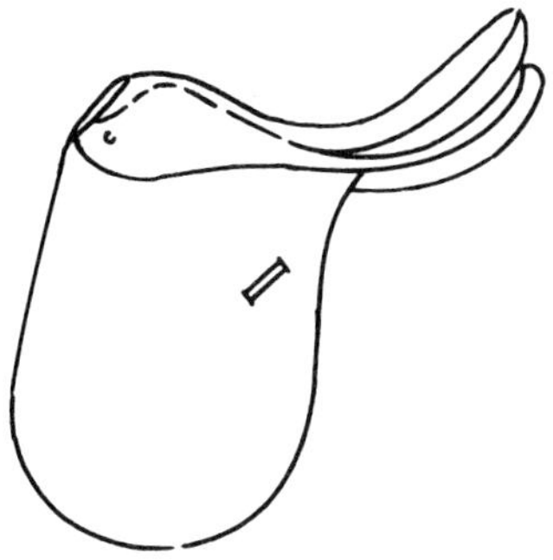

*Dressursattel*

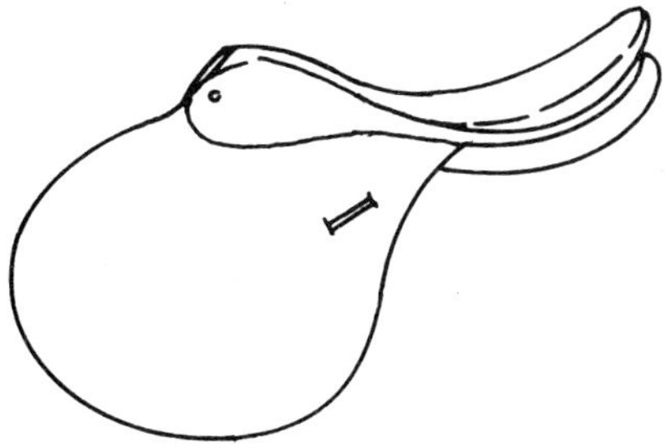

*Springsattel*

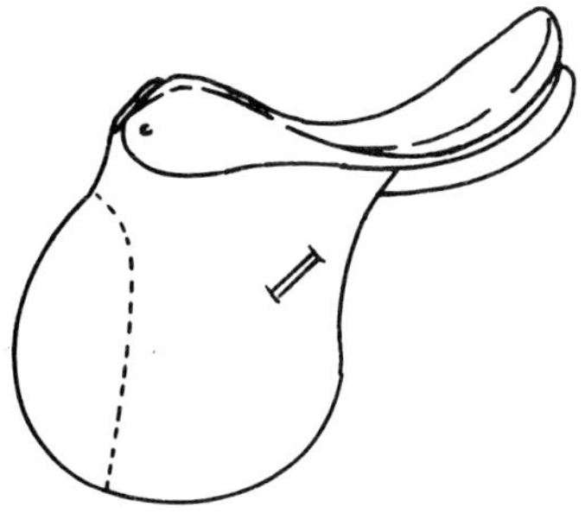

*Mehrzwecksattel*

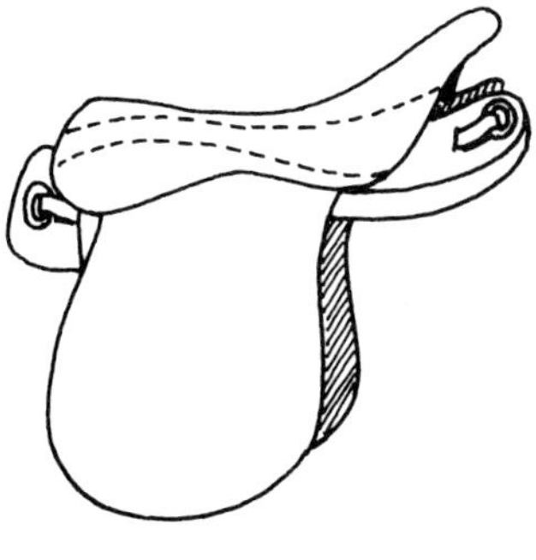

*Bock- oder Trachtensattel*

**Bezeichnung der einzelnen Sattelteile mit Zubehör:**

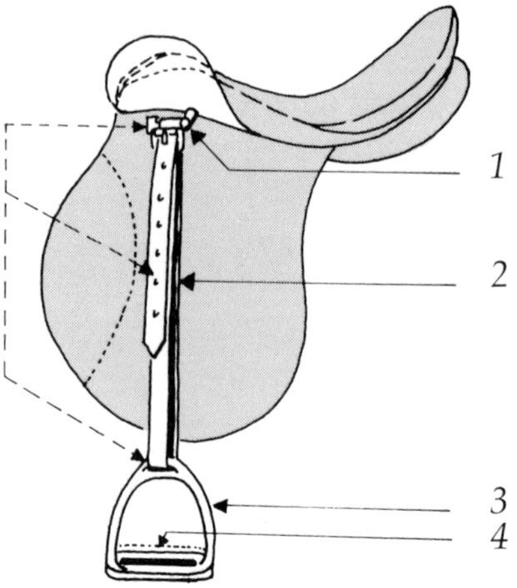


| | |
|---|---|
| 1 *Sturzfeder* | 3 *Steigbügel* |
| 2 *Steigbügelriemen* | 4 *Steigbügeleinlage* |

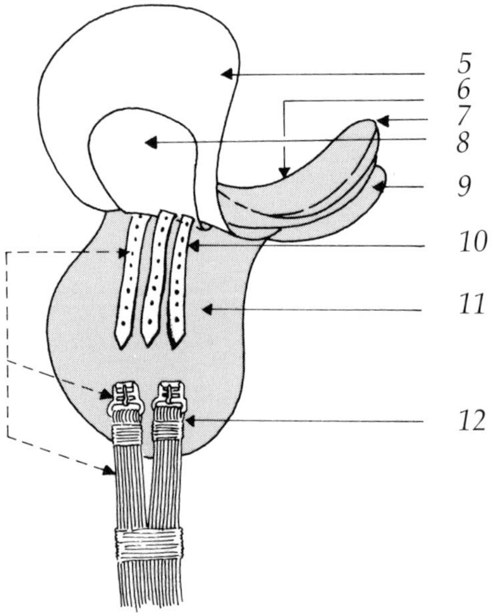


| | |
|---|---|
| 5 *Sattelblatt* | 9 *Sattelkissen (Polster)* |
| 6 *Sitzfläche* | 10 *Sattelgurtstrupfen* |
| 7 *Sattelkranz* | 11 *Schweißblatt* |
| 8 *Deckblatt* | 12 *Sattelgurt mit Schnallen* |

eine niedrige Höhe, die engen Kontakt des Reiters mit dem Pferderücken erlaubt, sowie leichtes Gewicht.

Der *Trachtensattel* hat zwei getrennte Sattelbäume, die längsseits der Rückenwirbel des Pferdes laufen. Er ist in seiner Bauart stabiler und eignet sich daher besonders für die Befestigung von Gepäck.

Der Pritschsattel ist der bei der Reitausbildung und im Sport gebräuchliche Sattel.

Je nach Gebrauchszweck wird unterschieden in:

- *Dressursattel* – dicht am Pferderücken, lange seitlich Sattelblätter
- *Springsattel* – länger im Sitz, weit vorgebaute Sattelblätter (stärkere Pauschen)
- *Mehrzwecksattel*– (früher Vielseitigkeitssattel) Mittelmaß der beiden obigen Sättel, sowohl für Dressur als auch für Springreiten geeignet. Dieser Sattel wird heute auch oft von Springreitern bevorzugt.

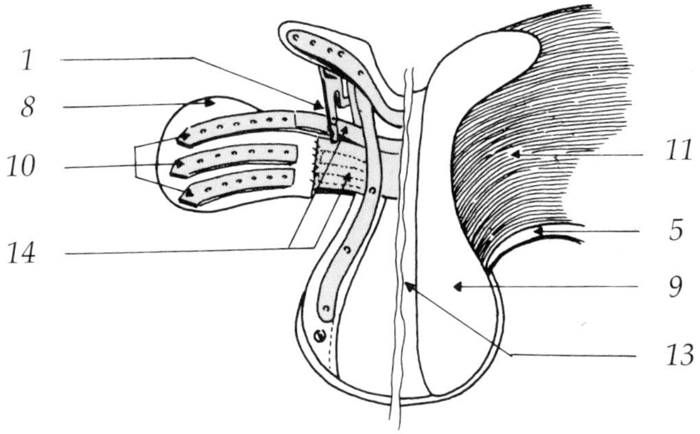


*13 Sattelkammer*
*14 Haltegurte für Sattelgurtstrupfen*

## Hilfszügel

*Hilfszügel* werden bei der Ausbildung des Reiters benutzt, um noch mangelnde Einwirkung auf das Pferd auszugleichen, die Anlehnung und Durchlässigkeit zu verbessern oder einem Kopfschlagen zu begegnen (Martingal).

Das Ziel jeder Arbeit mit Hilfszügeln muß sein, diese im weiteren Verlauf überflüssig zu machen. Die wesentlichsten, im Gebrauch befindlichen Hilfszügel sind

- einfache Ausbindezügel
- Stoßzügel
- doppelte Ausbindezügel
- Schlaufzügel
- Martingal

Der *einfache Ausbindezügel* und der *Stoßzügel* sind schmale, etwa 1,20 bis 1,50 m lange Riemen, häufig mit zwischengenähtem Gummiring, um eine federnde Anlehnung zu erreichen. An einem Ende befinden sich Schnallen oder Karabinerhaken zum Befestigen an den Trensenringen, am anderen Ende größere schnallbare Schlaufen zum Befestigen des Ausbindezügels am Sattel oder Longiergurt. Zweckmäßig ist eine ausreichende Anzahl von Schnall-Löchern, um jede erforderliche Länge einstellen zu können.

Der *doppelte Ausbindezügel* und der *Schlaufzügel* bestehen aus zwei je 2,50 bis 2,75 m langen Zügeln aus Leder oder Gurtband, die an einem Ende wie Trensenzügel zusammengeschnallt werden können. Am anderen Ende sind Schnallstrupfen angebracht, mit denen der Zügel, ausgehend von der Hand des Reiters, durch die Trensenringe geführt und am Sattelgurt angebracht wird.

Das *Martingal* besteht aus einem mit einer Schlaufe am Sattelgurt zu befestigenden Riemen, dessen oberer Teil sich gabelt und mit je einem Ring versehen ist, durch die die Zügel von der Trense zur Hand des Reiters laufen. Zur sicheren Lage des Martingals gehört ein Halsriemen und an den Zügeln je ein Martingalschieber, der verhindert, daß sich die Martingalringe an den Schnallstücken der Zügel festhaken.

## Zubehör

Zur Schonung der Pferdebeine gegen äußere Verletzungen dienen *Bandagen* aus Wollstoff, Leinen oder elastischem Gewirke sowie schnallbare oder mit Klettenverschluß versehene *Gamaschen* aus Leder, Wollstoff mit Lederverstärkung oder gepolstertem Kunststoff.

Bei einer schlechten oder noch wenig ausgeprägten Sattellage des Pferdes kann ein *Vorderzeug*, ein *Vorgurt* oder ein *Schweifriemen* Hilfe leisten.

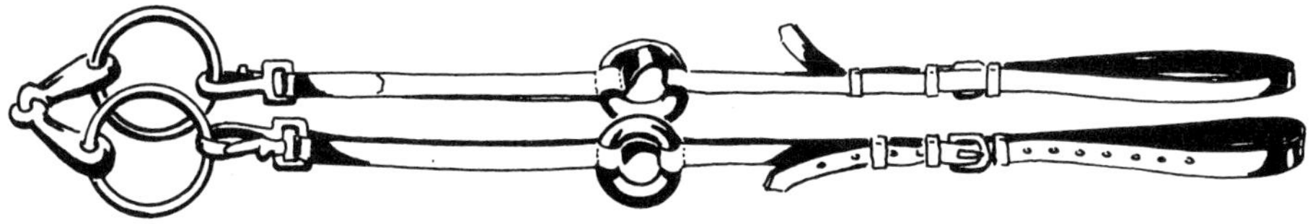

*Ausbindezügel*

*Stoßzügel*

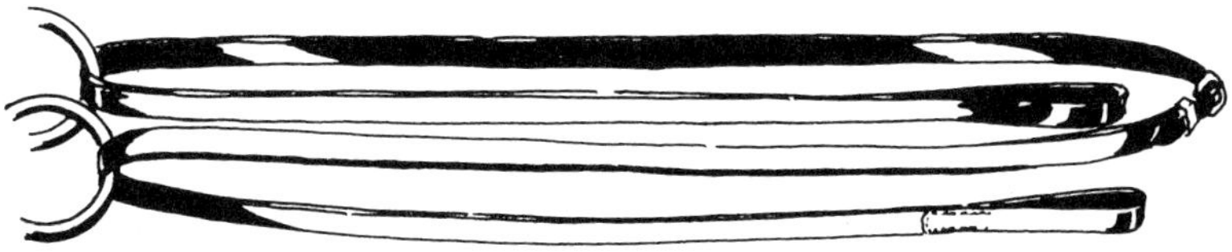

*Schlaufzügel*

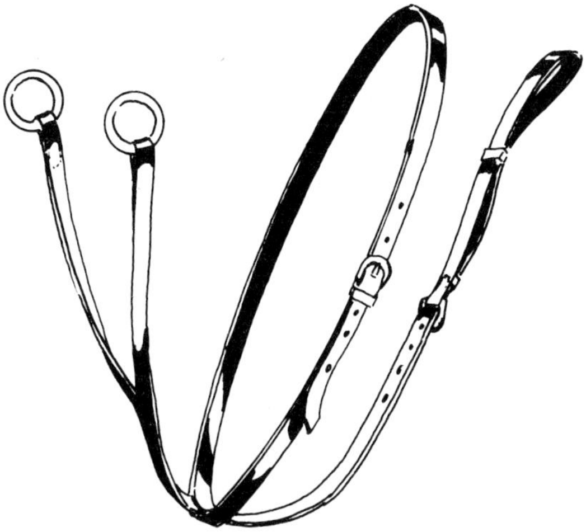

*Martingal*

### 1.4.3. Pflege der Ausrüstungsgegenstände

Die Ausrüstungsgegenstände guter Qualität sind recht kostspielig, haben aber eine lange Lebensdauer, wenn sie regelmäßig und sachgemäß gepflegt und richtig aufbewahrt werden.
Zur Pflege der Ausrüstungsgegenstände gehört:
- das Säubern nach jedem Gebrauch,
- Konservierung der Lederteile je nach Nutzung etwa alle 8 bis 14 Tage,
- dabei gründliche Kontrolle auf Schäden bei beweglichen Teilen und Nähten,
- weiterhin etwa zweimal jährlich Generalreinigung aller Gegenstände.

Zur *täglichen Reinigung* nach dem Gebrauch werden Metallteile mit Wasser vom groben Schmutz befreit und anschließend mit einem Lappen abgetrocknet. Es muß darauf geachtet werden, daß angeschnallte Lederteile (Zügel etc.) nicht naß werden.
Lederteile werden mit einem Lappen oder Schwamm vom Schmutz befreit und an der Oberfläche mit Sattelseife abgerieben. Ausrüstungsteile, die mit Schweiß in Berührung kamen, müssen vor dem leichten Einseifen trocken sein. Sattelunterlagen werden mit der nassen (unteren) Seite nach oben luftgetrocknet und anschließend mit dem Handballen wieder weichgewalkt. Auf keinen Fall darf die Trocknung an der prallen Sonne oder am Ofen erfolgen.
Zur *Konservierung* der gründlich gereinigten Lederteile werden diese – selbstverständlich völlig auseinandergeschnallt – eingefettet oder eingeölt. Lederteile, die nicht mit dem Pferd in Berührung kommen, oder Teile, die eine gewisse Ständigkeit (Festigkeit) haben, wie z. B. Sattelblätter, sollten nur mit einem Spezialfett dünn eingerieben und eingewalkt werden. Lederteile, die mit dem Pferd in Berührung kommen (Sattelkissen usw.) werden dünn mit einem speziellen Lederöl gepflegt. Leder braucht zum Erhalt seiner festen Faserstruktur Feuchtigkeit. Zweck des Einfettens ist es, diese Feuchtigkeit im Leder zu erhalten. Lederöl hält das Leder geschmeidig, führt aber bei zu starker Anwendung zu einer Aufweichung der Lederfaser und nimmt dem Leder die feste Konsistenz.
Schnallen und Metallteile werden hauchdünn geölt. Steigbügel und sonstige äußere Metallteile (z. B. Kandaren und Kinnketten) können mit einem Metallputzmittel gereinigt werden. Gebißstücke sollten mit chemischen Reinigungsmitteln nicht in Berührung kommen.
Gummiteile und Wildleder werden feucht abgewischt. Woll- und Leinenbandagen wäscht man mit Waschmitteln.
Angerissene Nähte müssen sofort repariert, Metallteile mit Rissen oder scharfen Kanten (Trense) sofort ausgetauscht werden.

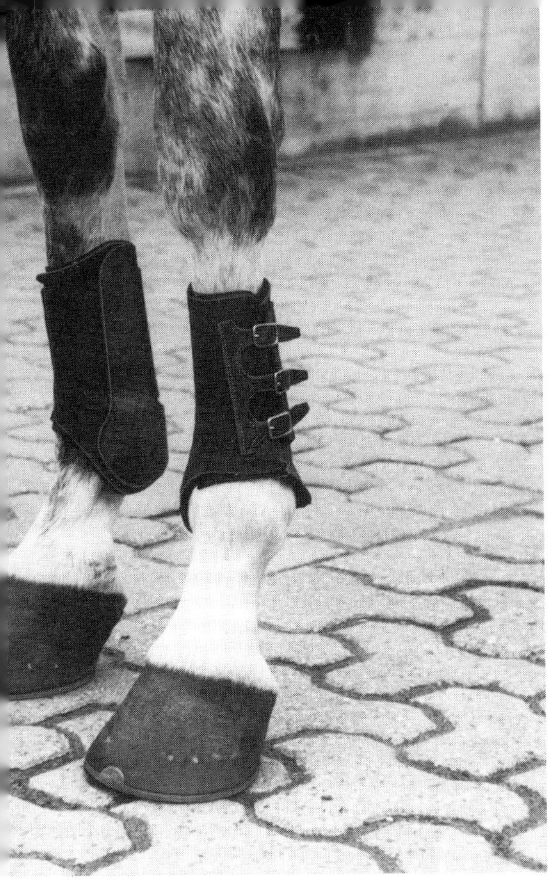

*Gamaschen*

*Vorgurt*

*Vorderzeug*

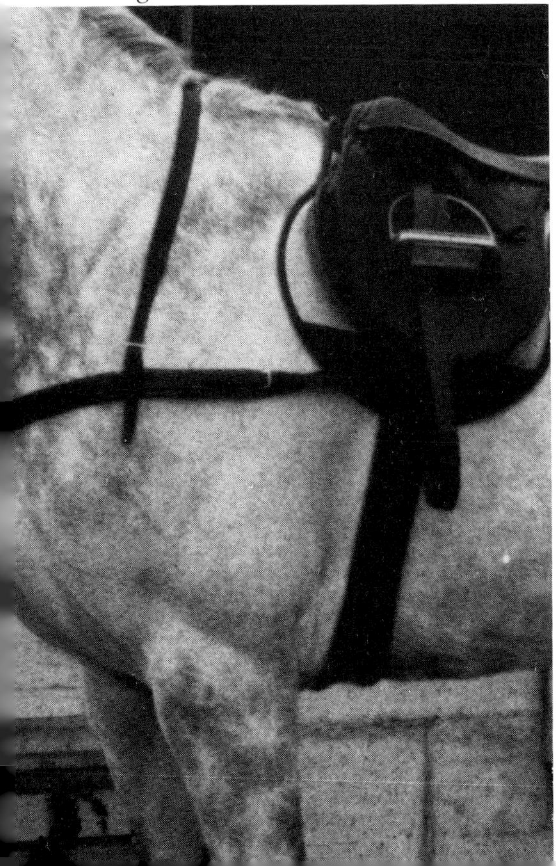

*Schweifriemen*

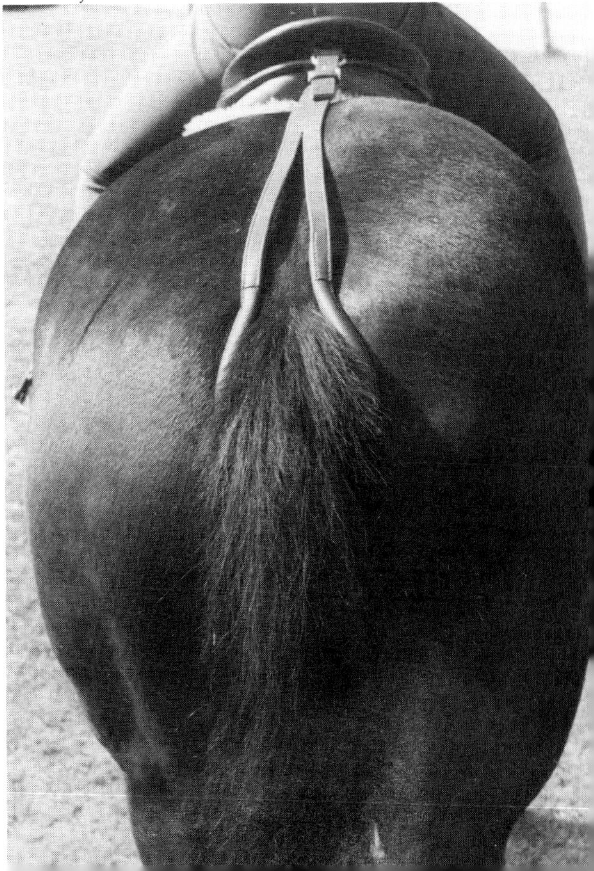

Zur *Generalreinigung* werden die auseinandergeschnallten Lederteile mit lauwarmem Wasser und Kernseife gründlich gereinigt und anschließend luftgetrocknet. Erst dann erfolgt das Einfetten und Einölen wie oben beschrieben.
Die *Aufbewahrung* von Ausrüstungsgegenständen, insbesondere von Lederteilen, sollte in einem staubfreien, nicht zu trockenen, im Winter beheizbaren Raum erfolgen. Zaumzeuge werden aufgehängt, Sättel über spezielle Sattelböcke oder Stangen gelegt. Besonderer Sorgfalt bedarf der Umgang mit Sätteln, damit der Sattelbaum keinen Schaden leidet. Ausrüstungsgegenstände, die nur selten benutzt werden, können etwas stärker gefettet oder geölt und dann hängend aufbewahrt werden. Zur Vermeidung von Schimmelbildung empfiehlt sich die Aufbewahrung an einem luftigen Ort sowie gelegentliches Abwischen.

## 1.5. Bahnbezeichnungen, Hufschlagfiguren, Bahnordnung

Um eine allgemeine Verständigung zu sichern, gibt es einheitliche Bezeichnungen und Regeln:

Die *Reitplatzmarkierungen*

Jeder Reitplatz (20 x 40 m) muß folgende Markierungen haben:

*2 HB* (Halbe Bahn)-*Punkte* jeweils an der Mitte der langen Seite – Kennzeichnung »HB«;

*4 Wechselpunkte* an der langen Seite, jeweils 6 m von der kurzen Seite entfernt – Kennzeichnung mit Strichbalken (I);

*6 Zirkelpunkte,* 2 jeweils an der Mitte der kurzen Seite und 4 an den langen Seiten, jeweils 10 m von der kurzen Seite entfernt – Kennzeichnung mit Punkt (0);

Ein *7. »gedachter«Zirkelpunkt* befindet sich genau in der Mitte der Bahn. Für das Reiten von Dressurprüfungen werden diese und andere Punkte z. T. auch mit Buchstaben bezeichnet (s. Abb. S. 31).

Auf dem Reitplatz werden üblicherweise nur die vorgeschriebenen Hufschlagfiguren geritten. Dies gilt vor allem, wenn sich gleichzeitig mehrere Reiter in der Bahn befinden. Die einzelnen Hufschlagfiguren sind den folgenden Abbildungen zu entnehmen.
Die *Bahnordnung*
gibt durch ihre Verhaltensregeln den Reitern die Möglichkeit, auf Übungsplätzen und in Reithallen *auch in einer größeren Zahl ohne gegenseitige Behinderung* zu üben und zu trainieren. Folgende Bahnregeln müssen jedem Reiter bekannt sein:
– Vor dem Betreten eines Übungsplatzes oder einer Reitbahn, vor jedem Öffnen der Tür, vergewissert sich der Eintretende mit dem Ruf *»Tür frei«,* und durch Abwarten der Antwort des in der Bahn befind-

Prüfungsviereck mit allgemein gültiger Anordnung der Buchstaben

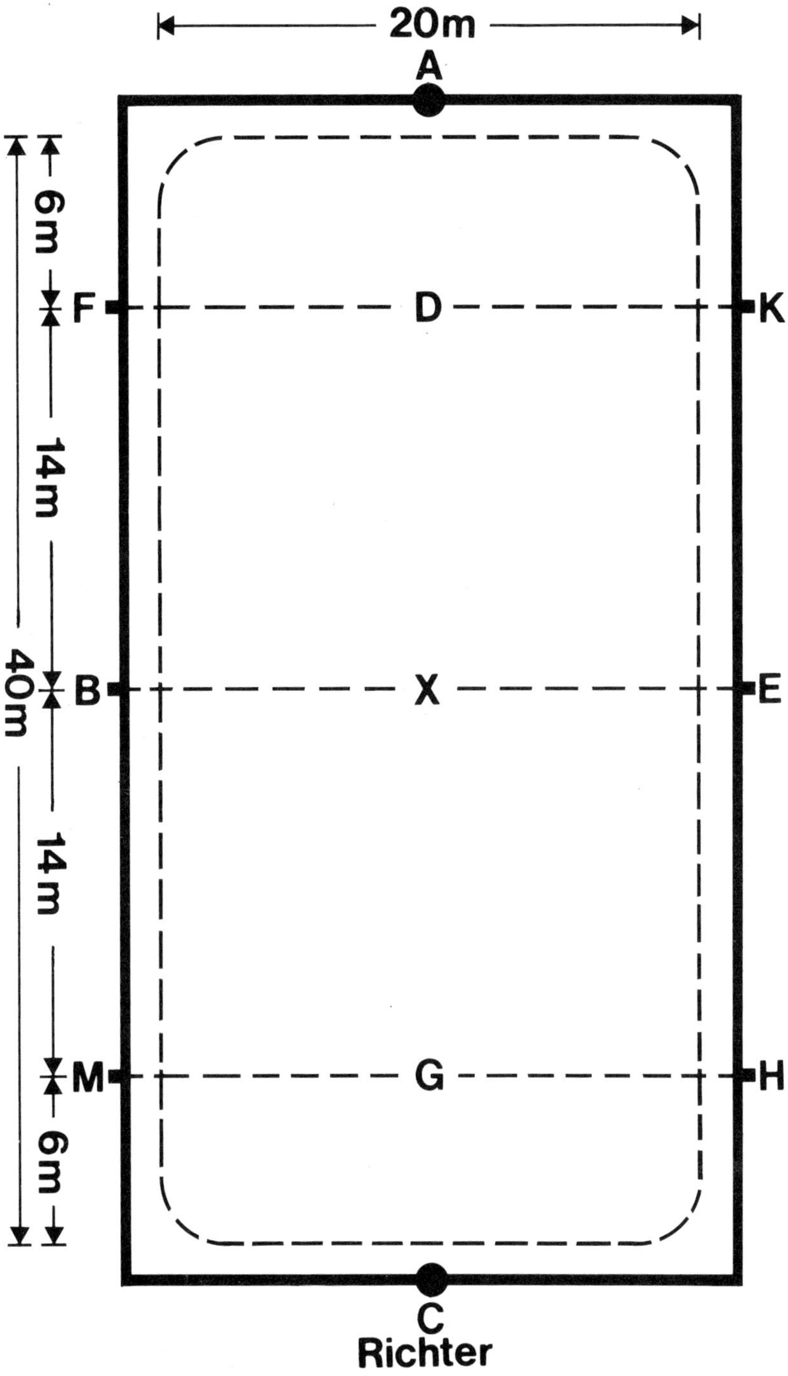

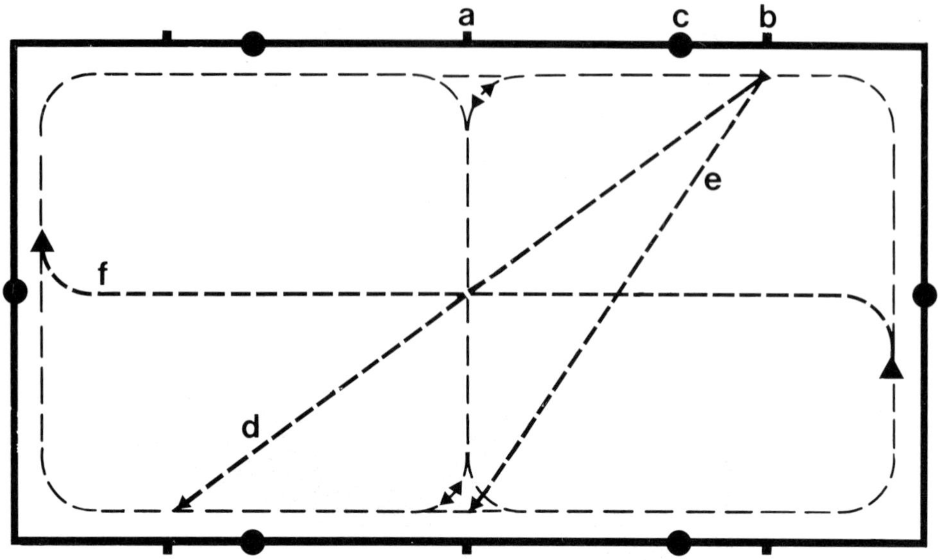


*a) Halbe-Bahn (HB)*
*b) Wechselpunkte*
*c) Zirkelpunkte*
*d) Durch die ganze Bahn wechseln*
*e) Durch die halbe Bahn wechseln*
*f) Durch die Länge der Bahn wechseln*

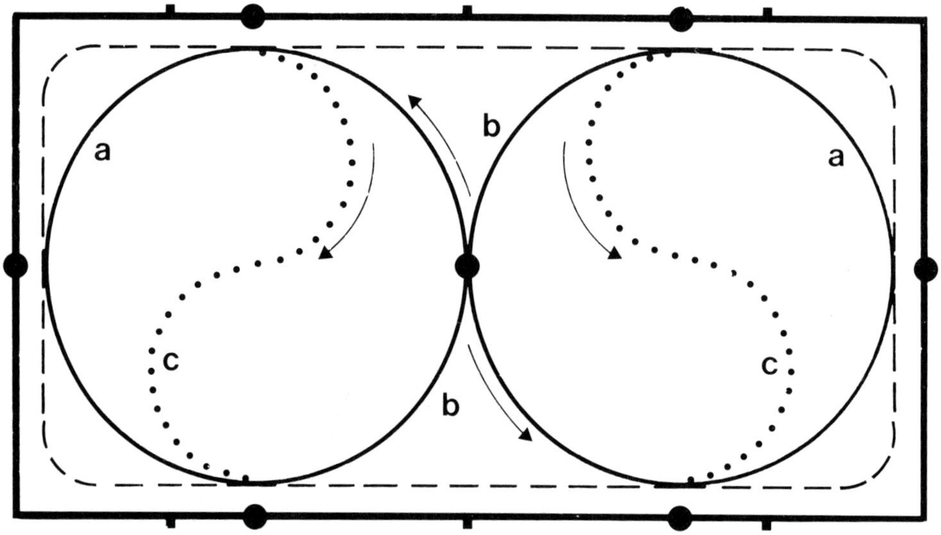


*a) Zirkellinien*
*b) aus dem Zirkel wechseln*
*c) durch die Zirkel wechseln*

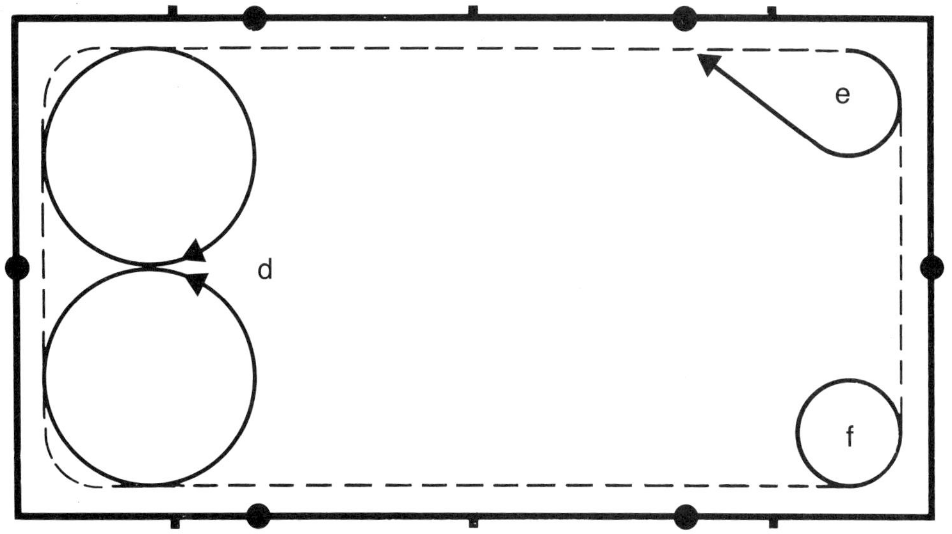


*d) Acht*
*e) aus der Ecke kehrt*
*f) Volte*

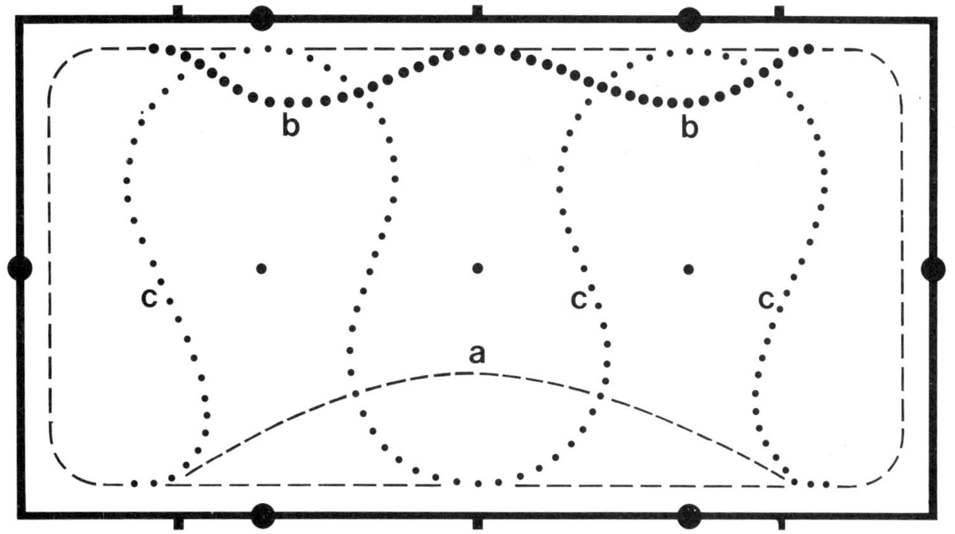


*a) einfache Schlangenlinie an der langen Seite*
*b) doppelte Schlangenlinie an der langen Seite*
*c) Schlangenlinien durch die ganze Bahn (fünf Bogen)*

*Anmerkung:*
*Schlangenlinien beginnen und enden am Wechselpunkt. Bei den Schlangenlinien durch die ganze Bahn sind der erste und letzte Bogen nur halbe Bogen, werden aber als ganze gezählt.*

lichen Reitlehrers oder Reiters »*Tür ist frei*«, daß die Tür gefahrlos geöffnet werden kann.

- Auf- und Absitzen sowie Halten zum Nachgurten etc. erfolgt stets in der Mitte eines Zirkels.
- Von anderen, auch von bekannten Pferden, ist immer ein ausreichender *Sicherheitsabstand* von mindestens 3 Schritten (ca. 2,50 m) zu halten.
- Schrittreitende oder pausierende Reiter lassen trabenden oder galoppierenden Reitern den Hufschlag frei (Arbeitslinien).
- Auf einem Zirkel reitende Reiter haben Reitern, die den Hufschlag der ganzen Bahn benutzen, diesen frei zu lassen: »ganze Bahn« geht vor »Zirkel«.
- Wird gleichzeitig auf beiden Händen geritten, ist grundsätzlich rechts auszuweichen. Den auf der linken Hand befindlichen Reitern gehört der Hufschlag.
- Wird auf einer Hand geritten und Handwechsel angeordnet, bleiben Reiter, die den Hufschlag der neuen Hand schon bereiten, auf diesem Hufschlag. Begegnende Reiter, die den Handwechsel erst vornehmen wollen, weichen ins Bahninnere aus.
- Longieren von Pferden auf dem Übungsplatz oder in der Reitbahn ist nur mit Einverständnis aller anwesenden Reiter gestattet. Während des Reitunterrichts sollte nicht longiert werden; ebenfalls nicht, wenn mehr als 3 Reiter auf dem gleichen Platz trainieren.
- Außer bei der Springarbeit sollten Hindernisse oder Hindernisteile außerhalb der Reitbahn oder des Reitplatzes aufbewahrt werden.

## 1. 6. Vorbereitung des Pferdes zum Reiten

### 1. 6. 1. Aufzäumen

Frei in Boxen laufende Pferde werden vor dem Satteln aufgezäumt. Bei in Ständern stehenden Pferden ist es zweckmäßig, zuerst den Sattel aufzulegen.

Zum *Auftrensen* wird das Zaumzeug geordnet in der linken Hand gehalten. Der Reiter tritt von links an das Pferd heran, der rechte Unterarm umfaßt den Pferdekopf, die rechte Hand liegt auf dem Nasenrücken. Steht das Pferd ruhig und hat es begriffen, was der Reiter von ihm will, wird zunächst der Zügel über den Pferdehals gestreift.

Die rechte Hand geht wieder auf den Nasenrücken zurück und übernimmt aus der linken Hand das Kopfstück der Trense, um es vorsichtig, ohne an das Auge des Pferdes zu stoßen, hochzuziehen. Das Gebißstück wird mit der flachen linken Hand in die Maulspalte gebracht. Daumen und Zeige- oder Mittelfinger öffnen durch Druck an den Lefzen und auf den Unterkiefer das Pferdemaul, welches an dieser Stelle keine Zähne hat.

Die rechte Hand zieht im gleichen Augenblick das Kopfstück ganz hoch und streift es, eventuell unter Mithilfe der jetzt frei werdenden linken Hand, einzeln über die Ohren des Pferdes. Abschließend werden Kehlriemen und Reithalfter geschlossen.

Das richtig verpaßte Zaumzeug liegt jetzt so, daß das Gebiß (Trense) dicht an den Maulwinkeln des Pferdes (Lefzen) anliegt, ohne diese hochzuziehen, andererseits auch nicht so tief, daß es mit den Zähnen in Berührung kommt. Das Kopfstück liegt dicht hinter den Ohren, jedoch ohne diese zu scheuern, ansonsten wäre der Stirnriemen zu kurz. Der Kehlriemen wird so weit geschnallt, daß etwa eine quer gestellte Hand zwischen dem Kehlgang des Pferdes und dem Riemen Platz hat.

Der Nasenriemen des hannoverschen Reithalfters liegt etwa 4 Finger breit oberhalb der Nüsternränder und wird nur so eng geschnallt, daß das Pferd bequem auf dem Gebiß kauen kann, ohne jedoch das Maul aufsperren zu können. Die kleinen Ringe des Reithalfters müssen vor dem Gebißstück liegen, andernfalls ist der Nasenriemen zu lang. Die Schnalle des Reithalfter-Nasenriemens in der Kinnkettengrube des Pferdes muß seitlich der Kieferäste liegen und darf diese nicht drücken.

Der Nasenriemen des englischen oder deutschen Reithalfters liegt mit seiner oberen Kante etwa 2 Finger breit unterhalb der Jochbeinleiste und wird so eng geschnallt, daß mindestens eine Fingerbreite Luft zwischen Nasenbein des Pferdes und Nasenriemen liegt.

Zum *Aufzäumen mit Kandare* wird in der gleichen Art wie beim Aufzäu-

men mit Trense verfahren. Wegen des ungebrochenen Kandarengebisses ist besondere Sorgfalt beim Einschieben der Gebisse geboten.
Die Unterlegtrense liegt an den Lefzen an, darf diese aber in keinem Falle hochziehen. Die Breite der Kandare muß so gewählt werden, daß an beiden Seiten der Maulwinkel noch etwa ein halber Zentimeter Platz ist. Zu breite Kandarenmundstücke verschieben sich im Pferdemaul und wirken dann nur einseitig auf eine Lade (Unterkiefer). Zu enge Kandaren scheuern an den Lefzen. Das Kandarenmundstück liegt unterhalb der Unterlegtrense, es darf in keinem Fall so tief liegen, daß bei Hengsten oder Wallachen die Hakenzähne berührt werden.
Die *Kinnkette* muß nach rechts glatt ausgedreht sein und in der Kinnkettengrube liegen, somit in gleicher Höhe mit dem Kandarenmundstück. Sie wird unter dem Trensenmundstück mit dem letzten Glied so in den rechten Kinnkettenhaken eingelegt, daß dieses Glied rechts ausgedreht verbleibt und ein eventuell übrigbleibendes Kettenglied auf der linken Seite außerhalb des linken Hakens herabhängt. Weiter übrigbleibende Glieder werden auf beide Seiten gleichmäßig verteilt, bei ungeraden Zahlen kommt die Mehrzahl auf die linke Seite.
Die Kinnkette wird so eingehakt, daß bei angenommenem Kandarenzügel die Hebelwirkung eintritt. Die Unterbäume der Kandare bilden dabei etwa mit der Maulspalte des Pferdes einen Winkel von 45 Grad. Erreichen die Unterbäume diese Winkelung nicht, sondern bleiben

*Trensenkopfstück mit hannoverschem Reithalfter*

*Kandarenzaum mit englischem Reithalfter*

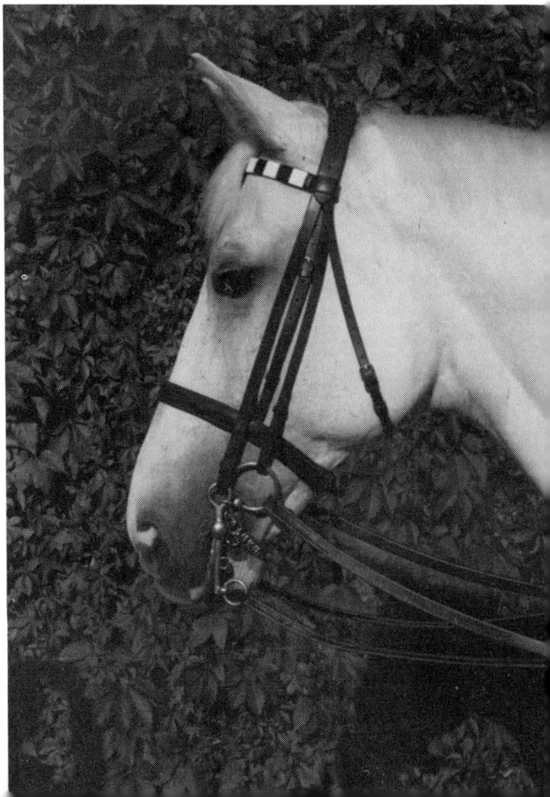

näher an der Maulspalte, so ist die Kinnkette zu stramm eingelegt, die Kandarenwirkung zu stark, die Kandare »strotzt«. Wird der Winkel größer, d. h. die Unterbäume gehen näher an die Kinnkettengrube heran, ist die Kandarenwirkung zu gering, die Kandare »fällt durch«. Bei richtig verpaßter und gezäumter Kandare darf die Kinnkette beim Annehmen der Zügel nicht aus der Kinnkettengrube steigen. Die Kinnkettenhaken müssen ihre Lage zu den Oberbäumen annähernd behalten. Bildet sich zwischen Obergestell der Kandare und Kinnkettenhaken ein größerer Winkel, so ist die Kinnkette zu kurz; die Lefzen werden in diesem Winkel eingeklemmt und verletzt. Die Kettenglieder müssen sich dem Unterkiefer des Pferdes durchweg anschmiegen. Dieses ist nur bei richtiger Breite des Kandarenmundstückes möglich.
Liegen anatomische Schwierigkeiten des Pferdemaules vor oder »greifen« die Pferde mit dem Maule nach den Unterbäumen der Kandare, um diese dann zwischen den Zähnen festzuhalten, kann der *Scherriemen* Abhilfe schaffen. Der Scherriemen ist ein entsprechend langer, meistens rundgenähter Riemen mit zwei Schnallen, die in die Scherriemenlöcher der Unterbäume geschnallt werden, während das Mittelstück des Scherriemens durch den kleinen Scherriemenring an der Kinnkette läuft. Bei empfindlichen Pferden empfiehlt sich eine *Kinnkettenunterlage* aus Gummi oder Leder.

### 1.6.2. Satteln

Vor dem *Satteln* müssen die Steigbügel immer am unteren Riemen hochgezogen sein und der rechts eingeschnallte Sattelgurt quer über dem Sattel liegen. Da die Pferde in der Regel von jung an daran gewöhnt sind, daß der Mensch von der linken Seite an sie herantritt, sollte auch der Sattel von links aufgelegt werden. Dieses geschieht etwa in Höhe des Widerristes, von dort wird der Sattel dann in Fellrichtung in die »Sattellage« geschoben. Der vordere Teil des Sattels schließt mit den Schultern des Pferdes ab, der tiefste Punkt der Sitzfläche liegt in der Mitte. Besonderer Wert ist auf die richtige Lage der Satteldecke zu legen. Es dürfen sich keine Falten unter der Sitzfläche befinden; im vorderen Teil muß sich jede Unterlage fest nach oben in die Sattelkammer schmiegen. Dieses »Einkammern« der Unterlage muß so geschehen, daß sie auch beim Nachgurten nicht wieder nach unten auf den Widerrist des Pferdes rutscht und dort evtl. einen Druck erzeugt. Nach dem Auflegen des Sattels tritt der Reiter unter dem Pferdehals hindurch auf die rechte Seite des Pferdes, nimmt den Sattelgurt herunter und kontrolliert dessen glatte, unverdrehte Lage unter dem Sattelblatt. Dann wird der Sattelgurt

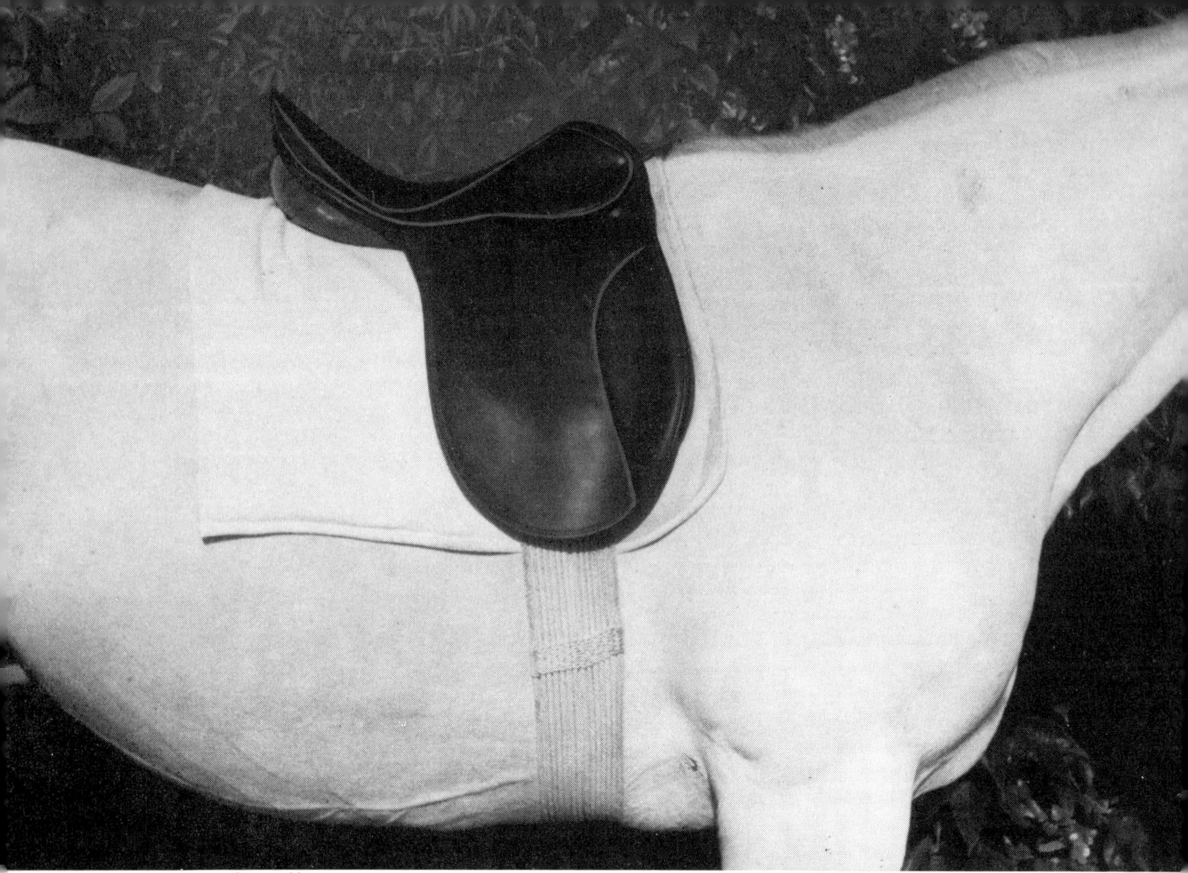

*gute Sattellage*

*Sattel zu weit vorne*

*Sattel zu weit hinten*

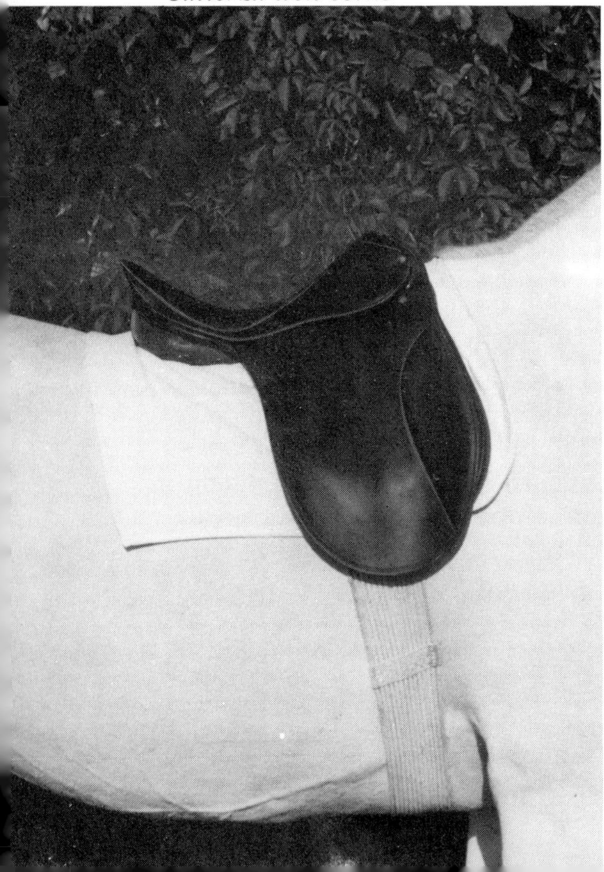

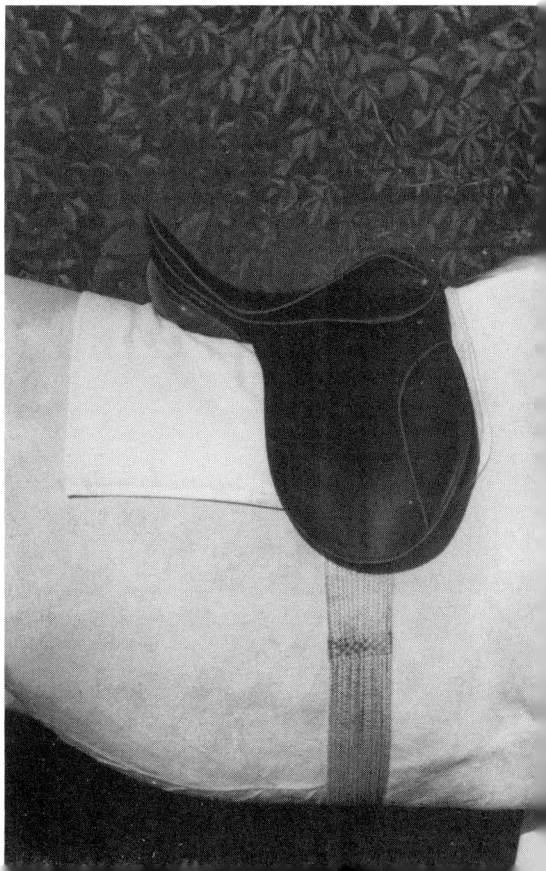

– jetzt wieder von der linken Seite des Pferdes – zunächst nur leicht angegurtet. Bei richtiger Lage des Sattels liegt der Gurt etwa eine Handbreit hinter den Ellenbogengelenken des Pferdes. Erst wenn der Sattel einige Minuten auf dem Pferderücken leicht angegurtet gelegen hat, sollte der Gurt etwas fester gezogen werden. Danach muß darauf geachtet werden, die Pferde vor jedem erneuten Nachgurten immer erst einige Schritte gehen zu lassen, damit die beim Nachgurten entstehende Spannung nachläßt.

### 1.6.3. Hilfszügel – Anbringen und Gebrauch

Beim *einfachen Ausbindezügel* wird der verschnallbare Riemen seitlich am Sattelgurt so angebracht, daß ein tiefes Herunterrutschen verhindert wird. Die zweckmäßigste Höhe ist etwa eine Handbreit über dem Buggelenk des Pferdes. Das andere Ende des Ausbindezügels wird am Trensenring befestigt. Beide Ausbindezügel werden gleich lang so geschnallt, daß das Pferd seinen Hals beugen und den Kopf in einer zweckentsprechenden Haltung tragen muß, ohne dabei die Unterhalsmuskulatur nach vorne herauszudrücken. Die Stirnlinie des Pferdes darf dabei nicht hinter die Senkrechte kommen. Während des längeren Schrittreitens am Ende der Reitstunde und beim Springen sind die Ausbindezügel stets wegzulassen.
Der *Stoßzügel* als einzelner Ausbindezügel geht vom Sattelgurt aus. Er verläuft zwischen den Vorderbeinen des Pferdes und wird am Verbindungssteg zwischen den beiden Trensenringen oder am Kinnteil des Reithalfters befestigt.
Das Pferdemaul sollte dabei etwa in Hüftgelenkhöhe eingestellt werden. Gegenüber dem einfachen Ausbindezügel hat der Stoßzügel den Vorteil vermehrter seitlicher Freiheit für den Pferdehals, jedoch auch den Nachteil, daß die Unterhalsmuskulatur in stärkerem Maße betätigt und dadurch gekräftigt wird. Seine Verwendung ist daher nur bedingt empfehlenswert.
Die Befestigung des *doppelten Ausbindezügels* (Laufferzügel) erfolgt mit einem Schnallende etwas höher als die des einfachen Ausbindezügels am Sattel (Sattelgurtstrupfe). Der Zügel läuft dann von innen nach außen durch den Trensenring wieder zurück zum Sattelgurt und wird dort mit dem zweiten Schnallende etwa in Höhe des einfachen Ausbindezügels befestigt.
Die Länge der doppelten Ausbindezügel sollte etwa 2,25 m je Zügel betragen.
Gegenüber dem einfachen Ausbindezügel haben die doppelten Ausbin-

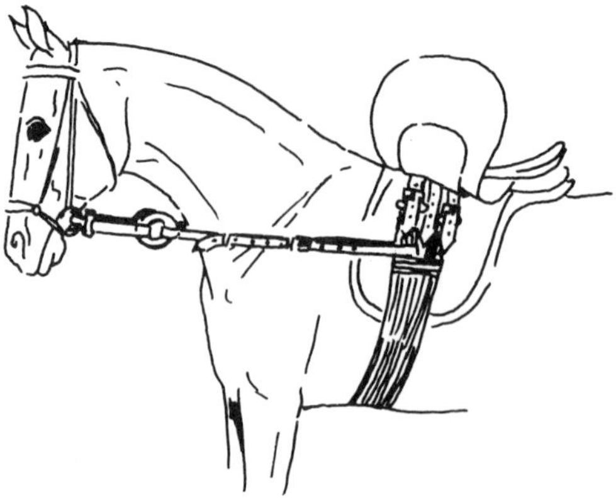

*Anbringen des einfachen Ausbindezügels*

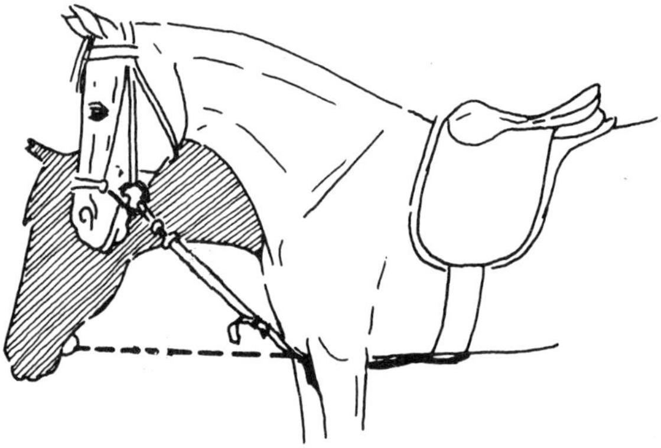

*Anbringung des Stoßzügels*

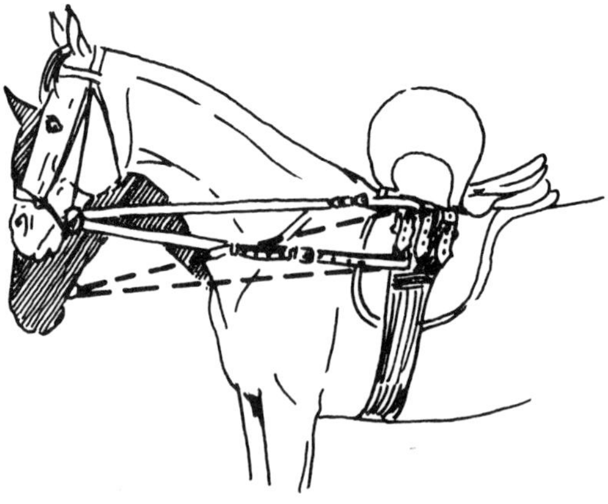

*Anbringung des Laufferzügels (doppelter Ausbindezügel)*

*Schlaufzügel, Befestigung an der Sattelgurtstrupfe*

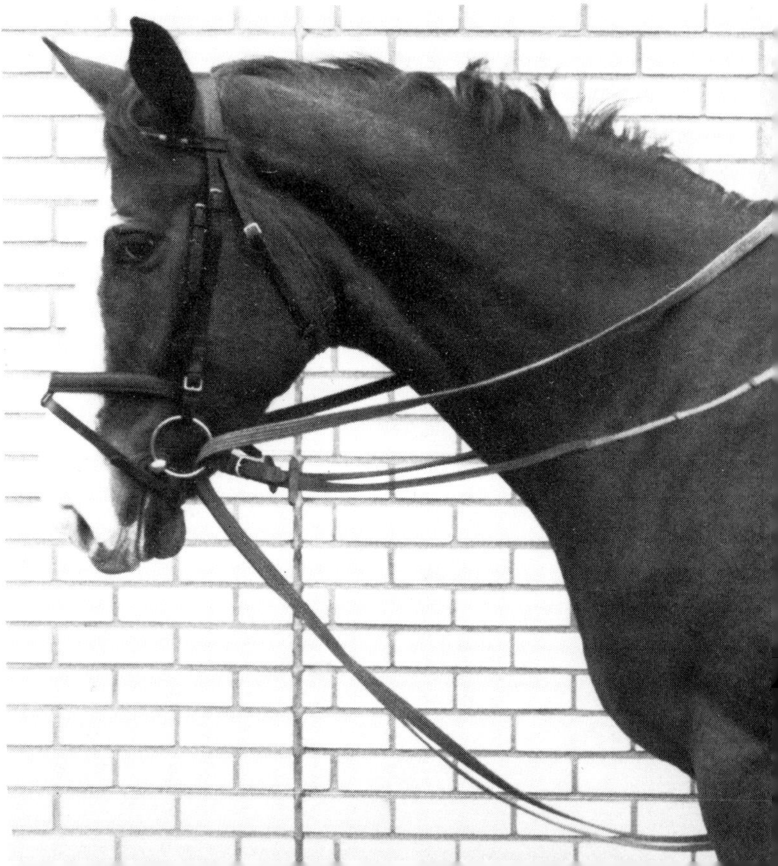

*Schlaufzügel,
Befestigung zwischen
den Vorderbeinen
zum Sattelgurt*

dezügel den Vorteil, daß ihre Wirkungsweise elastischer ist und das Dehnen des Pferdehalses nach vorwärts-abwärts erleichtert.

Der *Schlaufzügel* kann mit einem Schnallende ebenso am Sattelgurt befestigt werden wie der doppelte Ausbindezügel, oder aber man bringt ihn zwischen den Vorderbeinen des Pferdes am Sattelgurt an. Am anderen Ende werden die Zügelenden dann jedoch nicht wieder am Sattel befestigt, sondern wie ein normaler Trensenzügel zusammengeschnallt. Der Reiter nimmt ihn dann als zweiten Zügel mit in die Hand. Der Schlaufzügel ist nur etwas für den erfahrenen Reiter, der das Treiben gelernt hat und um das Vorherrschen der treibenden Hilfen weiß. Er kann nie einen Ersatz für das korrekte »an die Hilfen stellen« des Pferdes darstellen.

Das *Martingal* (gleitendes Ringmartingal) dient nicht zum Ausbinden der Pferde. Schlägt aber das Pferd mit dem Kopf oder will es diesen über Gebühr hochnehmen, kann das richtig verschnallte Martingal dieses einschränken. Dadurch wird erreicht, daß der Reiter auch in solchen Situationen nicht ganz die Herrschaft über das Pferd verliert und davor geschützt wird, daß ihm der Pferdekopf ins Gesicht schlägt. Der Halsriemen des Martingals kann dem Reiter darüber hinaus im Bedarfsfall – Klettern, Springen – zusätzlichen Halt bieten, allerdings ist hierzu ein um den Hals geschnallter Bügelriemen erheblich stabiler.

*Richtig verschnalltes Martingal*

Das richtig verschnallte Martingal ist so lang, daß bei normaler Kopfhaltung des Pferdes die Linie des Zügels vom Pferdemaul bis zur Hand des Reiters gerade und ungebrochen verläuft. Das zu kurz geschnallte Martingal hat – ähnlich wie der Stoßzügel – eine negative Auswirkung, weil es durch den ständigen Widerstand des Pferdes gegen den Druck nach unten die unerwünschte Unterhalsmuskulatur stärkt.

### 1.6.4. Führen des Pferdes an der Hand

Für das Führen eines gesattelten Pferdes sind die Steigbügel am unteren Riemen hochzuziehen und durch Durchstecken des Bügelriemens durch den Bügel zu sichern, damit das Pferd nicht infolge baumelnder Steigbügel erschrecken kann und außerdem ein Hängenbleiben an Türklinken usw. verhindert wird.
Die Zügel sind vom Hals heruntergenommen, die rechte Hand ergreift die durch den Zeige- und Mittelfinger geteilten Trensenzügel etwa eine Handbreit hinter den Trensenringen, der rechte Trensenzügel wird etwas kürzer gefaßt. Die Zügelenden liegen in der vollen rechten Hand und werden vom Daumen festgehalten.
Ist das Pferd auf Kandare gezäumt, bleibt der Kandarenzügel auf dem

*Aufnehmen der Zügel zum Vormustern*

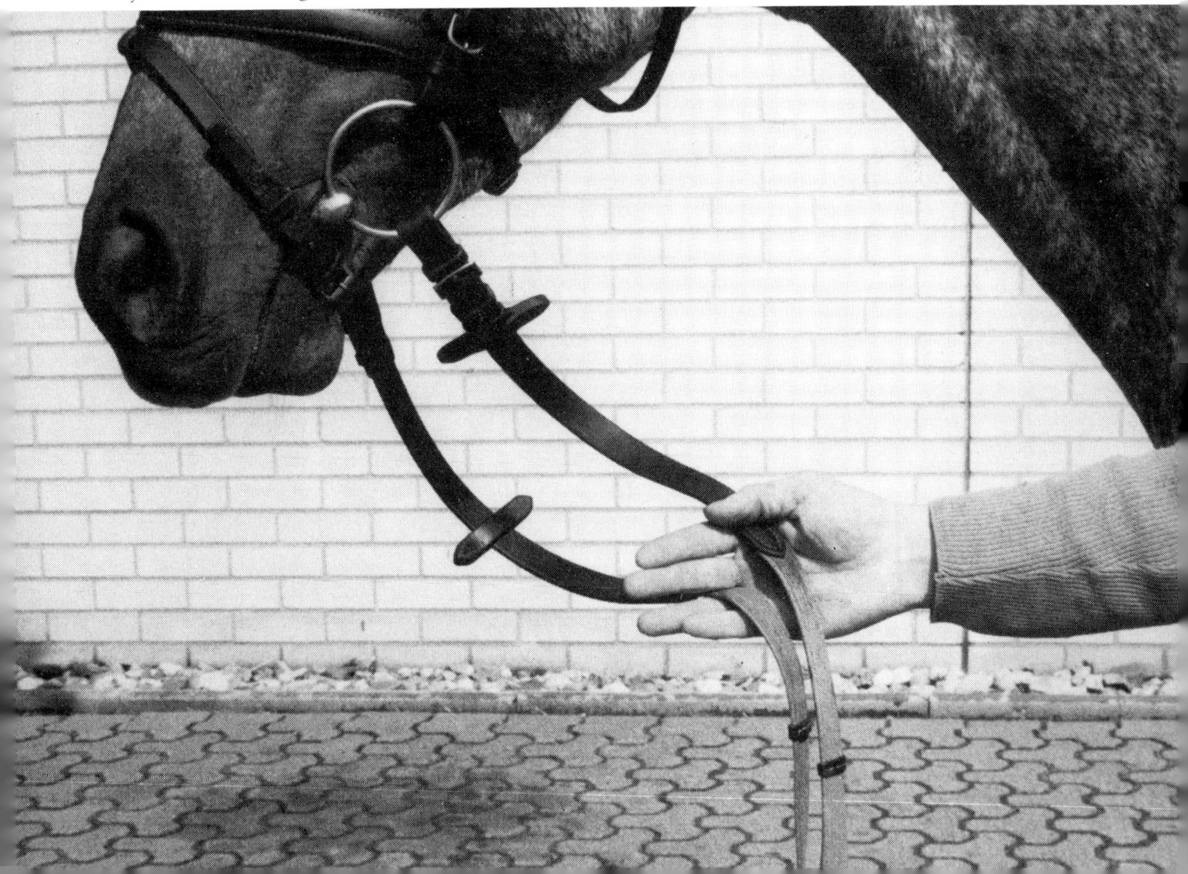

Hals liegen. Führen nur mit Halfter sollte aus Sicherheitsgründen auch für kürzeste Strecken unterbleiben, außer gegebenenfalls innerhalb einer Halle.
Bei einem Pferd, welches nicht gut folgt, geht der Führer seitwärts vor dessen Kopf und versucht, es mit gehobener rechter Hand vorwärts zu führen, ohne es dabei anzusehen.
Bei einem heftigen Pferd, das vorwärts eilt, bleibt der Führer an dessen Schulter zurück und versucht, es durch kurze, energische Zügelanzüge vor allem am rechten Zügel neben sich zu halten. Er kann dazu die linke Hand vor das linke Auge des Pferdes halten, um die Zügelanzüge zu unterstützen.
Beim Vorführen von Pferden – dem sogenannten »Mustern« – werden Wendungen immer rechtsherum ausgeführt, um das Pferd besser unter Kontrolle zu haben und bei ungewollter Verlängerung der Zügel nicht der Gefahr ausgesetzt zu sein, geschlagen zu werden.
Bei einem erschreckenden Pferd darf der Führer den Zügel möglichst nicht durchgleiten lassen, damit er nicht in die Nähe der Hinterhand seines Pferdes kommt. Ein Pferd, das steigt, ist besonders gefährlich. Hier kann nur versucht werden, das Pferd mit sehr energischen seitlichen Zügelanzügen wieder an den Boden zu bekommen, wobei die Vorderhufe ständig beobachtet werden müssen.
Mit besonderer Sorgfalt muß verfahren werden, wenn mehrere Pferde hintereinander geführt werden. Immer ist ein Sicherheitsabstand von etwa zwei Pferdelängen (ca. 5 m) einzuhalten. Bei Schülerabteilungen sollte der Reitlehrer vorsorglich immer wieder darauf hinweisen.
Sollen Pferde nur kurze Strecken geführt werden, z. B. von der Reitbahn in den nahegelegenen Stall, können die Zügel auch über dem Hals des Pferdes liegen bleiben. Dieses gilt aber nur innerhalb eingefriedigter Plätze oder von Gebäuden, sonst muß der Zügel immer heruntergenommen werden.

# 2. Sitz und Sitzschulung

## 2.1. Aufsitzen und Absitzen

Zum Auf- und Absitzen in der Reitbahn oder auf dem Reitplatz sollte sich jeder Reiter angewöhnen, sein Pferd immer korrekt auf die Mittellinie zu stellen. Er muß darauf achten, daß es ruhig stehen bleibt, bis er aufgesessen und zum Anreiten fertig ist.

Die an ihren Enden zusammengeschnallten Zügel liegen auf dem Hals des Pferdes. Bei allen vor dem eigentlichen Aufsitzen erforderlichen Verrichtungen wie Herunterziehen der Steigbügel, Verpassen der richtigen Bügellänge oder Nachgurten, hält der Reiter immer einen Arm durch den Zügel gesteckt. Ein Pferd frei stehen zu lassen, ist sträflicher Leichtsinn, auch das ruhigste und bestens erzogene Pferd kann einmal erschrecken, weglaufen und dann sich selbst und anderen großen Schaden zufügen.

Die passende Bügellänge muß vor dem Aufsitzen eingestellt werden. Ein ungefähres Maß ist die Armlänge. Der Reiter berührt mit seinem Mittelfinger den Dorn der Bügelriemenschnalle an der Sturzfeder und hält dann den Steigbügel unter seinen ausgestreckten Arm. Berührt der Bügel bei straff gezogenem Bügelriemen die Achselhöhle, ist das Maß annähernd richtig.

Die richtige Länge der Steigbügelriemen hängt von der Beinlänge des Reiters, von der Rippenwölbung und von der Art der Bewegung des Pferdes ab. Für das dressurmäßige Reiten müssen die Bügel so geschnallt sein, daß der Reiter ein tiefes Knie behalten, aber doch noch mit dem oberen Teil des Unterschenkels in Verbindung mit dem Pferd bleiben kann. Falsch ist es, die Fühlung des Unterschenkels mit dem Pferdeleib durch zu kurze Bügelriemen erreichen zu wollen. Diese heben das Knie in fehlerhafter Weise und schieben das Gesäß zu weit nach hinten. Zu lang geschnallte Bügel erschweren die Stetigkeit des Sitzes und die Schenkeleinwirkung, der Reiter wird dadurch veranlaßt, mehr auf dem Spalt als auf den Gesäßknochen zu sitzen.

Zum *Aufsitzen* stellt sich der Reiter auf die linke Seite des Pferdes in Höhe der Schulter, faßt mit der linken Hand beide Zügel, so daß diese leicht anstehen. Dabei ist der rechte Zügel etwas kürzer zu nehmen, damit bei eventueller Unruhe das Pferd mit seinem Körper nach links unter den Schwerpunkt des sich aufschwingenden Reiters tritt.

Den Rücken zum Pferdekopf faßt er mit der linken Hand in die Sattelkammer oder auf den Widerrist. Die rechte Hand faßt den linken Steig-

 *Nachgurten*

bügel an der rechten Seite und dreht ihn quer zum Pferd. Mit dem linken Fuß tritt er jetzt bis zum Absatz voll in den Steigbügel hinein. Mit der rechten Hand ergreift der Reiter dann den hinteren seitlichen Rand des Sattels auf der rechten Seite, stößt sich mit dem rechten Bein vom Boden ab und schwingt es unter Anspannung des rechten Armes und Heruntertreten des linken Fußes im Steigbügel über den Pferderücken auf die rechte Seite, wobei die rechte Hand am vorderen Rand des Sattels (Sattelpausche) abstützt. Das Gesäß gleitet vorsichtig in den Sattel. Der rechte Fuß nimmt, möglichst ohne Zuhilfenahme der Hand, den rechten Steigbügel auf. Mit den Zügeln in beiden Händen sollte der Reiter das Pferd nun erst einige Zeit still stehen lassen, ehe er andere Verrichtungen vornimmt oder anreitet.
In der gleichen Art wird das Aufsitzen auch gehandhabt, wenn das Pferd auf Kandare gezäumt ist, nur daß besondere Sorgfalt hinsichtlich des Anfassens der verschiedenen Zügel zu beachten ist. Die Kandarenzügel werden durch den Ringfinger getrennt, während der linke Trensenzügel unter dem kleinen Finger durch die volle Hand und der rechte Trensenzügel zwischen Mittelfinger und Zeigefinger verläuft. Alle vier Zügel werden durch den Daumen auf dem Zeigefinger gehalten.
Das nochmalige Nachgurten des Sattelgurtes sollte erst nach einigen Schrittrunden erfolgen. Hierzu nimmt der Reiter die Zügel in eine Hand, legt den Unterschenkel der Seite, an der der Gurt verkürzt werden soll,

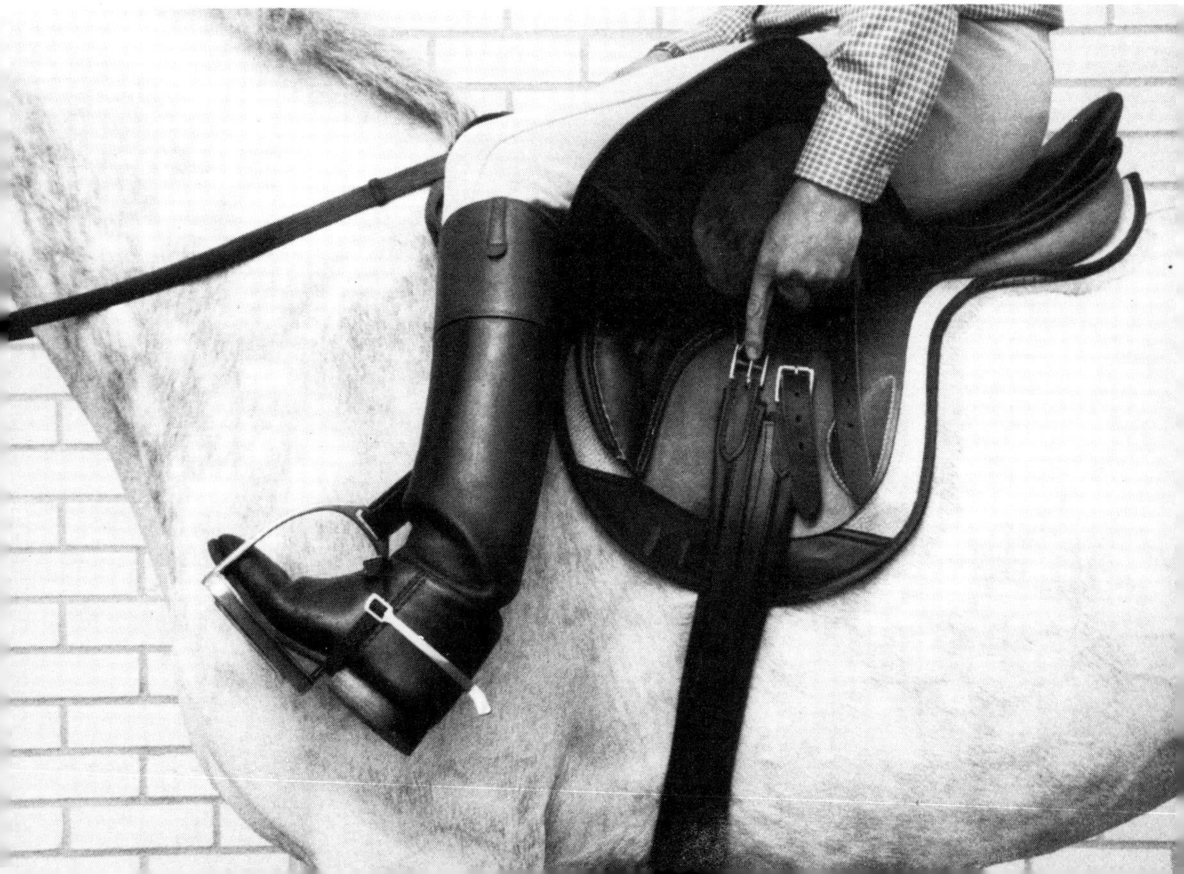

über die Sattelpausche, wobei der Fuß im Steigbügel bleibt, und zieht mit der freien Hand die Sattelgurtstrupfen einzeln nach.
Auch zum *Absitzen* sollte der Reiter aus erzieherischen Gründen sein Pferd ordnungsgemäß hinstellen. Befindet er sich in der Nähe des Stalles, geschieht dies möglichst mit der Kruppe in Richtung Stalltür, um gar nicht erst ein Drängen des Pferdes zum Stall aufkommen zu lassen.
Zum Absitzen werden die Zügel in die linke Hand genommen, die rechte Hand am vorderen Sattelrand stützt den Oberkörper ab, der rechte Fuß wird aus dem Steigbügel genommen und über den Pferderücken geschwungen, wobei die rechte Hand wieder Halt am hinteren, rechten Sattelrand nimmt. Beide Arme stützen den Körper ab, während der linke Fuß aus dem Steigbügel genommen wird. Erst dann gleitet der Reiter langsam auf den Boden.
Beide Steigbügel werden am unteren Steigbügelriemen hochgeschoben und der Sattelgurt um einige Löcher verlängert.
Auch bei und nach dem Absitzen darf der Reiter das Pferd niemals loslassen, sondern muß einen Arm durch die Zügel stecken, um so evtl. Unfälle durch Weglaufen des Pferdes zu verhindern.

## 2.2. Sitz des Reiters

Der richtige Sitz ist die Grundlage aller reiterlichen Einwirkung.
Es kommt darauf an, daß der Reiter das Gleichgewicht (die Balance) auf dem Pferd erlangt, ohne sich festzuhalten, zu klammern oder steif zu machen. Das geschmeidige Mitgehen mit der Bewegung des Pferdes, die weitgehende Übereinstimmung der Schwerpunkte von Pferd und Reiter sind die Ziele, die es durch sorgfältige, intensive Schulung und Übung zu erreichen gilt. Erst völlige Losgelassenheit wird dem Reiter die sichere Balance ermöglichen und erst dann kann mit feineren Korrekturen der Körperhaltung begonnen werden.
Es werden folgende Sitzarten unterschieden:
– der Dressursitz
– der Entlastungssitz
– der leichte Sitz (auch Springsitz),
zwischen denen es fließende Übergänge gibt.

### 2.2.1. Dressursitz

Der *Dressursitz* ist die Basis für alle Sitzformen, ihm ist in jedem Falle beim Reitanfänger die größte Aufmerksamkeit zu widmen.

Dem Sitz des Reiters dienen als Grundlage die beiden Gesäßknochen und der Spalt, die zusammen das sogenannte »Sitzdreieck« bilden.
Das Gesäß ruht mit losgelassenen Muskeln in voller Breite im Sattel. Die Oberschenkel, mit ihrer inneren breiten Fläche anliegend, werden so weit nach innen gedreht, daß das Knie flach am Sattel liegt. Sie werden so weit zurückgenommen, wie es mit dem Sitz auf den beiden Gesäßknochen vereinbar ist. Hierdurch wird eine tiefe Lage des Knies erzielt, die von besonderer Wichtigkeit ist, weil sie ein gutes Umfassen des Pferdes ermöglicht und den Reiter tiefer in den Sattel und damit näher an das Pferd bringt.
Ein Verdrehen der Oberschenkel, so daß die Kniescheibe nach außen zeigt, führt zu hohlem oder offenem Knie, wodurch ein sicherer Sitz nicht möglich ist. Andererseits wird durch einen übertrieben einwärts gedrehten Oberschenkel mit starr angepreßtem Knie die Losgelassenheit des Reiters gefährdet, der Unterschenkel vom Pferdeleib abgeschoben und damit seine Einwirkung ausgeschaltet.
Die Unterschenkel hängen vom Knie aus je nach der Länge der Beine des Reiters mehr oder weniger schräg nach rückwärts am Pferdeleib herab und halten mit der flachen Wade weiche Fühlung. Die Fußspitzen sind in geringem Maße vom Pferd abgewendet. Der Bügel wird an der breitesten Stelle des Ballens gehalten und möglichst gleichmäßig oder eher mehr innen als außen belastet. Das Fersengelenk bleibt locker, immer bereit, das Reitergewicht über den Absatz nach unten durchfedern zu lassen, so daß dieser den tiefsten Punkt des Reiters bildet. Krampfhaftes Einwärtsdrehen der Fußspitzen ist ebenso fehlerhaft wie ein Verdrehen nach außen oder ein bewußtes Herabdrücken des Absatzes. Der Oberkörper, vornehmlich auf den beiden Gesäßknochen ruhend, erhebt sich senkrecht aus den Hüften, die sich gleich hoch über dem Sattel befinden und nicht einseitig eingeknickt werden dürfen. Das Kreuz wird mäßig angezogen, so daß es federnd in der Bewegung des Pferderückens mitschwingen kann. Ein Durchbiegen des Rückens (Hohles Kreuz) macht den Sitz steif und zieht Mängel in der Einwirkung nach sich. Die Schultern sind natürlich fallen zu lassen und zwanglos so zurückzunehmen, daß die Brust sich wölbt. Ein vom Schultergelenk aus gefälltes Lot soll etwa den Absatz treffen.
Der Kopf wird, ohne das Kinn nach vorwärts zu strecken, frei und aufrecht getragen, der Blick über den Pferdekopf gerichtet. Die Oberarme hängen aus den Schultergelenken herab, ohne angedrückt zu werden. Der mittlere Teil des Unterarmes lehnt sich mit der inneren Fläche leicht an den Leib. Anklemmen der Ellenbogen hat Hochziehen der Schultern und ein starre Hand zur Folge, ein Abspreizen beeinträchtigt Sitz und Führung. Die Hände werden geschlossen und senkrecht mit den mäßig

*Dressursitz*

gekrümmten Daumen nach oben so getragen, daß die äußere Fläche des Unterarmes mit Handrücken und Zügel eine gerade Linie bildet.
Der Dressursitz wird, wie der Name schon sagt, in der dressurmäßigen Arbeit und Ausbildung von Pferd und Reiter angewendet.

### 2.2.2. Entlastungssitz

Zum *Entlastungssitz* werden die Bügel etwa 2 Löcher kürzer geschnallt als zum Dressursitz. Der Reiter neigt den Oberkörper ein wenig nach vorn, vermindert dadurch den Druck der Gesäßknochen auf den Pferderücken und überträgt das Gewicht durch Oberschenkel und Knie mehr auf die Seiten des Pferdes. Das Gesäß bleibt jedoch am Sattel, und auf keinen Fall dürfen die Unterschenkel nach hinten rutschen. Die Mittelpositur (Hüfte) muß besonders geschmeidig mitschwingen und das Reitergewicht bei jedem Tritt und Sprung des Pferdes bis in den Absatz hinein durch Hüft-, Knie- und Fersengelenk durchfedernd abfangen.

Der Reiter muß jederzeit in der Lage sein, schnellstens in den Dressursitz zurückzugehen. Auch in diesem Sitz muß er im übrigen darauf achten, die Hände ruhig und eine gerade Linie Zügel-Handrücken-Unterarm zu halten.
Der Entlastungssitz hat ein großes Anwendungsgebiet. Sein Hauptvorteil ist, daß er je nach Situation den schnellen Übergang zum Dressursitz wie zum Springsitz ermöglicht. So empfiehlt er sich besonders zur dressurmäßigen Arbeit von Springpferden und zur springgymnastischen Arbeit, wo diese Übergänge häufig notwendig sind. Aber auch zum Reiten im Gelände ist diese Sitzform angebracht, weil sie die Vorteile des verhältnismäßig festen und sicheren Sitzes mit denen der jederzeitigen Entlastungsmöglichkeit des Rückens ideal verbindet und so das bei Unebenheiten des Bodens besonders notwendige gleichmäßige Mit-

*Entlastungssitz*

gehen und das Ausbalancieren des Reitergewichtes ohne volle Belastung des Pferderückens zuläßt.
Auch beim Zureiten und vor allem in der Lösungsarbeit junger Pferde kann es zur Entlastung des Pferderückens oft empfehlenswert sein, im Entlastungssitz zu reiten. Die Rückenmuskulatur des jungen Pferdes bedarf zunächst durch systematische Gymnastizierung der Kräftigung, ehe das volle Reitergewicht ohne erhebliche Verspannung getragen werden kann.

### 2.2.3. Leichter Sitz (Springsitz)

Er ist aus der sicheren Beherrschung des Dressursitzes und des Entlastungssitzes zu entwickeln. Seine wesentlichen Merkmale sind die Entlastung des Pferderückens und das geschmeidige Mitgehen des Reiters mit den Bewegungen des Pferdes unter weitmöglichster Beibehaltung der dressurmäßigen Einwirkung. Er sollte daher nur auf solchen Pferden geübt und praktiziert werden, welche in der Grundausbildung unter dem Reiter im Dressursitz gelernt haben, an den Hilfen zu stehen und diesen zu folgen.
Das *Galoppieren* im leichten Sitz wird für das Springen und das Geländereiten sowie für das Konditionstraining benötigt. Zum Erlernen der Einwirkung mit dem kürzeren Bügel empfehlen sich am Anfang Lektionen im Schritt und Trab.
Der Bügel ist im Vergleich zum Dressursitz deutlich verkürzt. Das Maß der Verkürzung ist individuell bedingt. Als Anhalt seien 4 bis 5 Löcher angegeben, für das schnelle Galoppieren auf der Rennbahn weitere 2 bis 3 Löcher. Voraussetzung dafür ist ein Mehrzweck- oder Springsattel, der in seiner Pausche eine feste Lage des Knies ermöglicht. Der Fuß wird soweit durch den Bügel gesteckt, daß er in ihm eine sichere Stütze findet und zugleich eine festere Lage des Unterschenkels gewärleistet. Den Fuß ganz bis zum Spann in den Bügel zu stellen, ist nicht zu empfehlen, da so das Federn in den Fußgeleneken behindert wird.
Die treibende Einwirkung beim Galoppieren in leichten Sitz erlangt der Reiter vor allem durch die sicher am Pferdeleib anliegende Wade. Sie ist besonders wichtig, um den Fluß der Bewegung zu erhalten. Ein Verrutschen der Unterschenkel kann die treibende Einwirkung in Frage stellen. Der Oberschenkel des Reiters bleibt vor der Senkrechten. Das Gesäß ist bei geschmeidig federnden Hüft- und Kniegelenken ein wenig angehoben, so daß es nicht mehr »im Sattel«, sondern »am Sattel« und somit ein Druck der Gesäßknochen auf den Pferderücken ausgeschaltet ist. Der Reiter sitzt mit erhobenem Kopf und gut nach vorn geschobenen Hüften.

Eine vorübergehende Steigerung des Treibens durch »Platznehmen« und damit vermehrtem Einsatz der Gewichtshilfen muß jederzeit möglich sein.
Besonders wichtig für das Galoppieren im leichten Sitz sind der tiefe Absatz und das tiefe Knie, sowie tiefe ruhige Hände, welche am besten beiderseits des Widerristes an den Pferdehals angelegt werden. Das Pferd soll bei weicher, aber bestimmter Anlehnung in den Zügel hinein galoppieren. Die Losgelassenheit von Schulter-, Ellenbogen- und Handgelenk bewirkt, daß die Bewegungen des Körpers nicht auf die Hand übertragen werden.
Um die erforderliche Sicherheit und Einwirkung im Reiten im leichten Sitz zu erlangen, ist ein häufiges Üben unerläßlich. Nur durch ausgiebiges Galoppieren auf bequem gehendem Pferd kann der lernende Reiter das notwendige Gleichgewicht und die erwünschte Kondition erhalten, welche die Voraussetzungen für die Teilnahme an Spring- und Geländeprüfungen sind. Die Beherrschung des Pferdes im leichten Sitz auf dem Zirkel, der langen Linie und in den Wendungen sowie im Wechsel des Tempos auf dem Reitplatz und im Gelände sollte das große Vorfeld der Schulung über Hindernisse sein und auch während dieser seine Fortsetzung und Vertiefung finden. Beim Reiten von Wendungen ist auf einen fest anstehenden äußeren Zügel besonders zu achten, um ein Ausfallen über die äußere Schulter zu vermeiden.
Der leichte Sitz oder Springsitz findet, wie der Name schon sagt, Anwendung bei der Springausbildung und beim Parcoursspringen. Während er beim Reiten zwischen den Hindernissen oft mehr in Richtung des Entlastungssitzes ausgeführt wird, kommt er jeweils über einem Hindernis zu seiner stärksten Ausprägung. Es bedarf langer systematischer Ausbildung des Reiters, um hier die jeweils richtige Sitzform und Anpassung an Tempo und Bewegungsintensität des Pferdes zu finden. Die Arbeit lohnt sich aber, weil letztlich nur die volle Körperbeherrschung und das geschmeidige Eingehen auf jede Bewegungssituation als Garanten für einen dauerhaften Erfolg in der Springausbildung und im Springsport anzusehen sind. Alles andere bleibt Stückwerk und wird auf Dauer nicht zu der Freude führen, die gerade in der Beherrschung des Reitens über Hindernisse liegen kann.
Von besonderer Wichtigkeit ist die Beherrschung des leichten Sitzes für die Teilnahme an Geländeprüfungen. Da andere Muskelgruppen als beim Dressursitz beansprucht werden, sollte dieser Sitz »trainiert« werden. Es stellen sich andernfalls über die Distanzen einer Rennbahn oder einer Querfeldeinstrecke nur zu leicht Ermüdungserscheinungen ein, die durch die stärkere Belastung des Pferderückens eine unnötige Erschwerung der Galoppbewegung für das Pferd bedeuten.

## 2.3. Sitzfehler

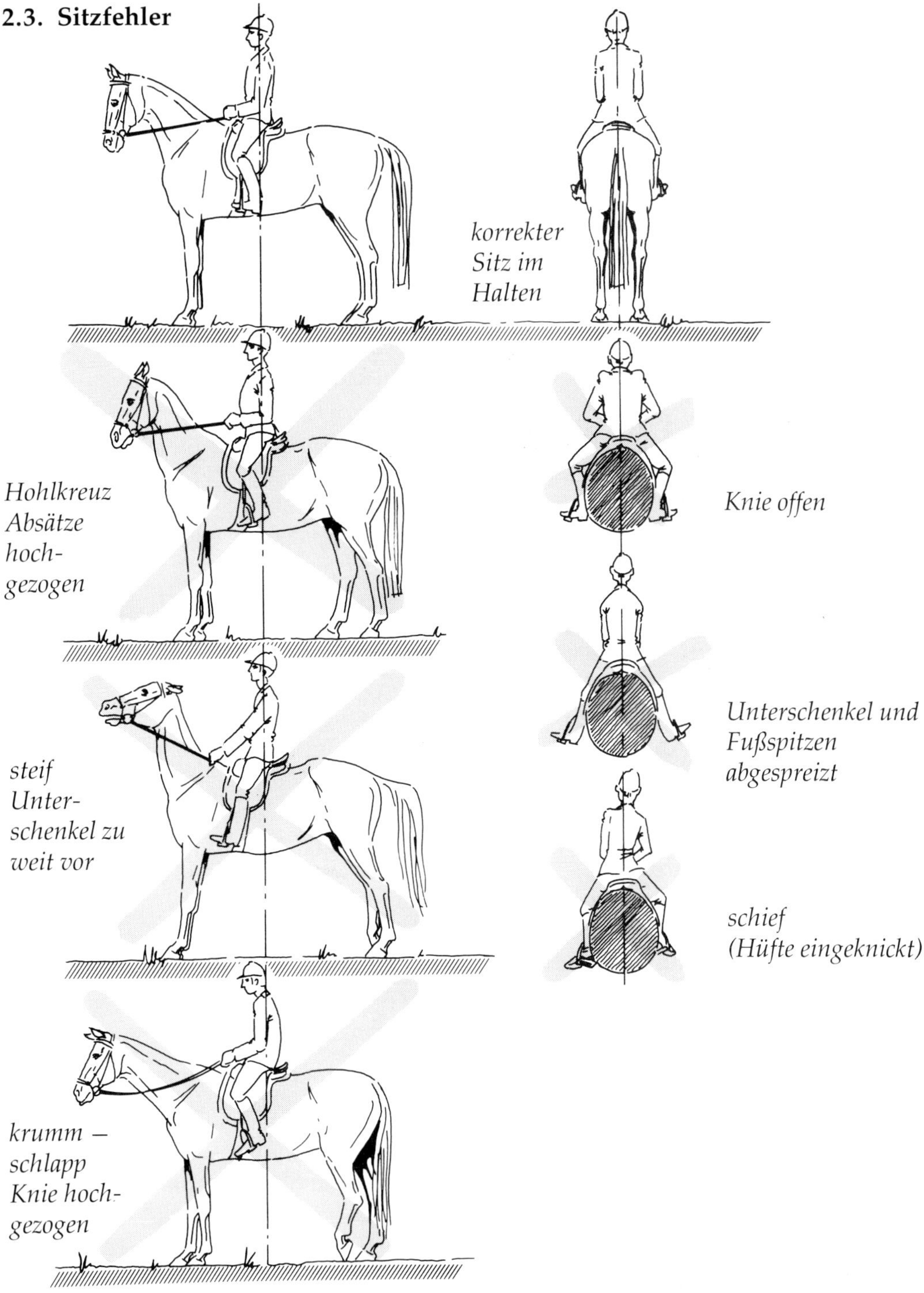

Neben der allgemeinen Versteifung aller Muskeln und dem dadurch entstehenden unruhigen und unsicheren Sitz sind beim Dressursitz der Stuhlsitz und der Spaltsitz die am häufigsten auftretenden Sitzfehler.
Beim *Stuhlsitz* ruht das Gesäß des Reiters zu weit auf dem hinteren Teil des Sattels, die Oberschenkel und die Knie werden hochgezogen und geben dem Reiter nicht die notwendige Einwirkungsmöglichkeit.
Beim *Spaltsitz* liegt die Belastung zu sehr auf dem Oberschenkel und der Leiste, die beiden Gesäßknochen sind entlastet und die Unterschenkel rutschen nach hinten. Das sichere Fundament des Balancesitzes ist nicht gegeben.
Die Ursache der meisten Sitzfehler ist in mangelnder Losgelassenheit der Reiter zu suchen. Erreichung der Losgelassenheit muß daher Hauptziel der Reitausbildung sein, bevor mit der Erlernung der zweckmäßigsten Körperhaltung begonnen wird. Der Sitz ist von der Figur des Reiters und dem Gebäude des Pferdes abhängig. Gezielte Ausgleichsgymnastik kann figürliche Schwierigkeiten des Reiters – z.B. Hohlkreuz, starke Oberschenkelmuskulatur, krumme Rückenhaltung, schwache Bauchmuskulatur usw. – mindern und im günstigen Falle auch beheben.
Beim *leichten Sitz* und beim *Springsitz* liegen die häufigsten Fehler in zu geringem oder zu starkem Eingehen in die Bewegung oder unruhigen bzw. falsch placierten Unterschenkeln. Es ist daher darauf zu achten, daß der Unterschenkel bei tiefem Knie und Absatz etwa in der beim Dressursitz verlangten Position stetig am Pferdeleib liegen bleibt, nur daß der Winkel im Knie infolge des mehr oder weniger verkürzten Bügels naturgemäß ein anderer ist. Aufstehen – besonders über dem Sprung – wie Vorneigen des Oberkörpers nach einer Seite sind ebenso fehlerhaft wie zu tiefes Einsitzen oder gar eine rückwärtsgehende Hand.
Als Fehlerquellen sind anzusehen:
- Reiter vor der Bewegung: Bügel zu lang, Unterschenkel zu weit zurück, hochgezogener Absatz
- Reiter über dem Pferd: Gesäß zu hoch, hochgezogener Absatz
- Reiter hinter der Bewegung: Oberkörper zu weit zurück, vorgestreckter Unterschenkel, hohe rückwärtswirkende Hand.

## 2.4. Sitzübungen – Freiübungen

Sitz- und Freiübungen auf dem Pferd sind geeignet, dem Reiter einen sicheren, ungezwungenen, vom Zügel unabhängigen Sitz beizubringen und Sitzfehler zu beseitigen.
Zweckmäßig ist es, diese Übungen bei Anfängern auf einem ausgebundenen Pferd zu machen, das an der Longe geht. Stehen ruhige, sichere

Pferde zur Verfügung, können die Freiübungen auch zu Beginn und während des Reitunterrichts in der Abteilung durchgeführt werden. Die Zügel sind dann so zu knoten, daß der Reiter beim Hereinfassen in die Zügel sofort eine sichere Verbindung mit dem Pferdemaul gewinnt. Der erste Reiter behält die Zügel in der Hand, die übrigen folgen während der Übungen ohne Abstände. Die Sitz- und Freiübungen dürfen zeitlich nicht lange ausgedehnt werden. Es wird zunächst im Schritt, dann auch im Trab und Galopp – allerdings nur in sehr ruhigem Tempo – geübt, wobei unter allen Umständen vermieden werden muß, daß ein Reiter

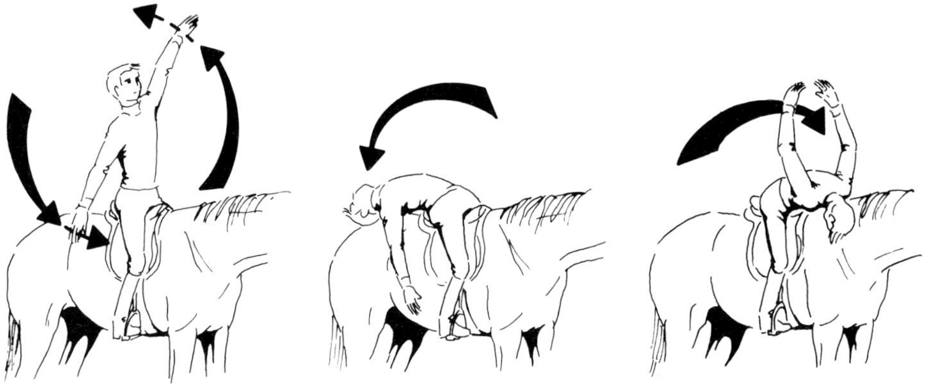

*Armrollen und Rumpfbeugen*

herunterfällt. Zweckmäßig ist es, wenn die Bügel ganz vom Sattel abgeschnallt werden und die Pferde ausgebunden gehen.

Sitzübungen an der Longe, die auch für fortgeschrittene Reiter zur Verbesserung von Sitz, Einwirkung und Gefühl dienen, haben nur dann vollen Erfolg, wenn hierbei ein passender Dressursattel mit langen Sattelblättern benutzt wird.

Für Freiübungen auf dem Pferd können folgende Vorschläge als Anhalt*) dienen:

- Armkreisen, vor-, seit- und rückwärts;
- Verdrehen des Rumpfes mit gestreckten Armen und den Armen hinter dem Kopf;
- Aufrichten und freies Sitzen, dabei Arme in der Seithochhalte;
- Schere;
- bei vorgebeugtem Oberkörper bzw. in der Bauchlage die Arme zur Rückvorhalte bringen;

*) *Die vorstehenden Übungen wurden dem im »FN-Verlag« der Deutschen Reiterlichen Vereinigung e.V. Warendorf herausgegebenen Buch von Claus Chmiel: »Gymnastik für Reiter – moderne Übungsprogramme für jeden Reiter« entnommen, in dem noch eine große Anzahl anderer Empfehlungen zur gymnastischen Vorbereitung für das Reiten enthalten sind.*

- Vorbeugen des Oberkörpers bzw. Rumpfvorbeuge;
- Rumpfdrehbeuge bzw. Rumpfseitbeuge aus dem einseitigen Kniestand;
- Zurücklegen des Oberkörpers bzw. Rumpfrückbeuge aus dem Kniestand;
- Zusammenkauern bzw. tiefe Hocke;
- Beine weit zurückstrecken;
- Strecken des Oberkörpers mit leichter Rückbeuge;
- Armkreisen bei absoluter Streckung des Oberkörpers;
- Zurückstrecken des Armes und des Beines bzw. im einseitigen Kniestand eine Waage;
- Seitliches Abspreizen des Beines bzw. aus der Seitlage Heben und Senken des Beines;
- Rumpfbeuge mit leicht hohlem Kreuz bzw. Bauchschaukel;
- Zurücklegen des Oberkörpers bzw. Zurücklegen aus dem Kniestand mit durchgedrückter Hüfte;
- Hände hinter dem Körper verschränkt fassen bzw. Ellenbogen zurückfedern;
- Rumpfseitbeugen bzw. im Kniestand das Gesäß nach links und rechts absetzen;
- Lockeres Armkreisen.

# 3. Einwirkung des Reiters

Der Reiter wirkt auf das Pferd mit seinem Gewicht, seinen Schenkeln und den Zügeln ein.
Ihrer Natur nach sind die Einwirkungen der Schenkel treibende, die der Hände (Zügel) verhaltende Hilfen.
Beide werden unterstützt durch die Gewichtseinwirkungen. Diesen unterstützenden Gewichtshilfen kommt besondere Bedeutung zu, da der Reiterschenkel nur zusammen mit ihnen dem Pferd den richtigen Impuls geben kann.
Durch das Zusammenwirken der verschiedenen Hilfen wird die jeweils angestrebte und zweckmäßige Haltung sowie Gangleistung des Pferdes und seine Beherrschung erreicht.
**Die Bedeutung der treibenden Hilfen steht hoch über der der verhaltenden.**
Für die Stärke der Hilfen sind die Empfindlichkeit des Pferdes, der Grad seiner Rittigkeit und der beabsichtigte Zweck maßgebend. Die Hilfen setzen immer weich ein und steigern sich nach Bedarf. Nach ggf. zeitweise erforderlichen kräftigeren Hilfen ist stets wieder zu leichteren Einwirkungen zurückzukehren, um das Pferd empfindsam zu halten und nicht abzustumpfen. Grobe Hilfen verderben das Pferd.
Mit fortschreitender Ausbildung muß der Reiter die Hilfen immer feiner und unauffälliger geben, bis das Pferd schließlich ohne von außen wahrnehmbare Einwirkung nur den Gedanken des Reiters zu folgen scheint.

## 3.1. Schenkelhilfen

Der Schenkel hat die Aufgabe, den gleichseitigen Hinterfuß anzutreiben oder an einem Seitwärtstreten zu hindern. Das ist nur in dem Augenblick möglich, in dem dieser vom Boden abfußt. Je näher der Schenkel am Sattelgurt liegt, desto mehr wird der Hinterfuß zum Vortreten angeregt.
Der *vorwärtstreibende Schenkel* liegt daher am Sattelgurt, und zwar so, daß der vordere Rand des Beines (Stiefelschaft) mit dem hinteren Rand des Sattelgurtes abschließt. Liegt der Schenkel weiter zurück – etwa eine Handbreit –, so wird er nach dem Grade der Einwirkung entweder den gleichseitigen Hinterfuß am seitlichen Verlassen der Richtung hindern – *verwahrender Schenkel* – oder ihn veranlassen, nach der entgegen-

*treibender Schenkel*

*verwahrender Schenkel*

gesetzten Seite von der Richtung abzuweichen – *vorwärts-seitwärts* treibender Schenkel –.

## 3.2. Zügelhaltung und Zügelhilfen

### 3.2.1. Zügelhaltung

*Zügelhaltung bei Zäumung auf Trense*

Die Zügel der Trense werden unverdreht und gleichlang zwischen dem kleinen und dem Ringfinger ergriffen, so daß die glatte Lederseite nach außen zeigt. Die zusammengeschnallten Zügelenden hängen über dem zweiten Gelenk des Zeigefingers nach rechts unter dem rechten Zügel herab. Die Hände sind geschlossen, die mäßig gekrümmten Daumen

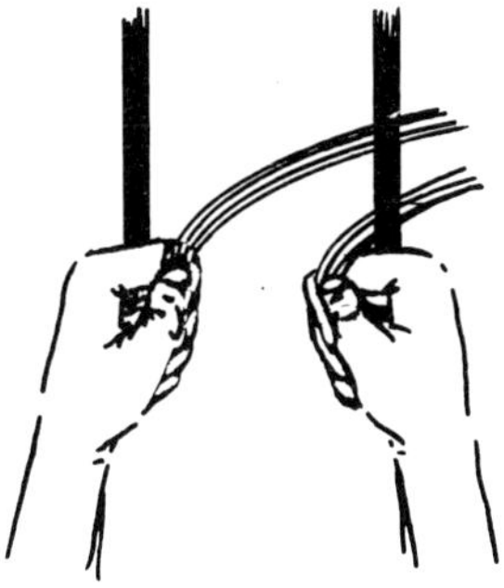

*korrekte Handstellung*

*offene Zügelhand*

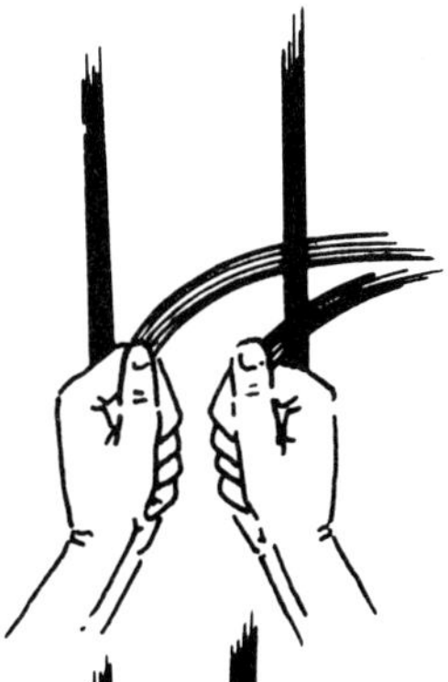

*durchgedrückte Handgelenke*

*zu stark abgerundete Handgelenke*

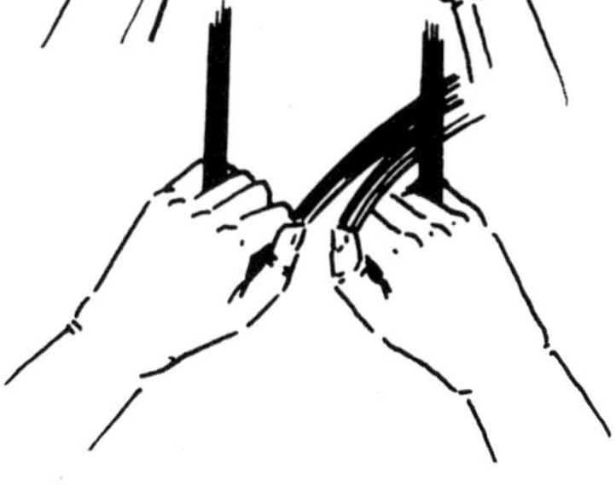

*verdeckte Hände*

drücken die Zügel auf die Zeigefinger und verhindern ein Durchrutschen. Die Hände werden mit den Daumen nach oben senkrecht, den Pferdehals mit den Zügeln einschließend und etwa 4 Finger breit auseinander in solcher Höhe getragen, daß Unterarme und Zügel etwa eine gerade Linie bilden. Das Handgelenk darf nicht steif sein. Der häufige Fehler der leicht geöffneten Hand hat zur Folge, daß sich bei herausgezogenem Ringfinger das Zügelmaß ständig verlängert, hierdurch wird der Reiter zum Zurücknehmen seiner Hände in Richtung Bauch verleitet. Ganz wesentlich ist es, darauf zu achten, daß die rechte Hand immer rechts und die linke Hand immer links vom Mähnenkamm bleibt. Ein Herüberdrücken der Hand auf die andere Seite ist wegen der damit zwangsläufig einhergehenden falschen Gewichtsverlagerung des Reiters und der fehlerhaften Gebißwirkung im Pferdemaul ein schwerwiegender Fehler, der von Anfang an konsequent abzustellen ist. Beim Reiten von Wendungen und gebogenen Linien soll die äußere Hand immer möglichst dicht am Hals bzw. Widerrist bleiben, damit der äußere Zügel möglichst in seiner ganzen Länge am Pferdehals anliegt. Muß eine Hand, was für den fortgeschrittenen Reiter aus Gründen der Korrektur seines Pferdes gelegentlich vorkommen kann, für einen Moment einmal höher getragen werden als die andere, so darf das auf gebogenen Linien und in Wendungen niemals die äußere sein.
Bei einigen verschiedenen Gelegenheiten, wie z. B. Bergabreiten, Reiten im leichten Sitz über längere Strecken, kann der Reiter die *Zügelbrücke* wählen. Hierzu wird das aus der linken Hand kommende Ende des linken Zügels zwischen Daumen und Zeigefinger durch die volle rechte Hand geführt, so daß ein ca. 15 cm bis 20 cm langes Zwischenstück zwischen linker und rechter Hand des Reiters verbleibt. Dieses Zwischenstück legt der Reiter vor dem Widerrist über den Hals des Pferdes und hält es mit beiden Daumen seitlich vom Mähnenkamm fest. Die Daumen bilden so einen Drehpunkt, mit dessen Hilfe der Reiter eine gleichbleibende Zügelanlehnung zum Pferdemaul erhalten kann.

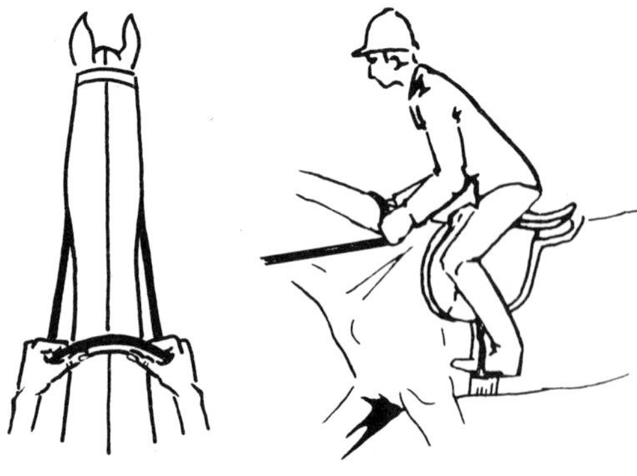

*Zügelbrücke*

*verschiedene Arten der Kandarenzügelführung*

*geteilte Zügelführung (Trense unten)*

A

*geteilte Zügelführung (Kandare unten)*

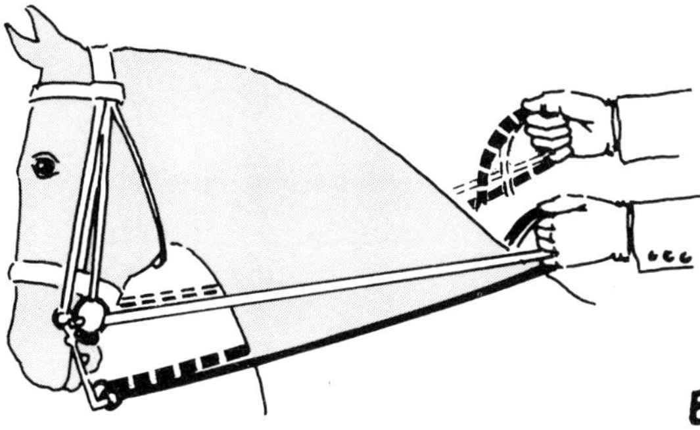

B

*Fillis-Zügelführung*

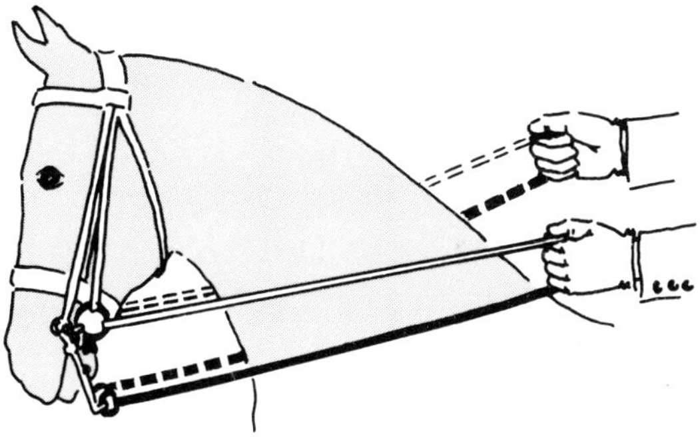

D

*Zügelführung 3:1 (angefaßte Trense)*

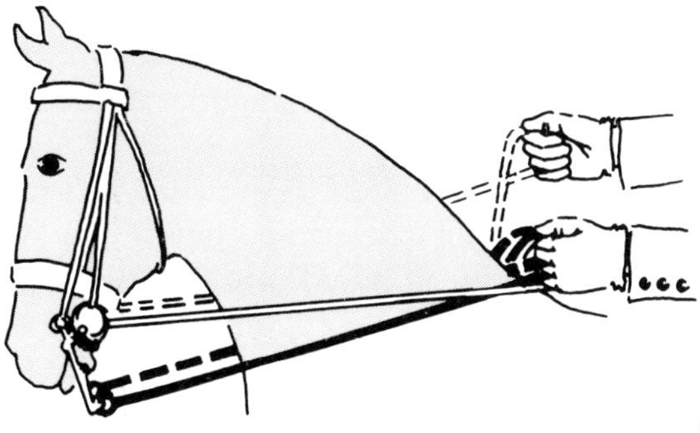

C

*Trensenzügel links*
*Trensenzügel rechts*
*Kandarenzügel links*
*Kandarenzügel rechts*

*Zügelhaltung bei Zäumung auf Kandare*

Es wird unterschieden in Führung mit geteilten Zügeln und Führung mit den in der linken Hand vereinigten Kandarenzügeln mit angefaßter Trense (3:1).

Beim Reiten mit geteilten Zügeln bestehen verschiedene Möglichkeiten:

A Bei der gebräuchlichsten Art werden die Kandarenzügel jeweils zwischen Ring- und kleinem Finger geführt, während die Zügel der Unterlegtrense unterhalb des kleinen Fingers liegen. Die Zügelenden laufen dann wieder vereint über den Zeigefinger ihrer Führungshand unter dem Daumen her und hängen nach rechts herab. Bei Zügelführung in einer Hand (Grüßen, Überstreichen usw.) übernimmt die linke Hand die beiden rechten Zügel getrennt mit dem Mittelfinger, die vier Zügelenden hängen unter den rechten Zügeln am Pferdehals herab.

B Die jeweils rechten und linken Kandaren- und Unterlegtrensenzügel werden vom Reiter so in die Hand genommen, wie die Gebisse im Pferdemaul liegen. Unterlegtrense oben, Kandare unten. Die Zügel werden jeweils vom kleinen Finger getrennt, so daß der Kandarenzügel unterhalb des kleinen Fingers, der Unterlegtrensenzügel zwischen kleinem und Ringfinger liegt. Die Zügelenden liegen zwischen Zeigefinger und Daumen und hängen zwischen Pferdehals und Zügel herab.

C Beim Reiten mit angefaßter Trense (Zügelführung 3:1) teilt der Reiter die Kandarenzügel mit dem Ringfinger der linken Hand, das Ende dieser Zügel hängt über das zweite Gelenk des Zeigefingers auf der Hand nach rechts herab. Die rechte Hand ergreift mit dem Daumen und den drei ersten Fingern den Trensenzügel und zieht ihn durch die linke Hand, bis der linke Trensenzügel mit dem linken Kandarenzügel gleichmäßig ansteht. Der rechte Trensenzügel wird sodann wie bei Zügelführung auf Trense durch die rechte Hand so kurz gefaßt, daß er mit dem rechten Kandarenzügel gleichmäßig ansteht. Die linke Hand bleibt beim Reiten mit angefaßter Trense vor der Mitte des Leibes senkrecht über dem Widerrist stehen, die rechte ist etwa zwei Finger breit davon entfernt und wird in gleicher Höhe mit der linken wie diese senkrecht getragen. Die Zügelenden verlaufen wie unter A geschildert.

D Im Gegensatz zur Zügelführung wie bei B werden die Trensenzügel von oben her über den Zeigefinger in die volle Hand nach unten geführt, während die Kandarenzügel wie bei B geführt werden. Diese Zügelführung (Filliszügelführung) ist nur für fortgeschrittene Reiter von Fall zu Fall und ausschließlich in der Arbeit ihrer Pferde zu empfehlen, bei Turnierprüfungen ist sie nicht erwünscht.

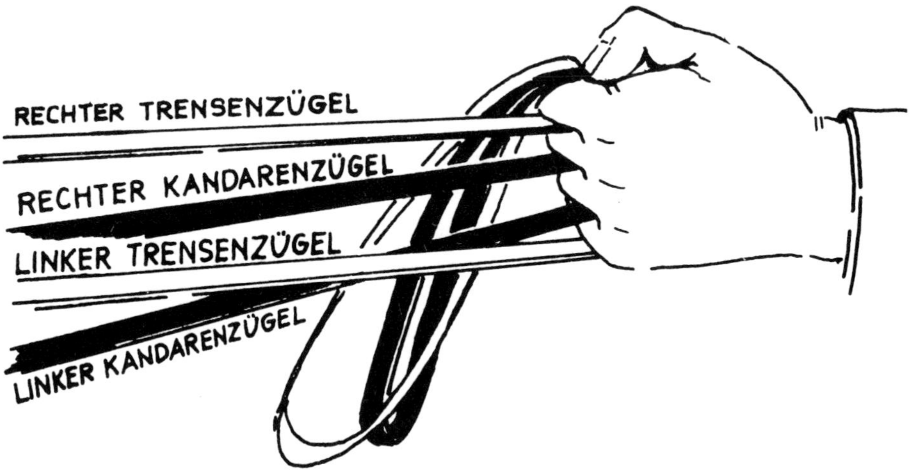


*Kandarenzügelführung mit einer Hand (durchgezogene Trense)*

– Beim Reiten mit durchgezogener Trense (Reiten mit einer Hand) werden die Kandarenzügel und der linke Trensenzügel wie bei angefaßter Trense gehalten, der rechte Trensenzügel wird zwischen Mittel- und Zeigefinger hindurchgezogen, alle vier Zügel über das zweite Gelenk des Zeigefingers hinweggelegt und hier vom Daumen gehalten. Der rechte Arm hängt natürlich von der Schulter herab, die Hand liegt leicht und zwanglos geöffnet hinter dem rechten Oberschenkel und zeigt mit der inneren Fläche nach dem Pferdeleib. Dem Reiten mit durchgezogener Trense ist besonderer Wert beizumessen, da es eine Überprüfung der Selbsthaltung des Pferdes auch bei geringer Zügelanlehnung bedeutet.

Ganz gleich, welche Zügelführung angewendet wird, wichtig ist, daß Trensen- und Kandarenzügel unabhängig voneinander geführt werden. Wegen der Stangeneigenschaft der Kandare ist dies besonders in Wendungen von Bedeutung. Um ein Klemmen der Kandare und damit einen Schmerz im Pferdemaul zu vermeiden, muß hier beispielsweise deutlich mit dem äußeren Kandarenzügel nachgegeben werden, während der äußere Trensenzügel durchaus elastisch anstehen kann, weil ein Nachgeben bereits durch das Gelenk des Trensenmundstücks erfolgt. Die sicherste Möglichkeit, hier keine Fehler zu machen, bietet das Reiten mit angefaßter Trense. Bei der heute weitgehend eingebürgerten geteilten Zügelführung (siehe Zeichnung A) ist diese Sicherheit allerdings auch verhältnismäßig groß. Es muß nur von Anfang an und konsequent darauf geachtet werden!

### 3.2.2. Zügelhilfen

Die durch Zügel und Gebiß dem Pferd übermittelten Einwirkungen entstehen durch vermehrtes An- und Abspannen der Zügel. **Da die Zügelhilfen ihrer Natur nach vornehmlich verhaltend wirken, müssen sie stets mit treibenden Hilfen verbunden sein.**

Sie wirken um so sicherer und schneller, je mehr das Pferd die Einwirkungen der Hände auf die Laden durch Genick, Hals und Rücken bis in die Hinterbeine hindurchläßt.

**Nur das völlig durchlässige Pferd gehorcht sicher der Hand.**

Die Zügelhilfen unterscheiden sich in:
– annehmende
– nachgebende
– verwahrende
– durchhaltende.

Die Ausführung der *annehmenden Zügelhilfe* kann vom Druck des Ringfingers auf den Zügel, über das Einrunden des Handgelenks bis zur Beteiligung des ganzen Armes gehen. Annehmende Zügelhilfen werden in Verbindung mit den entsprechenden Schenkel- und Gewichtshilfen eingesetzt zum
– Übergang von einer höheren Gangart in eine niedere,
– Verkürzen des Gangmaßes (Tempo),
– Anhalten bzw. Rückwärtsrichten,
– Einstellen des Pferdes in eine Wendung (Stellung gehen),
– Aufmerksammachen.

Um die bremsende Wirkung nicht allein auf die Vorderbeine des Pferdes zu übertragen, sondern vor allem die Hinterbeine zu vermehrtem Herantreten unter den Schwerpunkt zu veranlassen, muß gleichzeitig auch eine entsprechend dosierte Einwirkung der treibenden Hilfen erfolgen. Besonderer Wert kommt dabei dem »Anspannen des Kreuzes« (Rücken-, Gesäßmuskulatur) zu, das dem Sitz des Reiters bei der annehmenden Zügelhilfe die erforderliche Stabilität verleiht.

Für die annehmende Zügelhilfe gilt ganz besonders die Warnung, niemals im Annehmen stecken zu bleiben.

Diese Hilfe darf nicht in Ziehen am Zügel ausarten, sondern muß im Wechsel mit nachgebenden Hilfen erneuert werden, wenn der Erfolg nicht sogleich eintritt.

**Jede annehmende Zügelhilfe muß mit einer nachgebenden beendet werden.**

Bei Richtungsänderung kann es sich bei jüngeren Pferden empfehlen, beim Annehmen mit der inneren Hand vom Pferdehals weg andeutungsweise in Richtung der gewünschten Bewegung – »Richtung eigene innere Hüfte des Reiters« – zu gehen. Diese annehmend seitwärtsweisende Zügeleinwirkung bedingt aber ein besonders deutliches Nachgeben in Richtung Pferdemaul zum Abschluß oder vor einer Wiederholung.

Bei der *nachgebenden Zügelhilfe* kann das Maß des Nachgebens vom Entspannen des Fingergelenkes bis zum Vorgehen aus dem ganzen Reiterarm variieren. Das Nachgeben der Zügel geschieht nicht ruckartig, da sonst Taktstörungen des Ganges unvermeidlich sind. Die Verbindung zwischen Reiterhand und Pferdemaul bleibt in der Regel erhalten.

Soll mit einer nachgebenden Zügelhilfe dem Pferd ein Längermachen des Halses erlaubt werden, so ist ein Vorgehen des ganzen Armes, also ein Dehnenlassen am Zügel und gegebenenfalls in der Folge ein Durchgleitenlassen der Zügel notwendig. Ein Hingeben der Zügel kann sich daran anschließen.

Die *verwahrende* oder auch *»begrenzende« Zügelhilfe* wird immer im Zusammenhang mit einer einseitig annehmenden Zügelhilfe der anderen Hand angewandt. Einem einseitigen Zügelanzug wird das Pferd dadurch Folge leisten, daß es nach der betreffenden Seite Kopf und Hals wendet. Für die richtige Ausführung der Wendung wie auch zur Begrenzung der Biegung des Halses ist daher eine Gegenwirkung des anderen, also äußeren Zügels notwendig. Diese nennt man verwahrende Zügelhilfe. Sie besteht im leichten Gegenhalten der dicht am Hals bzw. Mähnenkamm gehaltenen Hand, kann sich aber auch bis zum Annehmen steigern. Fehlt bei einer einseitig annehmenden Zügelhilfe mit der inneren Hand die verwahrende Wirkung des äußeren Zügels, kommt es zum »Ausfallen über die äußere Schulter des Pferdes«.

Die *durchhaltende Zügelhilfe* besteht darin, daß die auf ihrem Platz verbleibenden Hände fest geschlossen werden und den vermehrten Druck des Pferdes gegen das Gebiß aushalten, bis das Pferd sich am Zügel abstößt und leicht wird. Für diese durchhaltende Zügelhilfe ist das bei vorgeschobenem Gesäß elastisch angespannte Kreuz des Reiters und eine stark treibende Schenkeleinwirkung Vorbedingung.

Die durchhaltende Zügelhilfe wird gebraucht bei Pferden, die zuviel Anlehnung nehmen und gegen den Zügel gehen. Bei durchlässigen Pferden kann die durchhaltende Zügelhilfe, für kurze Momente angewandt, als Vorstufe des annehmenden Zügels wirken, teilweise ihn auch – z. B. beim Rückwärtsrichten – ersetzen.

Von entscheidender Wichtigkeit bei der Anwendung des durchhaltenden Zügels ist es, daß in dem Augenblick, in dem das Pferd leicht am Gebiß wird und im Genick nachgibt, auch die Hand des Reiters leicht wird. Dieses gilt auf gebogenen Linien und in Wendungen im besonderen für die innere Hand.

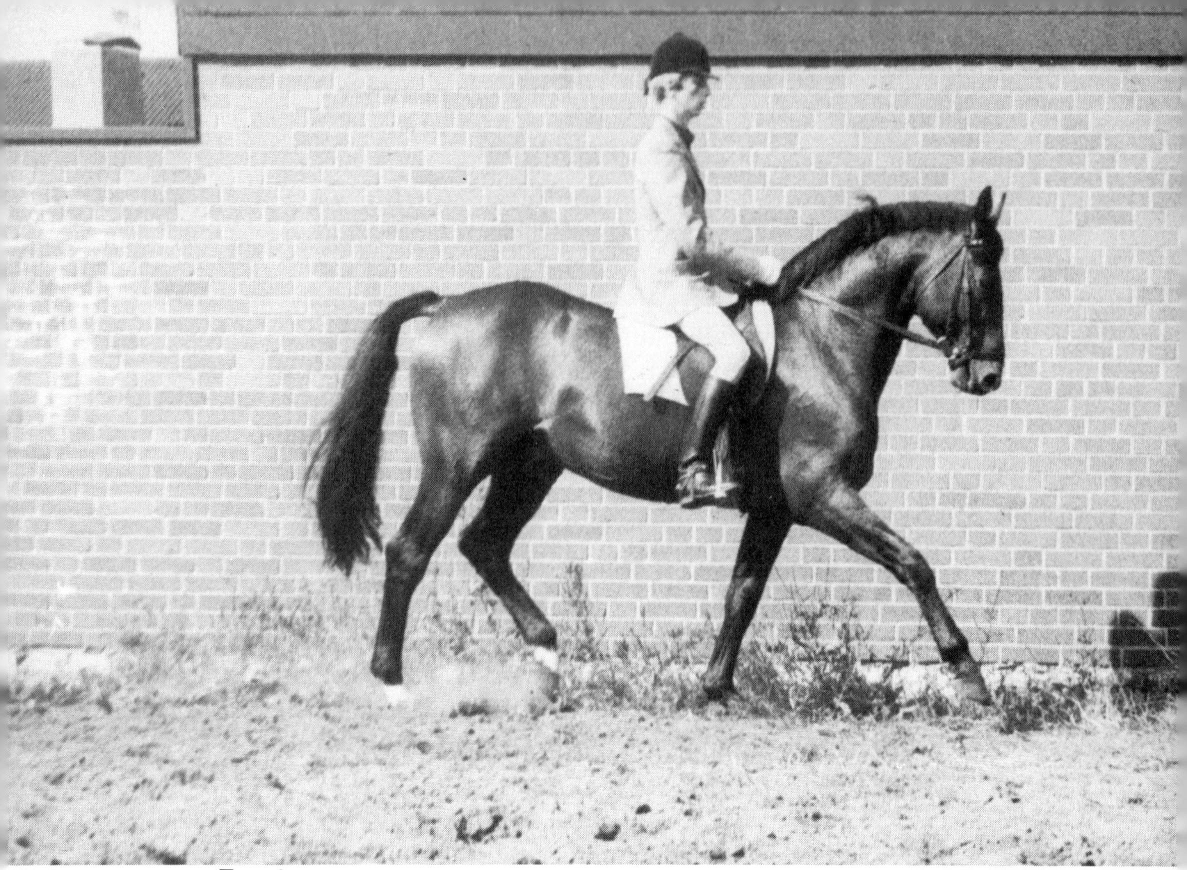

*am Zügel*

*langer Zügel*

*hingegebener Zügel*

**Für alle Einwirkungen mit dem Zügel muß immer der Grundsatz beachtet werden, daß die fehlerhafte Neigung der meisten Reiter, zu viel mit den Händen und zu wenig mit Schenkel- und Gewichtshilfen einzuwirken, dauernd zu bekämpfen ist.** Die Hand bestimmt den Rahmen, in dem sich das Pferd bewegen soll, sie darf niemals aktiv und allein die Genickbiegung (Haltung) des Pferdes erzwingen wollen.
Von einem Pferd, das in williger Genick- und Halsbiegung, welche mit »Beizäumung« bezeichnet wird, den Einwirkungen der Hand nachgibt, dem Reiter sowohl im Halten wie im Gange das Gefühl einer sicheren und weichen Verbindung zwischen Hand und Pferdemaul verleiht, sagt man, *es steht am Zügel.* Ein Pferd, das, eine Stütze in den Zügeln suchend, sich auf die Hand legt, ist *auf dem Zügel.* Ein Pferd, das die Verbindung zwischen Hand und Pferdemaul durch Ausweichen des Kopfes nach rückwärts aufhebt, ist *hinter dem Zügel.* Ein Pferd, das sich dem Nachgeben durch Gegendrücken mit Genick- und Halsmuskeln nach vorwärts-aufwärts zu entziehen strebt, geht *gegen den Zügel* bzw. ist *über dem Zügel.*

Ein Pferd geht **am** *langen Zügel,* wenn dieser ganz leicht ansteht, ohne daß dem Pferd dabei eine Beizäumung abverlangt wird. Beim Reiten **mit** *hingegebenen Zügeln* werden diese am Ende angefaßt, so daß keine Verbindung mehr zwischen Reiterhand und Pferdemaul besteht.
Um zu prüfen, ob das Pferd sich in den freieren Tempi »selbst trägt«, sowie als beruhigende Hilfe wendet man das *Überstreichen* an. Hierbei geht die Zügelhand – ohne Rücksicht auf die Verbindung mit dem Pferdemaul – den Mähnenkamm berührend, langsam vor und wieder zurück, wobei die treibenden Hilfen nicht aufgegeben werden dürfen.
Bei der Lektion »*Zügel-aus-der-Hand-kauen-lassen*« bleibt die Verbindung zwischen Reiterhand und Pferdemaul bis maximal zum »langen Zügel« bestehen. Das Pferd soll lediglich der durch das Öffnen der Finger leichter werdenden Anlehnung durch Dehnen des Halses nach vorwärts und in geringem Maße abwärts folgen. Durch Schließen der Finger beendet der Reiter diesen Vorgang. Er kann nach Wunsch anschließend den Zügel hingeben oder den Zügel wieder aufnehmen. Die treibenden Hilfen bleiben auch hier von großer Bedeutung. Das Dehnen des Pferdehalses am länger werdenden Zügel unter Beibehaltung des gleichen Gangmaßes, d. h. ohne eiliger zu werden, dient dem Reiter als Prüfstein der Losgelassenheit des Pferdes.

### 3.3. Gewichtshilfen

Die Gewichtshilfen sind unterstützende Hilfen. Sie werden unterschieden in
– beidseitig belastende
– einseitig belastende
– entlastende.
Die Gewichtshilfen sind besonders wirksam, wenn der Schwerpunkt des Reiters möglichst nahe und senkrecht über dem des Pferdes liegt. In der Fähigkeit, während aller Bewegungen den eigenen Schwerpunkt mit dem seine Lage ständig wechselnden Schwerpunkt des Pferdes in Übereinstimmung zu halten, liegt die Kunst, mit dem Pferd mitzugehen. Das Gewicht ist so vom Pferde auch am leichtesten zu tragen. Ein Reiter dagegen, der die Fähigkeit des Mitgehens nicht besitzt, stört durch sein unrichtig verlegtes Gewicht Gang und Haltung des Pferdes.
Bei der *beidseitig belastenden Gewichtshilfe* werden beide Gesäßknochen des Reiters durch ein Strecken des Oberkörpers nach oben und ein geringes Zurücknehmen hinter die Senkrechte und gleichzeitiges Anspannen der Gesäßmuskulatur gleichmäßig vermehrt belastet. Diese gleichmäßige Belastung regt in Verbindung mit treibender Schenkelein-

wirkung beide Hinterbeine zum vermehrten Herantreten an und ist insofern sowohl bei verstärktem Vortreiben als auch bei verstärkter Rückführung des Tempos zur Unterstützung der übrigen Hilfen heranzuziehen. Fehlerhaft ist ein zu weites Zurücklegen des Oberkörpers und das Hochziehen der Oberschenkel und Knie, weil dadurch die treibende Einwirkung der Unterschenkel verloren geht.

Bei der *einseitig belastenden Gewichtshilfe* verlegt der Reiter sein Gewicht betont auf einen Gesäßknochen. Dadurch wird sich die Hüfte etwas senken und das Knie eine tiefere Lage erhalten. Durch die Verlagerung des Reitergewichtes nach links oder rechts erhält das Pferd den Antrieb, in dieser Richtung von der bisherigen Linie abzuweichen.

Diese Hilfe ist beim Wenden eine stets notwendige Unterstützung der Zügel- und Schenkelhilfen und gelangt beim völlig durchgearbeiteten Pferd so zur Vorherrschaft, daß sie den Hauptantrieb zum Wenden gibt. Fehlerhaft ist das seitliche Einknicken in einer Hüfte, da sich so der Schwerpunkt des Reiters auf die nicht gewollte falsche Seite verlagert. Um dies zu vermeiden, sollte der Reiter beim Einsatz einer einseitigen Gewichtshilfe daran denken, den Bügel der betreffenden Seite »in den Boden treten zu wollen«, dann wird er die gewünschte Gewichtshilfe am sichersten erreichen.

Bei der *entlastenden Gewichtshilfe* verlagert der Reiter sein Gewicht vermehrt gleichmäßig auf seine Oberschenkel und die Steigbügel. Das Gesäß bleibt dabei allerdings im Sattel. Der Oberkörper kann – je nach dem Grad der Entlastung – geringfügig vor die Senkrechte kommen. Ein Vorneigen des Oberkörpers wird aber zum Fehler, wenn Hüften und Gesäß nicht mit nach vorn genommen werden, sondern nach hinten hinausgleiten.

Die entlastende Gewichtshilfe wird in den Fällen angewandt, die eine besondere Entlastung des Pferderückens und der Hinterhand verlangen, z. B. beim Anreiten junger Pferde und den ersten Übungen des Rückwärtsrichtens.

Bei *allen Gewichtshilfen,* bei Wendungen und auf gebogenen Linien ist darauf zu achten, daß die Schulter des Reiters mit den Schultern des Pferdes und die Hüften des Reiters mit den Hüften des Pferdes parallel verlaufen. Das Zurückhängen der äußeren Schulter oder der inneren Hüfte verhindert das Mitgehen in der Bewegung des Pferdes und ergibt eine falsche Gewichtsverlagerung. Bei jeder Wendung gilt für den Reiter der Grundsatz: *»Äußere Schulter und innere Hüfte vor!«*

### 3. 4. Zusammenwirken der Hilfen

Nur durch das Zusammenwirken der verschiedenen Schenkel-, Zügel- und Gewichtshilfen ist eine sichere Einwirkung auf das Pferd gewährleistet. Nicht im Aufwand starker Kraft, sondern in geschickter Anwendung der Hilfen liegt der Erfolg. Die Kunst, im richtigen Augenblick, in der richtigen Stärke, in der richtigen Art und im richtigen Verhältnis der verschiedenen Hilfen zueinander einzuwirken, ist das »Reitergefühl«. Und ein feines Reitergefühl kann nur der haben, der im losgelassenen, schmiegsamen Balance-Sitz in steter Übereinstimmung mit den Bewegungen des Pferdes bleibt und aus voller Beherrschung seines Körpers heraus in der Lage ist, die Hilfen jederzeit unabhängig von der Bewegung des Pferdes mit der richtigen Intensität zu geben.
*Nur aus einem richtigen Sitz kommt die richtige Einwirkung.*

### 3. 5. Hilfsmittel

Sporen und Gerte dienen zur Verstärkung der treibenden Schenkelhilfen oder zum Strafen. Außerdem kann auch die Stimme des Reiters auf das Pferd einwirken.

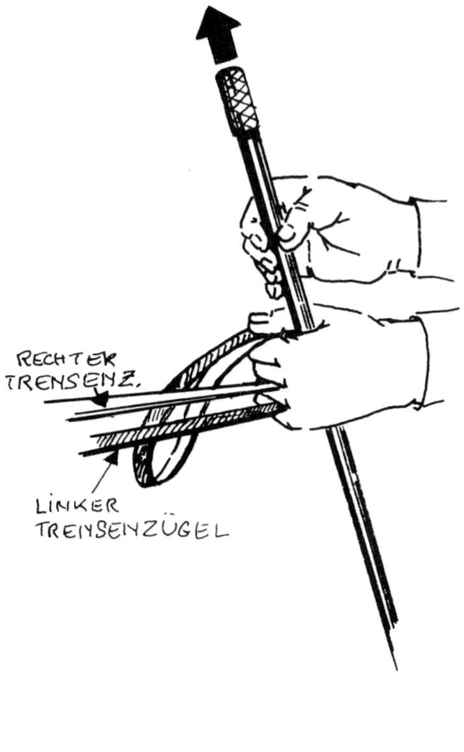


*Wechseln der Gerte*

Soll der *Sporen* die Schenkelhilfe verstärken, so darf er erst dann mehr oder minder fühlbar angedrückt werden, wenn der Schenkel bereits wirkt. Die Schenkellage darf dabei nicht verändert werden, auch darf der Reiter die Haltung seines Oberkörpers nicht verändern, besonders auch nicht mit unruhiger Hand das Pferd dabei im Maul stören.
Letzteres gilt ganz besonders auch für den Gebrauch der *Gerte.* Die Gerte wird so angefaßt, daß ihr Ende bei normaler Handhaltung über den Oberschenkel des Reiters nach hinten-unten zeigt und bei Anwendung den Pferdeleib dann dicht hinter dem Unterschenkel des Reiters berührt. Sie sollte immer etwa eine Handbreit nach oben aus der Hand herausstehen.
Die Gerte wird im Regelfall in der Hand der Bewegungsrichtung getragen, also in der linken Hand, wenn das Pferd linksherum, und in der rechten, wenn das Pferd rechtsherum geht. Durch kurze Drehung im Handgelenk wirkt sie mit ihrem Ende kurz hinter dem Unterschenkel der betreffenden Seite ein, wobei es auch Voraussetzung ist, daß dieser Unterschenkel vorher bereits in der gewünschten Weise einwirkt. Die Gerte kann nur unterstützen, sie kann niemals die Wirkung des gleichseitigen Unterschenkels ersetzen.
Soll die Gerte gewechselt werden, werden beide Zügel in die die Gerte führende Hand genommen. Die übernehmende Hand zieht die Gerte langsam und vorsichtig aus der führenden Hand nach oben heraus, geht dann auf ihrer Seite wieder in Zügelhöhe und übernimmt dort anschließend wieder den Zügel.
Zum Strafen wird die Gerte nur dicht hinter dem Reiterschenkel benutzt. Die Zügel sind dabei immer in eine Hand zu nehmen, um Reißen im Maul zu vermeiden.
Die *Stimme* als Hilfsmittel ist beim Anreiten junger Pferde unentbehrlich. Bei älteren Pferden sollte sie sparsam verwandt werden, da sonst eine Gewöhnung eintritt und beim Reiten in Gesellschaft eine Belästigung anderer Reiter nicht zu vermeiden ist. Bei Dressurprüfungen ist der hörbare Gebrauch der Stimme untersagt.
Vor Gebrauch der Hilfsmittel zum Strafen muß sich der Reiter darüber klar sein, ob es sich um wirklichen Ungehorsam handelt, oder ob nicht etwa er zu hohe Anforderungen gestellt oder unrichtige Hilfen gegeben hat. Niemals sollte der Reiter im Zorn strafen, denn ein ungerecht und nur aus Ärger gegebener Sporenstich stört das Verständnis zwischen Reiter und Pferd und untergräbt das Vertrauen des Pferdes zu seinem Reiter. Ist jedoch eine Strafe nötig, dann muß sie sofort, kurz, deutlich und entschlossen gegeben werden, halbe Maßnahmen verfehlen ihren Zweck.

# 4. Reiten von Grundübungen und Dressurlektionen

Nach der ersten Sitzschulung an der Longe wird wie vorn angeführt möglichst in Gruppen gleichen Ausbildungsstandes weiter ausgebildet, wobei der Reiter durch selbständiges Reiten einfacher Grundübungen und Lektionen seinen Sitz festigen und die richtige Anwendung der Hilfen lernen soll.

*Bei den folgenden Ausführungen wird davon ausgegangen, daß die für die Ausbildung zur Verfügung stehenden Pferde die jeweils gestellten Anforderungen bei richtiger Anwendung der Hilfen beherrschen. Diese in der Praxis nicht immer anzutreffende Situation sollte für die Grundausbildung des Reiters, wo immer es geht, angestrebt werden. Für den lernenden Reiter gibt es keinen besseren Ausbilder als das Pferd, das das, was der Reiter lernen soll, bereits kann. Ganz schlecht ist es, wenn Pferd und Reiter gleichermaßen Anfänger sind. Viele verrittene Pferde und unzufriedene Reiter gehen zu Lasten dieser leider viel zu häufig vorkommenden Ausgangslage, die auf jeden Fall vermieden werden sollte. Erst ein Reiter, der selbst gefühlt hat, wie es richtig ist, wird in der Lage sein, so auf ein Pferd einzuwirken, daß es das Richtige lernt.*

## 4. 1. Zusammenstellung von Grundübungen und Lektionen

Im folgenden findet sich eine Zusammenstellung der Grundübungen und Lektionen, wie sie der Reiter im Zuge der dressurmäßigen Grundausbildung erlernen muß.

**Grundübungen**

Anreiten und Reiten im Mittelschritt;
An den Zügel stellen;
Antraben im Arbeitstempo aus dem Schritt, Leichttraben;
Trabarbeit im Arbeitstempo, Aussitzen;
Parade vom Trab zum Schritt;
Angaloppieren im Arbeitstempo aus dem Trab;
Galopparbeit im Arbeitstempo;
Parade vom Galopp zum Trab;
Parade vom Schritt zum Halten;
Vorhandwendung;
Handwechsel im Schritt und Trab auf langen geraden Linien;

Arbeit auf dem Zirkel in allen Gangarten;
Handwechsel aus dem Zirkel im Schritt und Trab.

**Weitergehende Lektionen**
Gangartwechsel jeder Art;
Tempounterschiede im Trab und Galopp (Zulegen-Einfangen);
Einfache Schlangenlinien;
Schlangenlinien durch die ganze Bahn;
Handwechsel in allen Gangarten auf langen geraden Linien;
Aus dem Zirkel, durch den Zirkel wechseln (einschließlich einfacher Galoppwechsel);
Schenkelweichen im Schritt;
Rückwärtsrichten.

**Lektionen, die die Grundausbildung des Reiters abschließen**
Halbe und ganze Paraden;
Schenkelweichen im Trab;
Viereck verkleinern und vergrößern im Schritt und Trab;
Volten, Kehrtvolten;
Doppelte Schlangenlinie;
Kurzkehrtwendung, Hinterhandwendung;
Versammlung und Verstärkung im Trab und Galopp;
Versammelter Galopp und Außengalopp (Kontergalopp).

Die vorstehende Reihenfolge ist nicht unbedingt verbindlich, da schon die unterschiedliche Konstitution und Eignung von Mensch und Pferd eine individuelle Anpassung verlangen. Einen ungefähren Anhaltspunkt stellt sie jedoch dar und berücksichtigt vor allem den – wie in jeder Ausbildung – auch in der Reiterei geltenden Grundsatz

»vom Leichteren zum Schwereren».

Die nachfolgende Beschreibung des Reiters der einzelnen Grundübungen und Lektionen weicht dann auch von der vorstehenden Reihenfolge ab, dies aber keineswegs, um eine neue oder verbindlichere aufzustellen, sondern nur wegen des vom reiterlichen Inhalt her bestehenden Zusammenhangs einzelner Lektionsgruppen.

## 4. 2. An den Zügel stellen

An den Zügel stellen heißt, das Pferd derartig mit den Schenkelhilfen von hinten nach vorne an die durchhaltende Zügelhand heranschieben,

*Entwicklung der Beizäumung*

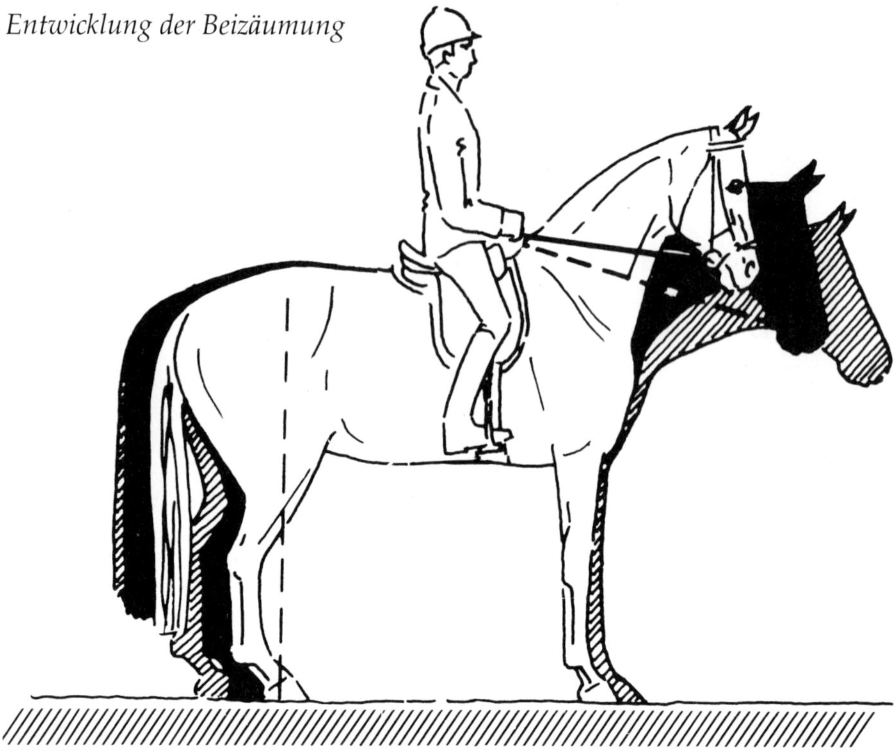

[schraffiert] *Pferd in natürlicher Haltung*
[schwarz] *Pferd in Anlehnung*
[weiß] *Pferd in Beizäumung*

daß im Halten sowie im Gang zwischen Reiterhand und Pferdemaul eine unbedingt sichere, wenn auch leichte Verbindung hergestellt ist. Diese Verbindung nennt man *Anlehnung*.

Nur diese ermöglicht es dem Reiter, in jedem Augenblick auf das Pferd sicher einzuwirken. Sie muß immer federnd bleiben und darf, selbst wenn sie auch momentweise einmal stärker wird, niemals starr werden. Die dabei vom Pferd zu fordernde Haltung wird sich je nach seinem Ausbildungsgrad sowie nach Gangart und Gangmaß verschieden gestalten.
Das am Zügel stehende Pferd tritt mit seinen Hinterfüßen vermehrt an den Schwerpunkt heran.
Deutlich werdende Genickbiegung führt zur *Beizäumung*. Der Reiter muß dabei immer beherzigen, daß die Hals- und Genickbiegung nicht mit den Zügeln erzwungen werden, sondern nur das Ergebnis der an die durchhaltende Hand herantreibenden Hilfen sein darf.

Die Stirn-Nasenlinie des Pferdes nähert sich dabei der Senkrechten. Das Genick bleibt immer der höchste Punkt.
Versteift sich ein Pferd gegen den Zügel, so soll die verstärkt treibende Einwirkung von Schenkel und Kreuz gegen die durchhaltende Hand das Pferd zum Nachgeben im Genick veranlassen. Von Vorteil ist dabei, dem Pferd im Schritt auf dem Zirkel mit der inneren Hand und Durchfühlen mit dem inneren Schenkel eine vermehrte Stellung und leichte Biegung zu geben. Hierbei ist die verwahrende Wirkung von äußerem Zügel und Schenkel besonders wichtig. Gibt das Pferd auf diese Weise nach, so muß die innere Hand sofort leicht werden und der äußere Zügel das Pferd wieder auf die Zirkellinie einstellen. Gelingt es, in der so gewonnenen Haltung zunächst in einen gemäßigten Arbeitstrab überzugehen, so ist das Tempo baldmöglichst aufzufrischen.
Die vorbeschriebene Art ist eine von vielen. Die Kunst des Reitens ist es, die jeweils richtige Art für das betreffende Pferd, den jeweiligen Reiter und die gegebenen Erfordernisse herauszufinden, wobei alle gemeinsam haben, daß von »hinten nach vorn« geritten wird.
Die Anlehnung ist immer das Ergebnis des Herantreibens an die Hand, sie ist niemals das Resultat von rückwärts wirkenden oder gar ziehenden Händen.

## 4. 3. Stellen und Biegen des Pferdes

*»Stellung«* heißt, daß das Pferd seinen Kopf im Gelenk zwischen Kopf und Hals, dem Genick, seitlich wendet und »das Genick in der Ganasche seitlich biegt«. Somit legt es den inneren Ganaschenrand unter, in seltenen Fällen über die Ohrspeicheldrüse an die Halsmuskeln an. Der Mähnenkamm soll stets nach der Seite der Stellung überkippen.

Die Längsachse (Wirbelbrücke) des Pferdes ist an der Stellung im Genick nicht beteiligt, sie bleibt in sich gerade.
Mit der Stellung verfolgt der Reiter den Zweck, die Folgsamkeit des Pferdes auf die mehr seitlich wirkenden Zügelanzüge zu erhöhen. Es wird Nachgiebigkeit auf die inneren und ein Herangehen auf die äußeren Hilfen erreicht.
Unabhängig davon, auf welcher Hand der Reiter in der Reitbahn reitet, wird die Seite, nach der das Pferd gestellt ist, als »innere«, die andere als »äußere« bezeichnet.
Der gerade und gleichmäßig auf seinen beiden Gesäßknochen sitzende Reiter wird bei richtiger Stellung das innere Auge und den inneren Nüsternrand seines Pferdes schimmern sehen. Ein »mehr» an Stellung

wird fast immer zu einem Ausfallen der äußeren Pferdeschulter und zu Unregelmäßigkeit im Gang, also Taktstörungen führen.
Beim Umstellen des Pferdes von der einen zur anderen Seite (z. B. Handwechsel) muß der Reiter unter Beibehaltung der treibenden Einwirkung das Pferd zunächst sorgfältig geradeaus stellen, dann erst die neue Stellung fordern, um der Ohrspeicheldrüse Platz zu lassen. Der häufigste und folgenschwerste Fehler besteht darin, daß die Kopfstellung durch zu festes Halten oder Ziehen am inneren Zügel gefordert und hierdurch dem Pferd der Hals zusammengezogen und ein richtiges Vor- und Untertreten des jeweils inneren Hinterfußes unmöglich gemacht wird. Zur Erreichung einer klaren Stellung muß der Reiter den äußeren Zügel ohne Aufgabe einer sicheren Anlehnung zum Pferdemaul fast so weit vorgeben, wie er den inneren Zügel verkürzt hat.

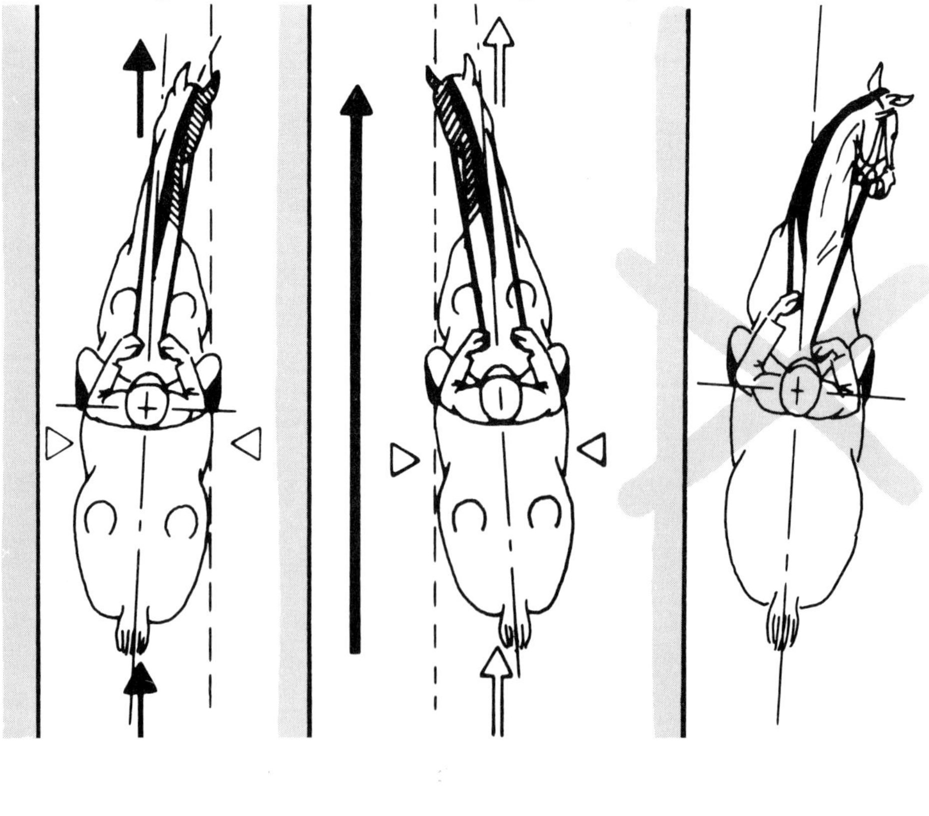

Wird dieses versäumt, kann das Pferd nur im Unterkiefer und nicht im Genick nachgeben, es kommt zum »Verwerfen des Pferdes im Genick«. Hierbei hält das Pferd den Kopf schief, die beiden Ohren stehen nicht mehr auf gleicher Höhe.

Zur Abstellung dieses Fehlers muß der Reiter sein Pferd zunächst unter Gewährung von mehr Halsfreiheit geradeaus stellen und unter verstärkter Anwendung der treibenden Hilfen energisch vorwärts reiten, um es zum Dehnen an den Zügel nach vorwärts-abwärts zu veranlassen. Danach kann er erneut mit dem »Stellen« beginnen.

Unter *»Biegung«* versteht man eine Krümmung der gesamten Wirbelsäule nach rechts oder links »um den rechten oder linken Schenkel«. Die Biegung muß gleichmäßig sein, das Pferd darf also z. B. in der beweglicheren Halswirbelsäule nicht stärker gebogen werden als in der weniger beweglichen Rückenwirbelsäule, wo die eigentliche Biegung um den inneren Schenkel stattfindet. Besonders neuralgische Punkte sind hier der Halsansatz vor dem Widerrist und das Genick. Es gibt keine Biegung ohne Stellung, während, wie schon ausgeführt, Stellung ohne Biegung durchaus möglich ist und in einzelnen Lektionen, wie z. B. Schenkelweichen, sogar verlangt wird.

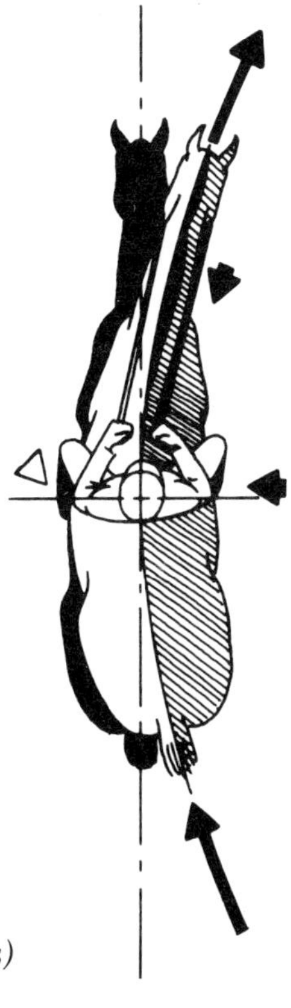

*Richtige Längsbiegung (rechts)*

Auf gebogenen Linien – Zirkel, Ecken, Schlangenlinien etc. – ist das Pferd immer so zu biegen, daß es in seiner ganzen Länge auf die z. Zt. gerittene Figur eingestellt ist, die Hinterfüße also den gleichseitigen Vorderfüßen auf einer Linie folgen. Dies erreicht der Reiter nur in konsequenter Abstimmung der »diagonalen« Hilfen: innerer Schenkel treibend am Gurt, Gewicht vermehrt auf den inneren Gesäßknochen, äußerer Zügel verwahrend zur Begrenzung von Stellung und Biegung im Hals, innerer Zügel annehmend und nachgebend zur Erreichung der Stellung und äußerer Schenkel verwahrend hinter dem Gurt. Die Bedeutung der äußeren Hilfen wird hier oft unterschätzt, auf sie ist aber gerade besonderer Wert zu legen.

### 4.4. Halbe und ganze Paraden

Die *halben Paraden* haben den Zweck:
- das Pferd in eine niedrigere Gangart zu versetzen,
- das Gangmaß zu verkürzen,
- Versammlung und Haltung während des Ganges zu verbessern,
- das Pferd vor einer neuen Lektion aufmerksam zu machen,
- verlorengegangene Haltung wiederzugewinnen,
- dem Drücken auf das Mundstück und dem Eilen im Gang zu begegnen.

Mit treibender Schenkelhilfe und angespanntem Kreuz gibt der Reiter eine durchhaltende oder annehmende Zügelhilfe in dem erforderlichen Maße. Schon bei sich andeutendem Erfolg sollte sofort eine nachgebende Zügelhilfe folgen. Wenn erforderlich, müssen diese Hilfen mehrmals hintereinander wiederholt werden.

Die Zügelhilfen sollten vom Reiter so gegeben werden, daß sie nicht rückwärtswirken, sondern so, daß das Pferd von sich aus an diese herantritt. Die oft zu hörende Version »halbe Parade am linken bzw. rechten oder äußeren Zügel« ist insofern irreführend, weil man meinen könnte, die halbe Parade erschöpfe sich in einem Annehmen des betreffenden Zügels. Vorherrschend sind die treibenden Hilfen, ohne diese geht es nicht. Nur wenn »die Hinterbeine herangeholt werden« und bewußt für einen kurzen Moment auf geraden Linien an beide und auf gebogenen Linien an den äußeren Zügel herangetrieben wird, kann sich der oben beschriebene Zweck der halben Parade erfüllen.

Zusammenfassend kann man also sagen: Die halbe Parade wird durch kurzes vermehrtes Einschließen des Pferdes in die Schenkel-, Gewichts- und Zügelhilfen gegeben, dem eine nachgebende Zügelhilfe folgt.

Die *ganzen Paraden* sind eine Folge von halben Paraden, die das Pferd aus allen Gangarten zum Stehen bringen. Besonders aus höheren Gangarten

*Richtige ganze Parade*

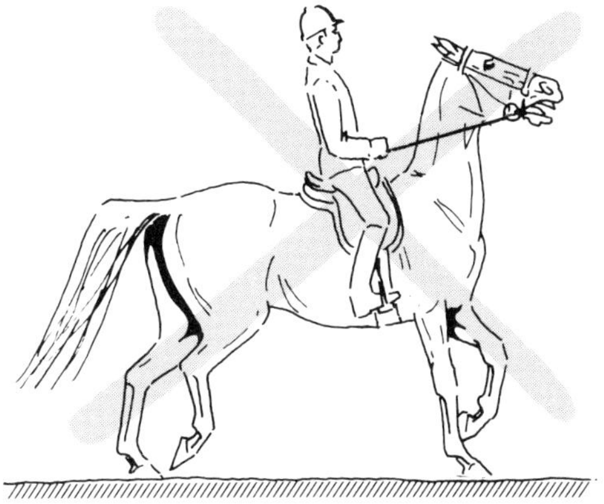

*falsch – Reiter zieht das Pferd gegen den Zügel*

*falsch – Pferd kommt auf die Vorhand*

wird die ganze Parade durch vorhergehende halbe Paraden unterstützt. Die ganze Parade wird nur auf geraden Linien gegeben.
Ist das Pferd zum Stillstand gekommen, muß der Reiter mit der Hand »leicht« werden – nachgeben –, ohne die Anlehnung zum Pferdemaul aufzugeben.
Die bei der ganzen Parade tätige Einwirkung von Schenkel und angespanntem Kreuz des Reiters bleibt auch im Moment des Stillstandes des Pferdes in entsprechend geringem Maße erhalten. Hierdurch wird ein Zurücktreten verhindert, und die Hinterbeine des Pferdes werden gleichmäßig belastet an den Körperschwerpunkt herangehalten.
Wichtig ist, daß das Pferd auch im Halten so »an den treibenden Hilfen bleibt«, daß jederzeit mühelos in der gewünschten Gangart wieder angeritten werden kann. Das oft zu beobachtende Aufstehen von Reitern im Halten, das Ordnen von Anzug und Ausrüstung ist daher stark fehlerhaft; erstens, weil das Pferd dadurch zwangsläufig nicht unbeweglich stehen wird, und zweitens, weil es dabei »von den Hilfen kommt« und das nachfolgende Anreiten unsicher und unbestimmt sein muß. Jedes Halten muß lange genug ausgehalten werden, das Pferd wirklich für mehrere Sekunden unbeweglich stehen. Die Stärke der bei den halben und ganzen Paraden anzuwendenden Hilfen richtet sich nach dem Gehorsam und dem Ausbildungsstand – Durchlässigkeit – des Pferdes.

### 4.5. Entwicklung der Gangarten

In den drei Grundgangarten des Reitpferdes – Schritt, Trab, Galopp* – gibt es verschiedene Gangmaße (Tempi), die sich durch den Grad der Versammlung und die dadurch bedingte Länge der Schritte, Tritte oder Sprünge des Pferdes voneinander unterscheiden. Auf das Gleichmaß der Bewegungen (Takt) ist in allen drei Gangarten besonderer Wert zu legen.

#### 4.5.1. Schritt

Beim Anreiten zum Schritt aus dem Halten schiebt der Reiter das an den Zügel gestellte Pferd mit Kreuz und beiden Schenkeln bei nachgebender Zügelhilfe in die Vorwärtsbewegung hinein, ohne dabei die Anlehnung aufzugeben.
Der Schritt ist eine Bewegung im Viertakt. Die Tempi sind der *Mittelschritt*, der *starke Schritt* und der *versammelte Schritt*, von denen in der Grundausbildung nur der Mittelschritt geritten wird. Starker und

* *Die Fußfolge des Pferdes erläutern die Zeichnungen auf Seite 158/159*

versammelter Schritt gehören zu den schwierigeren Lektionen, die erst bei weitergehender Dressurausbildung verlangt werden.

**Mittelschritt**

Der Mittelschritt soll fleißig, raumgreifend und gleichmäßig sein. Die Hinterfüße treten etwa in die Hufspuren der Vorderfüße. Das Pferd soll dabei in ungezwungener Haltung leicht am Zügel stehend vorwärtsschreiten.

### 4.5.2. Trab

Zum Antraben gibt der Reiter die gleichen Hilfen wie zum Anreiten im Schritt, nur in verstärktem Maße. Im Trabe hat der Reiter das Pferd daraufhin zu überwachen, daß es in schwunghaftem, taktmäßigem Gang das Tempo hält und in richtiger Halshaltung weich und kauend am Zügel steht.

Der Bewegungsablauf des Trabes erfolgt in einem diagonalen Zweitakt.

Im Trabe wird zwischen folgenden Tempi unterschieden:

**Arbeitstrab** (Gebrauchstrab)

Dieses Tempo ist für den lernenden Reiter das geeignete, weil er hier einerseits am besten die Trabbewegung erfühlen und das Eingehen in die Bewegung lernen kann und andererseits das Pferd in diesem Tempo noch am wenigsten durch Ungeschmeidigkeit im Sitz im Rücken gestört wird.

Es ist das Gangmaß, das man beim »Spazierenreiten« und beim Reiten im Gelände wählt. Es wird zur Einleitung der täglichen Arbeit geritten und als Vorbereitung für spätere erhöhte Anforderungen. Die Regelmäßigkeit der Trittfolge ist die erste Forderung, die Hinterbeine fußen in etwa in den Spuren der gleichseitigen Vorderbeine.

**Mitteltrab**

Im Mitteltrab werden die Tritte geräumiger, die Trittfolge aber nicht eiliger. Die Hinterbeine fußen etwas vor den Spuren der gleichseitigen Vorderhufe.

**Starker Trab**

Dieses Tempo kann erst im fortgeschrittenen Ausbildungsstadium geritten werden, wenn der Sitz geschmeidig genug ist. Hierbei soll eine deutliche Steigerung gegenüber dem Mitteltrab erkennbar sein, die sich in erhöhter Schwungentfaltung, dem Maximum an Raumgriff der Tritte und besonders energischem Abfußen der Hinterbeine zeigt. Im Einklang mit den verlängerten Tritten muß der deutlich »erweiterte Rahmen« des Pferdes stehen, worunter das »Vorlassen der Nase«, d. h. ein Dehnen des

Halses nach vorne zu verstehen ist. Die Hinterbeine fußen deutlich vor den Spuren der gleichseitigen Vorderbeine.

**Versammelter Trab**

Der versammelte Trab gehört schon zu den schwierigeren Lektionen. Er verlangt bereits eine sichere Einwirkung und abgestimmte Hilfengebung des Reiters. Erhabenheit der Tritte in Verbindung mit stolzer Kopf- und Halshaltung sind das besondere Kennzeichen dieses Tempos. Die durch Beugung der Hanken (Hüft- und Kniegelenk) gesenkte Hinterhand nimmt auf federnden Hinterbeinen die Last vermehrt auf, um sie nach vorwärts-aufwärts abzuschwingen. Dem Grad der Hankenbeugung entspricht die Aufrichtung des Halses, die daher als »relative Aufrichtung« im Gegensatz zu der falschen, durch die Reiterhand erzwungene »absolute Aufrichtung« bezeichnet wird. Die durch vermehrte Belastung der Hinterhand herbeigeführte Entlastung der Vorhand befähigt das Pferd, seine Vordergliedmaßen mühelos und fließend nach vorne zu bringen. Die Hinterbeine fußen etwas hinter den Spuren der gleichseitigen Vorderbeine.

**Leichttraben**

Das *Leichttraben* gehört zu den ersten Grundübungen, die ein Reiter lernen muß. Es vermindert wesentlich den Einfluß des Reitergewichts auf den Pferderücken und ermöglicht auch dem noch ungeübten Reiter, der Bewegung des Pferdes weitgehend störungsfrei zu folgen. Auch ermüdet es ihn weniger als das Aussitzen.

Beim Leichttraben sitzt der Reiter nicht jeden Tritt des Pferdes aus, sondern fängt – sich auf Knie und Steigbügel stützend – je einen Trabtritt ab und setzt sich erst wieder im folgenden Tritt mit

*Leichttraben*

vorgeschobenem Gesäß weich im Sattel nieder. Beim Abfangen ist es wichtig, daß das Gewicht so dicht wie möglich am Pferderücken bleibt. Ein einfaches aktives Aufstehen ist also fehlerhaft, das Gesäß entfernt sich nur soweit aus dem Sattel, wie es sich aus dem Bewegungsablauf des Pferdes ergibt. Dabei ist ein bewußtes »Heruntertreten« des Steigbügels eine nützliche Hilfe.

Der Oberkörper des Reiters hebt sich beim Vorschwingen eines diagonalen (über Kreuz) Beinpaares, also z. B. des rechten Hinterfußes und linken Vorderfußes und senkt sich beim nächsten Vorschwingen des Beinpaares. Da der Reiter in den Sattel zurückkommt, wenn entweder der rechte oder der linke Hinterfuß auftritt, trabt er »auf dem rechten – bzw. linken – Hinterfuß«.

Das Vorschwingen des Hinterfußes, bei dessen nachfolgendem Fußen sich der Reiter hinsetzen muß, erkennt er an der gleichzeitigen Vorbewegung der entgegengesetzten Schulter des Pferdes.

Beim Reiten in der Bahn wird stets auf dem inwendigen Hinterfuß getrabt, weil er so vor allem in Wendungen die Körperlast besser zu stützen vermag.

Beim Handwechsel wird der Reiter den Hinterfuß dadurch wechseln, daß er einen Tritt, oder im Anfang noch mehrere Tritte, in ungerader Zahl aussitzt.

Der Reiter hat das Pferd beim Leichttraben stets in leichter, jedoch bestimmter Anlehnung am Zügel zu halten. Hierzu muß er auch im Leichttraben treiben können, indem er bei aufrecht bleibendem Oberkörper Hüften und Gesäß bei jedem Niedersetzen in den Sattel gut nach vorne schiebt und mit den Unterschenkeln bei federndem Knie- und Fußgelenk dauernd Verbindung mit dem Pferdeleib hält. Nur durch

das Bestreben, die Hinterfüße zum weiten Vortritt anzuregen, werden beim Leichttraben der Gang und die Nachgiebigkeit des Pferdes fördernd beeinflußt. Es verschlechtert die Haltung des Pferdes, wenn der Reiter dabei mit dem Oberkörper vorn überfällt, das Gesäß mit losem Kreuz nach hinten herausschiebt, die Zügel hängen läßt oder die Schenkel mit starren Knie- und Fußgelenken abspreizt.
Bei längeren Ausritten ist der Hinterfuß in entsprechenden Abständen zu wechseln, damit nicht eines der beiden diagonalen Beinpaare mehr als das andere in Anspruch genommen wird. Dies muß bewußt geschehen, da die meisten Pferde dazu neigen, den Reiter auf einen, meist den linken Hinterfuß »zu setzen«. Wenn man hier nicht aufpaßt, wird durch eine regelmäßige stärkere Belastung des diagonalen Vorderbeins an diesem auf Dauer ein Schaden entstehen können.
Der *Übergang*, also die Parade vom Trab zum Schritt, erfolgt immer im Aussitzen. Durch halbe Paraden wird das Pferd vorbereitet, ein einmaliges schweres Einsitzen mit treibender Schenkelwirkung gegen die momentweise durchhaltende Hand bringt dann den Übergang. Sofortiges Nachgeben mit beiden Händen, in diesem Fall sogar mit deutlichem Vorgehen aus dem Ellbogen heraus gibt dem Pferd bei weiterer treibender Schenkeleinwirkung die Halsfreiheit, die es braucht, um im Schritt raumgreifend und fleißig vorausschreiten zu können.

### 4.5.3. Galopp

Im Galopp bewegt sich das Pferd im Dreitakt in einer Folge von Sprüngen.
Je nachdem, welches seitliche Beinpaar in der Bewegung weiter vorgreift, unterscheidet man Links- und Rechtsgalopp.
Im Galopp wird zwischen folgenden Tempi unterschieden:

**Arbeitsgalopp**

Es ist das Galopptempo, das vom lernenden Reiter am Anfang geritten wird und das im übrigen die gleiche Anwendung findet wie der Arbeitstrab. Der »Bodengewinn«, wie der Fachausdruck für Raumgriff in dieser Gangart im Gegensatz zu Trab und Schritt heißt, beträgt pro Galoppsprung etwa eine Pferdelänge.

**Mittelgalopp**

Sinngemäß wie Mitteltrab mit größerem Bodengewinn als der Arbeitsgalopp ohne Änderung des Taktes.

**Starker Galopp**

Dieses Tempo stellt den höchstmöglichen Bodengewinn im dressurmäßigen Galopp dar. Wie der starke Trab kann er erst in fortgeschrittenem Ausbildungsstadium verlangt werden.

**Versammelter Galopp**

Ebenfalls sinngemäß wie der versammelte Trab mit kürzeren erhabeneren Sprüngen. Der Versammelte Galopp ist das einzige Tempo aller Gangarten, in dem auch auf geraden Linien mit leichter Innenstellung geritten wird, weil sich Takt und Energie des Abfußens der Hinterbeine bei dem geringeren Bodengewinn nur so einwandfrei erhalten lassen.

Zum *Angaloppieren* gibt der Reiter folgende Hilfen:

Vortreibende Schenkel- und Kreuzhilfen an annehmende und nachgebende Zügelhilfen – also halbe Paraden – sorgen für ein vermehrtes Herantreten beider Hinterhufe des Pferdes an den Schwerpunkt. Diese »Versammlung« ist notwendig, um dem Pferd die Möglichkeit zu geben, »anzuspringen« (anzugaloppieren). Gleichzeitig gibt der Reiter durch geringes Annehmen des betreffenden Zügels dem Pferd eine leichte Kopfstellung zu der Seite des gewünschten Galopps (Links- und Rechtsgalopp).

Das Angaloppieren z. B. im Rechtsgalopp geschieht dann wie folgt:

Der rechte Schenkel, unmittelbar am Sattelgurt liegend, regt den rechten Hinterfuß des Pferdes zum vermehrten Vortreten an. Der rechte Zügel gibt durch Annehmen und Nachgeben die leichte Kopfstellung nach rechts. Mit dem linken Zügel begrenzt der Reiter die Stellung und verhindert ein zu weites Vortreten des linken Vorderbeines. Der linke Schenkel des Reiters liegt verwahrend etwa eine Handbreit hinter dem Sattelgurt und verhindert ein Seitwärtstreten (Ausfallen) des linken Hinterfußes. Das Gewicht des Reiters wird vermehrt auf den rechten Gesäßknochen verlagert (Heruntertreten des rechten Steigbügels).

Sobald das Pferd zum Angaloppieren ansetzt, läßt der Reiter durch leichtes Nachgeben mit der rechten Hand den Galoppsprung heraus. Treibende Schenkel- und Gewichtshilfen (Kreuz) sorgen für flüssiges Weitergaloppieren. Der Oberkörper des Reiters muß gut in die Bewegung des Pferdes eingehen, die innere Hüfte wird vorgeschoben. Dabei darf aber die äußere Schulter nicht zurückhängen. Das Gesäß bleibt – ohne zu klappen – weich im Sattel.

Die ruhig stehenden Hände halten eine gleichmäßige Anlehnung zum Pferdemaul. Mit halben Paraden sorgt der Reiter für die Spannkraft des Galoppsprunges und verhindert ein »Auseinanderfallen« des Pferdes.

Häufig auftretende Sitzfehler des Reiters sind:

- hochgezogene Schultern,
- eingezogener Leib,
- klemmende und hochgezogene Knie und Absätze,
- unruhige, oft zu hoch gehaltene Hände,
- Herunterblicken,
- Einknicken in der Hüfte.

Oft ist auch der Fehler zu beobachten, daß der äußere Schenkel, im vorstehenden Beispiel also der linke, nach dem Angaloppieren seine verwahrende Position verläßt und nach vorn rutscht. Bei etwas zu starker Einwirkung des inneren, im Beispielsfall des rechten Schenkels, würde das Pferd dann leicht dazu animiert werden, »umzuspringen« – also, um im Beispiel zu bleiben, vom Rechtsgalopp zum Linksgalopp zu wechseln. Hier gibt es zwei Merksätze, die vielleicht dazu helfen können, diesen Reiterfehler von vornherein zu vermeiden:
**»Der äußere Schenkel ist verantwortlich für den richtigen Galopp«** und **»Man soll in jedem Galoppsprung so sitzen, als ob man neu angaloppieren wolle«.**
Das Angaloppieren erfolgt zunächst aus dem Trab, später dann auch aus dem Schritt. Am besten wird es zunächst auf dem Zirkel beim Erreichen der geschlossenen Seite oder auf der ganzen Bahn unter Ausnutzung der ersten Ecke einer kurzen Seite geübt, da hier der Reiter am besten ein Ausfallen des äußeren Hinterfußes verhindern kann.
Je ruhiger und weicher das Angaloppieren vor sich geht, desto ruhiger und weicher bleibt das Pferd auch im weiteren Galopp.
Ein *falsch angaloppiertes Pferd* muß ruhig durchpariert, erneut und bestimmter an die Hilfen gestellt und mit deutlichen Hilfen neu angaloppiert werden. Beim Abteilungsreiten ist hierzu der Hufschlag nach innen frei zu machen.
Das *Verstärken des Galopptempos* soll weich und fließend geschehen; die vortreibenden Hilfen dürfen nicht plötzlich einsetzen. Je stärker das Tempo, um so mehr muß der Reiter im Sitz mitgehen. Ebenso muß er dauernd bestrebt sein, das Pferd trotz der bestimmteren Anlehnung an das Gebiß durch halbe Paraden durchlässig zu erhalten.
Zum *Verkürzen des Galopps* muß der Reiter die Sprünge allmählich einfangen. Das geschieht dadurch, daß der durch die treibenden Hilfen vermehrt unterspringenden Hinterhand durch halbe Paraden mehr Last zugeschoben wird. Die Paraden und das Nachgeben erfolgen im Takt der Galoppsprünge. Bei fortgeschrittenem Rittigkeitsgrad des Pferdes wirken die Hände mehr passiv. Die Schenkel des Reiters regen die Hinterbeine des Pferdes zu regelmäßigen und lebhaften Sprüngen an. Auch im versammelten Galopp soll sich ein kräftiges Abfedern der Hinterbeine unter dem Gesäß des Reiters fühlbar machen. **Wird das Verkürzen des Galopps ausschließlich durch die verhaltende Wirkung der Zügel erreicht, entsteht leicht eine fehlerhafte, schleppende Galoppbewegung im Viertakt, der sog. »Vierschlag«.**
Zum Verkürzen des Galopps läßt die innere Hand die einzelnen, kürzeren Galoppsprünge wieder durch Nachgeben nach vorne heraus. Ihr elastisches Aushalten bewirkt bei vermehrt angespanntem Kreuz

und stärker belastender Gewichtshilfe, verbunden mit der treibenden Wade, den Übergang aus dem Galopp zum Trab, zum Schritt oder zum Halten.
Dieser Übergang muß sicher, fließend und mit deutlich nachgebender Hand erfolgen. Beim Übergang zum Schritt ist wie beim Übergang vom Trab zum Schritt sogar sichtbar mit der Hand vorzugehen bzw. der Zügel um ca. eine Handbreit zu verlängern, damit das Pferd bei entsprechender Halsdehnung kräftig ausschreiten kann.
Bei fortgeschrittenen Reitern wird die Parade aus dem Galopp auf gerader Linie durch ein ganz geringes Hereinführen der Vorhand (Schultervorstellung) unterstützt. Da die Vorhand des Pferdes schmaler als die Hinterhand ist, befindet sich die innere Schulter dann etwa gerade vor der inneren Hüfte des Pferdes und gibt dem inneren Hinterfuß die Möglichkeit, bei der Parade tragend in Richtung des Schwerpunktes zu treten.
Zum *Wechsel des Galopps* (z.B. Links-/Rechtsgalopp) empfiehlt sich im Anfangsstadium, diesen durch den Übergang zum Trabe und anschließendes neues Angaloppieren auf der anderen Hand vorzunehmen. Später erfolgt der *»einfache Galoppwechsel«* durch eine Parade aus dem Galopp direkt zum Schritt und erneutes Angaloppieren nach einer Anzahl klarer taktreiner Zwischenschritte. Die Zwischenschritte werden vom Reiter genutzt, sich für die korrekte Hilfengebung des neuen Galopps umzusetzen und das Pferd umzustellen. Im Verlauf der Ausbildung verringert der Reiter die Anzahl der Zwischenschritte, bis er in der Lage ist, zwei bis drei Schritte nach der weich, geschmeidig und auf gerader Linie ausgeführten Parade aus dem Galopp zum Schritt ebenso flüssig wieder anzugaloppieren.
Die Hauptfehler des Reiters beim einfachen Galoppwechsel liegen vor allem in zu starker oder alleiniger Einwirkung mit der Hand. Das Pferd wird dadurch zu der verschleißfördernden Unterbrechung der Galoppbewegung »auf der Vorhand« veranlaßt. Auch hier muß der Reiter zunächst mit treibender Einwirkung durch Schenkel und Kreuz die Hinterfüße des Pferdes zu vermehrtem tragendem Unterspringen veranlassen.
**Kein Übergang gelingt richtig ohne vorherige konsequente Anwendung von halben Paraden!**
Der *Außengalopp,* auch Kontergalopp genannt, ist ein vom Reiter gewollter Galopp entgegen der gerittenen (linken oder rechten) »Hand«, also ein Linksgalopp auf der rechten Hand oder umgekehrt. Der Außengalopp wird am leichtesten durch einen Handwechsel (Durch die halbe Bahn – oder Kehrtwendung aus der Ecke) »ohne Galoppwechsel« herbeigeführt. Der Reiter muß darauf achten, daß keine scharfen Wendungen im Außengalopp ausgeführt werden, die Ecken werden um

ein Geringes abgerundet. Er wird nur im versammelten Galopp geritten. Die Kopfstellung des Pferdes bleibt immer unverändert, d.h. in die Richtung des Links- oder Rechtsgalopps, ohne Rücksicht auf die gerittene Richtung (Hand). Dabei ist besonderer Wert auf die bestimmte Anlehnung an den verwahrenden äußeren Zügel – Linksgalopp rechter Zügel, Rechtsgalopp linker Zügel – zu legen, damit das Pferd insbesondere beim Durchreiten der Ecken oder Wendungen im Außengalopp nicht mit der äußeren Schulter ausfällt oder eine übertriebene Kopfstellung einnimmt.
Als häufiger Fehler des Reiters beim Außengalopp ist ein starkes Drehen des Oberkörpers zu beobachten. Dies ist, da wirkungslos oder gar störend, unbedingt abzustellen, denn die richtige Einwirkung ergibt sich, wie schon an anderer Stelle gesagt, nur aus dem richtigen Sitz, d.h. in diesem Falle ganz besonders ruhigem Oberkörper, mit den Schultern und Hüften parallel zu denen des Pferdes.

### 4.5.4. Rückwärtsrichten

Rückwärtsrichten fördert die Durchlässigkeit des Pferdes auf die Hilfen, beugt die Gelenke der Hinterhand und dient somit der Versammlung. Bei Pferden, die stark gegen die Hand des Reiters gehen oder beim Springen ausbrechen, kann das Rückwärtsrichten, in Maßen angewandt, auch als Strafe Anwendung finden! Beim Rückwärtsrichten werden die diagonalen Füße des Pferdes gleichzeitig gehoben, zurückgeführt und wieder aufgesetzt. Dabei heben die Hufe deutlich vom Boden ab und werden in gleichbleibend langen Tritten auf gerader Linie, also ohne einen Hinterfuß seitlich wegtreten zu lassen, zurückgesetzt.
Da die Fußfolge des Rückwärtsrichtens der des Trabens gleicht, – es fehlt lediglich die Schwebephase – spricht man von »Tritten« und nicht von »Schritten«. In den Anfangsstufen wird das Rückwärtsrichten um eine bestimmte Strecke (eine Pferdelänge = ca. 3 m) und erst bei fortgeschrittener Ausbildung um eine genaue Anzahl von Tritten vorgenommen.
Die *Hilfengebung* des Reiters beim Rückwärtsrichten ist folgende:
Dem sicher an den Hilfen, alle vier Beine gleichmäßig belastenden, auf gerader Linie stehenden Pferd gibt der Reiter mit Schenkel und Kreuz die Hilfen, die er zum Anreiten verwendet.
In dem Augenblick, in dem das Pferd nach vorn antreten will, wirken beide Zügel leicht annehmend, bei fortgeschrittener Ausbildung des Pferdes nur durchhaltend, und veranlassen dadurch das Zurücktreten. »Der nach vorn gegebene Bewegungsimpuls wird nach rückwärts

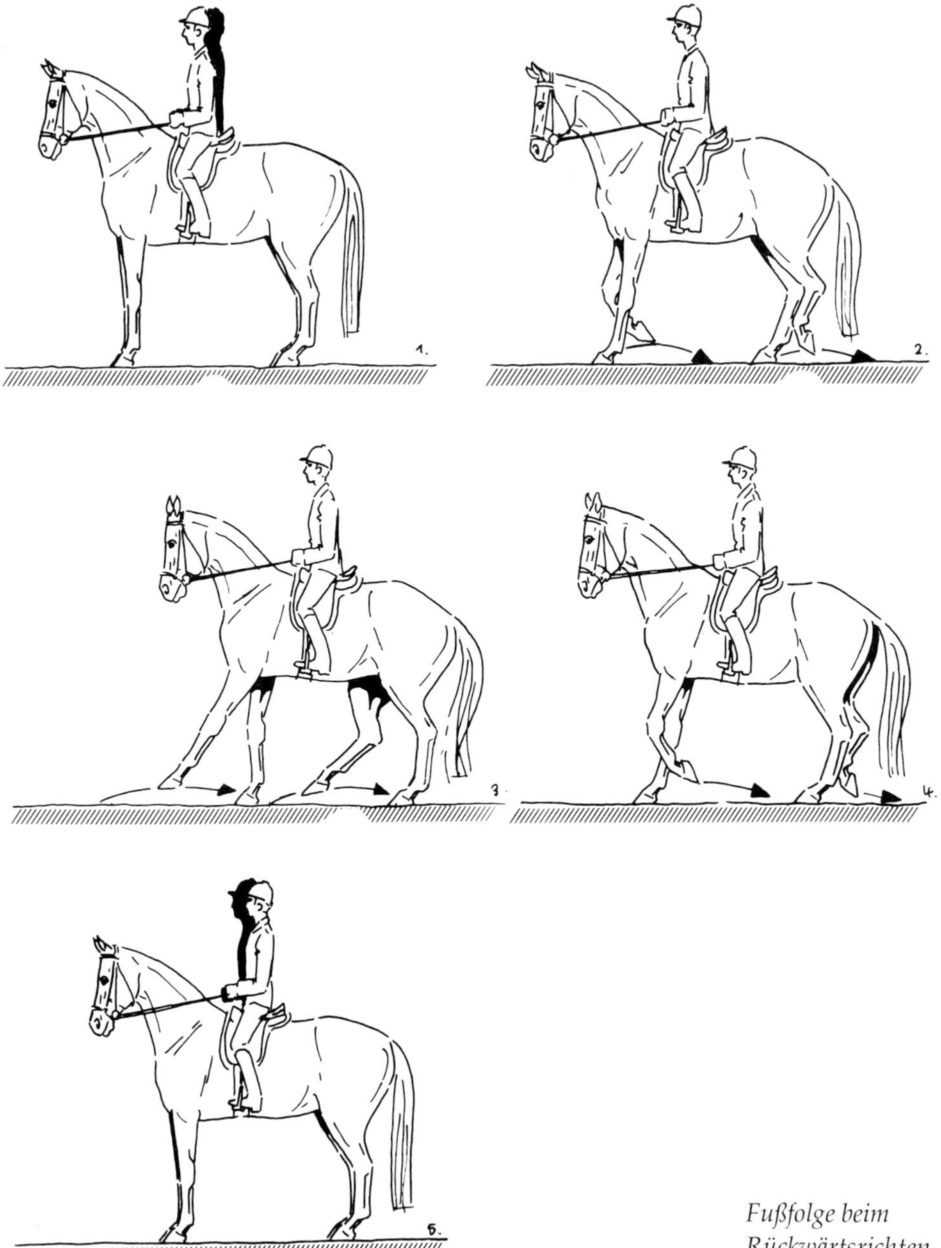


*Fußfolge beim Rückwärtsrichten*

herausgelassen«. Im Moment der Reaktion des Pferdes nach rückwärts muß der Reiter mit der Hand leicht werden, ohne jedoch die Anlehnung am Pferdemaul auch nur im geringsten aufzugeben. Auf keinen Fall darf am Zügel gezogen werden. Beide Unterschenkel des Reiters liegen verwahrend am Pferdeleib und verhindern das seitliche Ausfallen der Hinterhand.

Beim Rückwärtsrichten darf der Reiter nicht schwer im Sattel sitzen, sondern muß sein Gewicht leicht auf die Oberschenkel stützen – entlastende Gewichtshilfe. Ein Vornüberneigen des Oberkörpers sollte allerdings unterbleiben. Der Reiter ist bei geradem Oberkörper jederzeit in der Lage, durch Einsitzen und Anziehen des Kreuzes, treibende Einwirkung der Schenkel und Vorgehen mit der Hand das Rückwärtsrichten zu beenden oder zu eiliges Zurücktreten des Pferdes abzufangen.

Als *häufigste Fehler* des Reiters beim Rückwärtsrichten treten auf:

- Unkorrekte Aufstellung des Pferdes;
- Einleitung des Rückwärtsrichtens nur mit dem Zügel ohne vorherige treibende Einwirkung;
- Einziehen des Leibes und Hochziehen der Absätze;
- Vorbeugen des Oberkörpers;
- Mangelnde Einwirkung der verwahrenden Hilfen, dadurch schiefes Zurücktreten des Pferdes;
- Starre, unnachgiebige Hand;
- Zu schweres Einsitzen.

### 4.6. Wendungen im Gange

Genaue Wendungen im Gange kann der Reiter nur dann richtig ausführen, wenn er in der Lage ist, dem Pferd eine dem Bogen der Wendung entsprechende, gleichmäßig verlaufende Längsbiegung zu geben. Dadurch veranlaßt er die Hinterhand, in der Wendung genau dem Hufschlage der Vorderhand zu folgen.

Richtiges Wenden verlangt vom Pferd vermehrtes Stützen der Körperlast durch den inneren Hinterfuß.

Vor jeder Wendung im Gange macht der Reiter das Pferd durch eine halbe Parade aufmerksam und verlegt sein Gewicht ein wenig nach der Seite der Wendung.

Das Pferd wird nach der Seite der Wendung gestellt.

Der innere Zügel führt das Pferd in die Wendung hinein, der innere Schenkel am Gurt treibt den gleichseitigen Hinterfuß vor. Der äußere Zügel gibt soviel nach, wie es die Stellung des Pferdes nach innen erfordert bei zugleich verwahrender Wirkung gegen die äußere Schulter. Der verwahrende äußere Schenkel verhindert ein Ausfallen der Hinterhand. Ist die Vorhand in die beabsichtigte Richtung geführt, so vermindert der Reiter die Wirkung des inneren Zügels, stellt den Kopf des Pferdes mit dem äußeren Zügel wieder geradeaus und führt und hält es auf der neuen Linie.

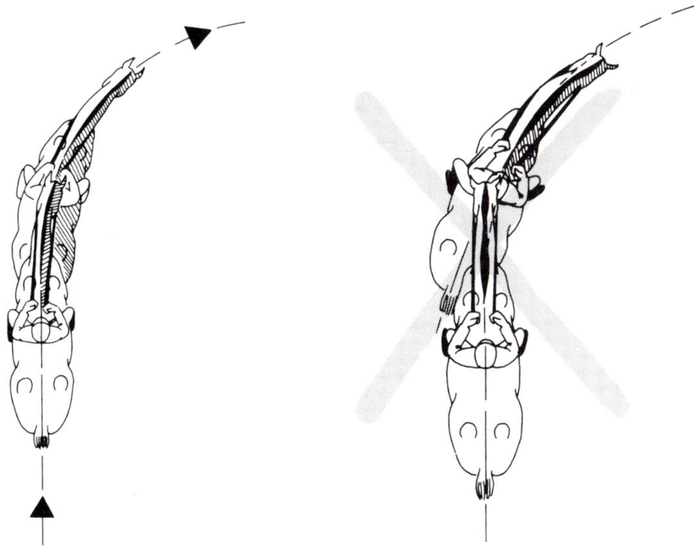

Bei allen Wendungen ist die richtige Gewichtsverteilung von großer Bedeutung. Nur wenn der Reiter die innere Hüfte bei tiefem Knie vorschiebt und die äußere Schulter nicht zurückläßt, wird er in der Lage sein, mit den Zügeln die Vorhand des Pferdes richtig zu führen und ein Ausfallen der Hinterhand zu verhindern. Auf diese Weise wird der Reiter auch den Fehler vermeiden, daß er in dem Bestreben, sein Gewicht nach innen zu verlegen, in der inneren Hüfte einknickt und das Gesäß nach außen verschiebt.
Zum genauen *Durchreiten der Ecken* gibt der Reiter etwa 6 m vor der nächsten Seite eine halbe Parade. Gleichzeitig stellt er das Pferd nach innen – Annehmen und Nachgeben des inneren Zügels – und reitet es wie auf dem Viertelkreisbogen einer Volte durch die Ecke.
Dem eigenmächtigen Versuch des Pferdes, die Ecke abzuflachen, ist durch entsprechend starke innere Hilfen entgegenzuwirken. Das genaue Durchreiten der Ecken sollte der lernende Reiter zunächst im Schritt üben und die Hilfen zum Wenden mehr einzeln aneinander reihen. Dabei darf er die Vorhand des Pferdes nicht zu tief in die Ecke hineinführen und dann mit falscher Stellung wieder herauswenden. Ebenso falsch ist es, tiefes Hineingehen in die Ecke dadurch erzielen zu

**Durchreiten der Ecken**

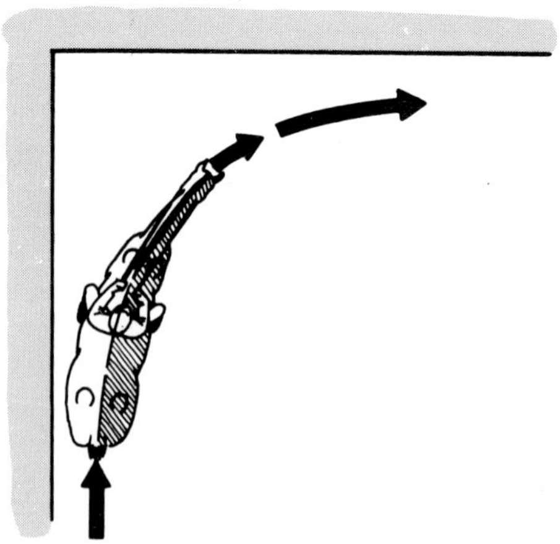

*richtige Längebiegung*

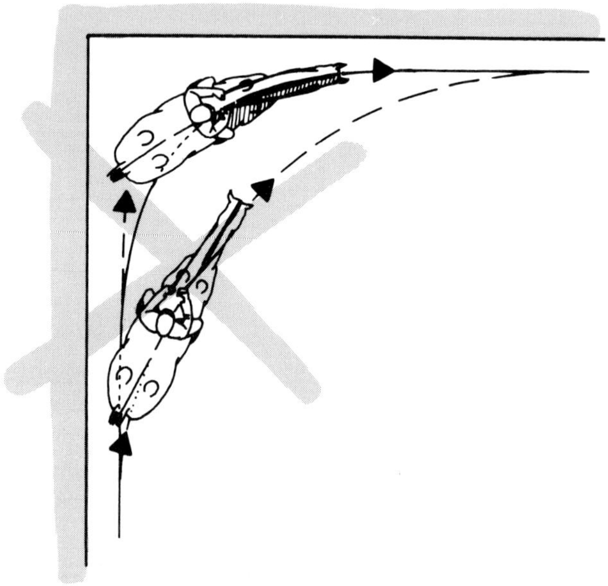

*a – zu weites hineinreiten*

*b – ohne Längebiegung*

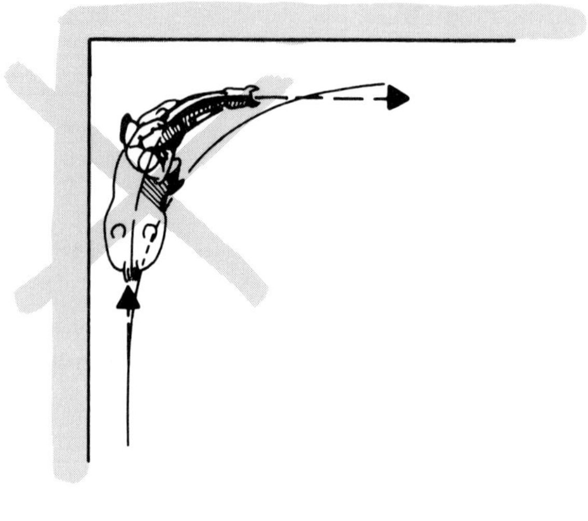

*Pferd fällt über die äußere Schulter*

wollen, daß beide Hände nach außen drücken; ausfallen der äußeren Schulter ist die Folge.
Bei fehlender Bande ist darauf zu achten, daß die Pferde sich nicht durch Ausbiegen vor der Ecke nach außen entziehen.
Beim *Wechseln durch die ganze oder halbe Bahn* müssen innerer Schenkel und äußerer Zügel dafür sorgen, daß das Pferd nicht zu früh abwendet. Nach Durchreiten der Ecke ist jeweils noch eine Pferdelänge geradeaus zu reiten.
Erst wenn die äußere Schulter den Wechselpunkt erreicht, soll der Reiter mit dem Abwenden beginnen.
Bei fehlender Bande ist durch verwahrende äußere Hilfen zu verhindern, daß das Pferd in der Wendung nach außen drückt. Nach dem Abwenden sind stets bestimmt vortreibende Hilfen geboten.
Für das *Reiten auf dem Zirkel* gilt der Grundsatz, daß die Hinterhand des Pferdes von den Schenkeln des Reiters und die Vorhand von den Zügeln auf Kreislinie, die sich an die Orientierungspunkte der Reitbahn – die Zirkelpunkte – hält, geführt und gehalten wird. Der innere, dicht am Gurt liegende Schenkel treibt den inneren Hinterfuß vor, hilft die Längsbiegung zu erhalten und verhindert ein Hereindrängen des Pferdes in den Zirkel.
Der äußere Schenkel liegt verwahrend hinter dem Sattelgurt, erhält gemeinsam mit dem inneren Zügel die Längsbiegung und sorgt für das gleichmäßige Vortreten des äußeren Hinterfußes des Pferdes.

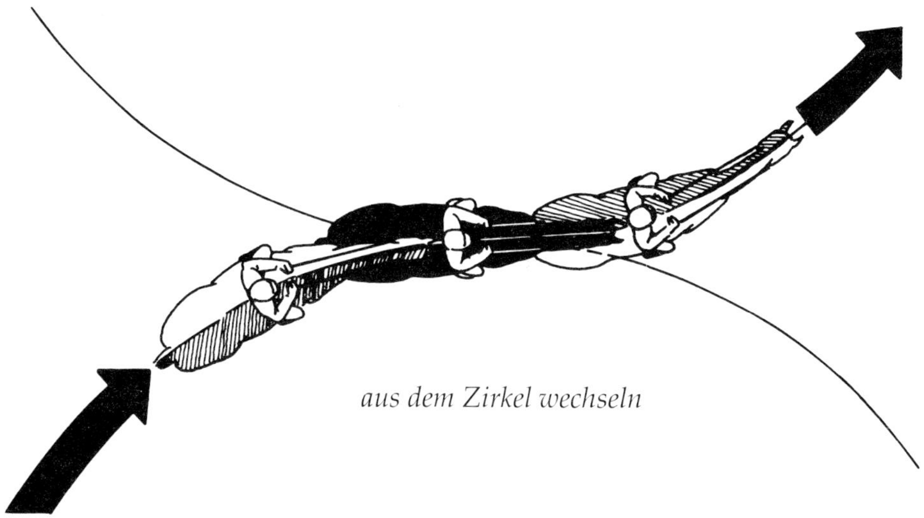

*aus dem Zirkel wechseln*

Beim *Wechseln aus dem Zirkel* wird das Pferd vor dem Übergang auf die neue Hand einen Augenblick geradeaus gestellt, bevor es die neue Stellung auf der anderen Hand erhält.

Dasselbe gilt für das *Wechseln durch den Zirkel.* Dabei darf der erste Bogen der Wechsellinie nicht zu groß geritten werden, damit der Mittelpunkt des Zirkels auch wirklich durchritten wird.
Bei beiden Wechselfiguren muß der Reiter darauf achten, den neuen inneren Zügel entsprechend zu verkürzen, sein Gewicht auf den neuen inneren Gesäßknochen zu verlagern und die Schenkel entsprechend umzulegen.
Die *Volte* fordert vom Pferd die höchste Längsbiegung, die es auf einem Hufschlag annehmen kann. In dieser Größe ist die Volte allerdings nur im versammelten Tempo zu reiten. Unterschreitet der Durchmesser 5 m bzw. 6 Schritt, kann das Pferd seine Längsbiegung dem Bogen der Hufschlaglinie nicht mehr anpassen, es fällt mit der Hinterhand aus und ist im taktmäßigen Ablauf der Bewegung gestört. In der Anfangsausbildung, wenn die erforderliche Versammlung noch fehlt, sollte deshalb die Volte auf einem größeren Umfang geritten werden (etwa 6,50 m bzw. 8 Schritt Durchmesser).
Besonders zu warnen ist vor dem zu starken Gebrauch des inneren Zügels. Die Hinterhand des Pferdes wird dadurch nach außen geworfen und zum Eilen veranlaßt. Ganz besonderen Wert muß der Reiter auf elastische Erhaltung der Anlehnung am äußeren Zügel legen. Ein tiefes Herabdrücken des inneren Absatzes gibt dem Gewicht die richtige Belastung des inneren Gesäßknochens. Im übrigen entsprechen die Hilfen des Reiters bei dieser Hufschlagfigur denen beim Reiten auf dem Zirkel.
Ein häufig auftretender Fehler ist das ellipsenförmige Reiten der Volte. Sie muß richtigerweise ebenso rund nach vorn wie nach hinten geritten werden und dort enden, wo sie begonnen wurde. Der lernende Reiter kann sich dabei helfen, indem er die Volte »bewußt nach vorn anlegt«, d. h. mit der Tendenz reitet, den ersten Teil der Volte größer zu reiten als den zweiten. Somit vermeidet er ein zu steiles Abwenden und die damit automatisch verbundene ellipsenförmige Vergrößerung nach hinten.
Zur Vervollkommnung der Volten ist es vorteilhaft, an der gleichen Stelle mehrere Volten hintereinander zu reiten.
Für die *Kehrtwendung* gelten in der ersten Hälfte dieselben Anforderungen wie bei der Volte. Es wird ein Voltebogen (in der Regel aus der zweiten Ecke einer langen Seite) von 5 m bzw. 6 Schritt Durchmesser geritten. Von dem Punkt des Bogens, der am weitesten vom Hufschlag entfernt ist, reitet der Reiter in schräger Richtung auf gerader Linie zum Hufschlag zurück und befindet sich dann auf der anderen Hand. Er erreicht den Hufschlag 10,50 m von der Ecke entfernt.

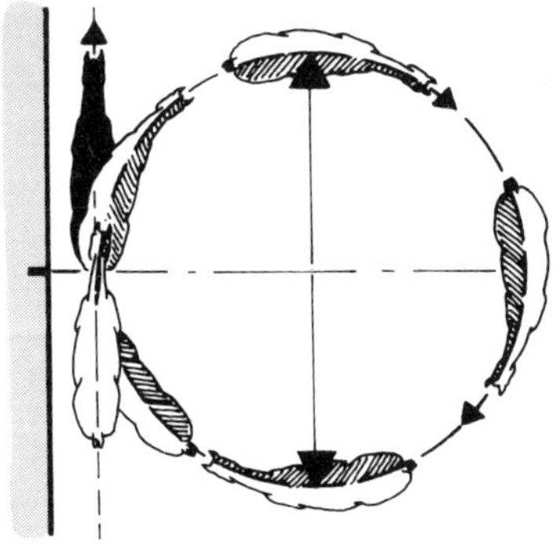

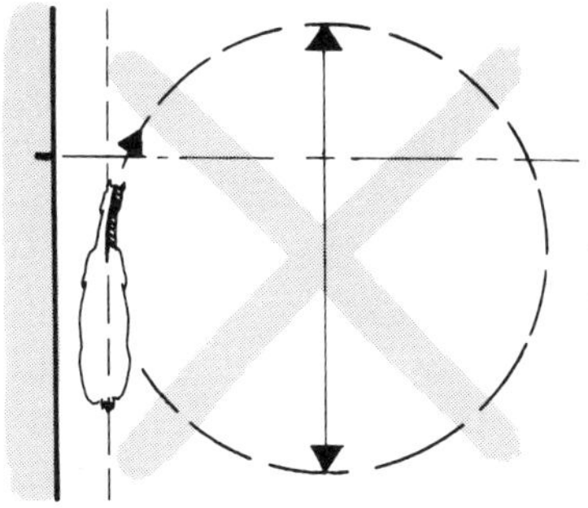

*zu früh abgewendet*

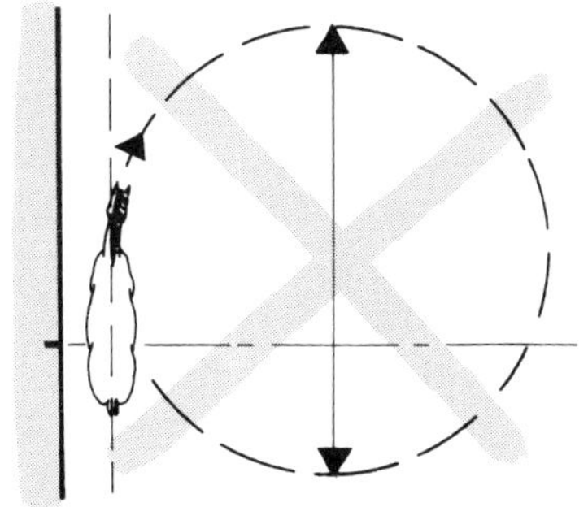

*zu spät abgewendet*

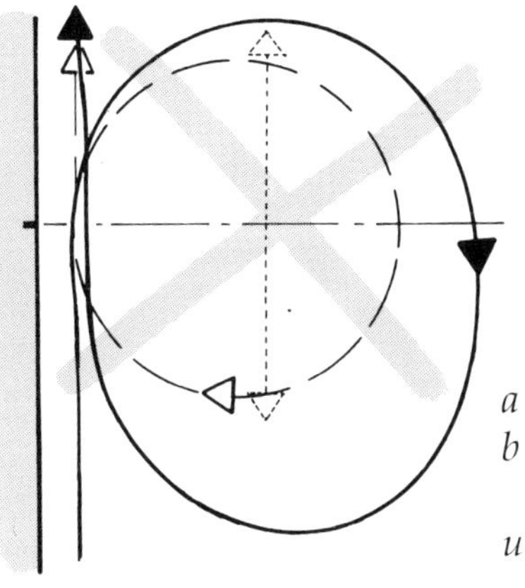

*a = zu klein*
*b = zu groß und unregelmäßig*

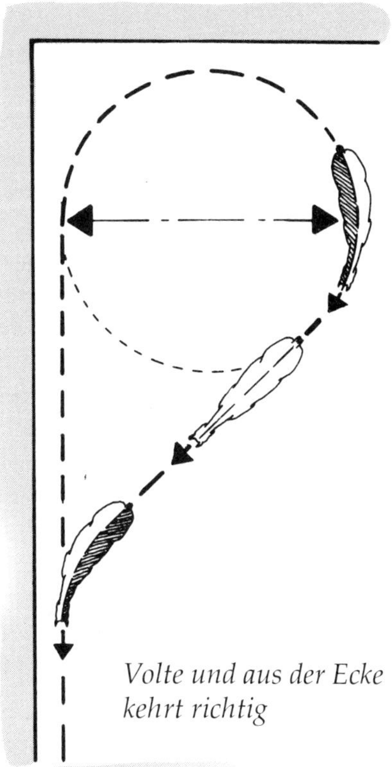

*Volte und aus der Ecke kehrt richtig*

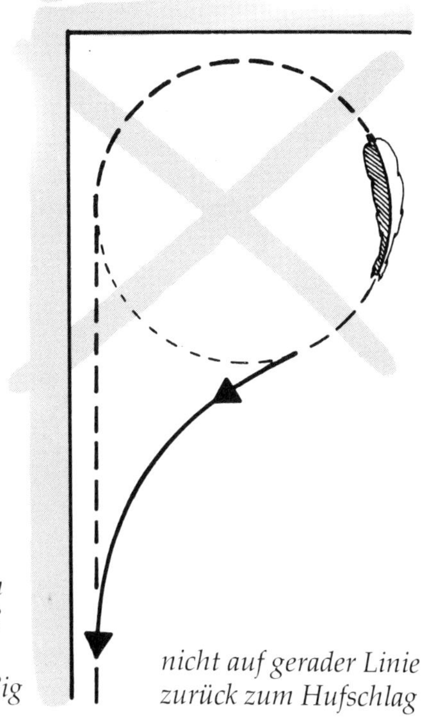

*nicht auf gerader Linie zurück zum Hufschlag*

*Schlangenlinien* sind je nach Anzahl und Enge der gerittenen Bogen lösende oder auch die Versammlung vorbereitende Übungen.
Die Anzahl der gerittenen Bogen richtet sich nach der Größe der Reitbahn und dem Ausbildungsstand der Reiter und Pferde.
Die leichteste Schlangenlinie ist die einfache Schlangenlinie an der langen Seite.
Der Reiter wendet dazu nach dem Durchreiten der ersten Ecke der langen Seite nach kurzem Geradeausreiten am Wechselpunkt in das Innere der Bahn. Nachdem er sich in Höhe des HB-Punktes (Mitte der langen Seite) 5 m vom Normalhufschlag entfernt hat, reitet er in einem ebenso flachen Bogen wieder zurück zum Wechselpunkt vor der Ecke der kurzen Seite.
Bei zwei Bogen – doppelte Schlangenlinie – verringert sich der Abstand zum Hufschlag (Größe der Bogen) auf 2,50 m.
Bei den Schlangenlinien durch die Bahn wendet der Reiter ebenfalls nach Durchreiten der ersten Ecke einer langen Seite am Wechselpunkt ab, verteilt die Anzahl der zu reitenden Bogen (im Regelfall 3 oder 5 Bogen) gleichmäßig über die Bahn und beendet die Hufschlagfiguren am Wechselpunkt vor der Ecke der kurzen Seite. Die Bogen enden und beginnen beim Überschreiten der Mittellinie, der erste und der letzte Bogen sind dann zwar nur je ein halber Bogen, bei der Anzahl der zu reitenden Bogen werden sie aber als Ganze gezählt.*
Beim korrekten Ausreiten aller Schlangenlinien dienen vornehmlich die Gewichtshilfen des Reiters zur wendenden Einwirkung. Ein klares Umstellen des Pferdes mit Nachfassen des jeweils neuen inneren Zügels ist von besonderer Bedeutung, der Wechsel der Stellung und Biegung und – bei Durchführung im Galopp – der einfache Galoppwechsel erfolgen beim Eingehen in jeden neuen Bogen. In dem häufigen Wechsel der Längsbiegung liegt für Reiter und Pferd eine vortreffliche Belehrung.

* *Die Möglichkeit, vor Beginn und nach Beendigung der Schlangenlinien das Pferd in den Ecken der Reitbahn entsprechend auf die gebogenen Linien vorbereiten zu können, ist ausbildungsmäßig von so hohem Wert, daß bewußt auf den im internationalen Turniersport üblichen Beginn der Schlangenlinien an der Mitte der kurzen Seite und der auch*

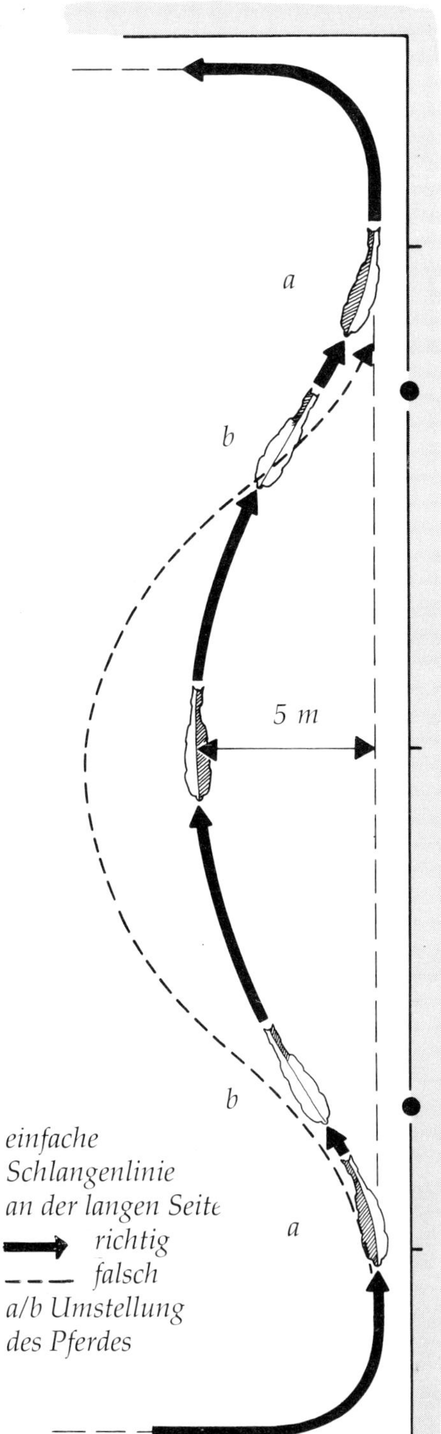
a
b
5 m
b
a
einfache
Schlangenlinie
an der langen Seite
richtig
falsch
a/b Umstellung
des Pferdes

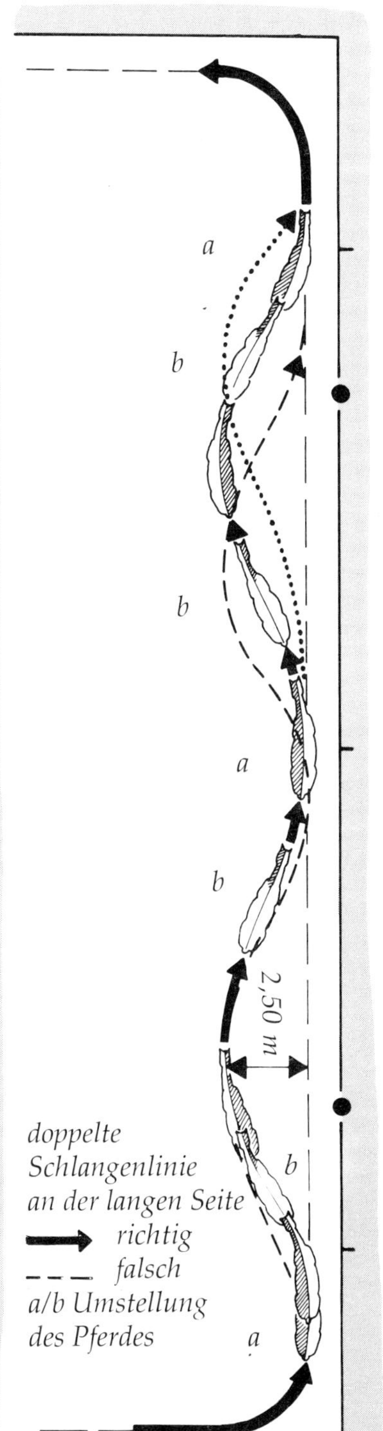
a
b
b
a
b
2,50 m
b
a
doppelte
Schlangenlinie
an der langen Seite
richtig
falsch
a/b Umstellung
des Pferdes

## 4.7. Wendungen aus dem Halten

Wendungen aus dem Halten können auf der Vorhand oder auf der Hinterhand ausgeführt werden. Der Drehpunkt liegt bei der Wendung auf der Vorhand dicht neben dem inneren Vorderfuß, bei der Wendung auf der Hinterhand dicht neben dem inneren Hinterfuß.

**Wendung auf der Vorhand**

Die Vorhandwendung ist eine lösende Übung und hat zugleich den Zweck, Reiter und Pferd die Wirkung der einseitigen Hilfen zu lehren.

*Vorhandwendung — 10 Phasen*

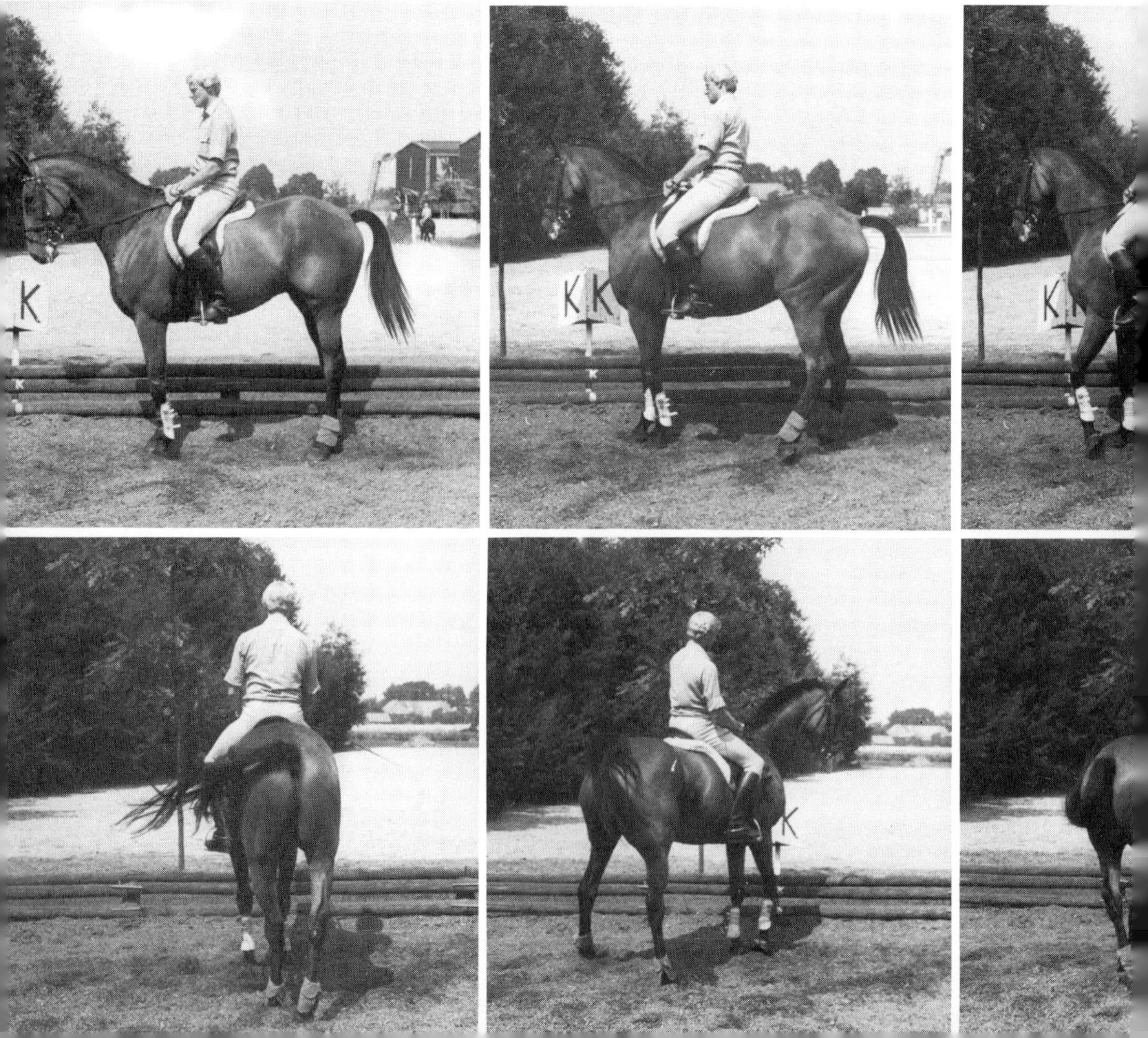

Der Reiter gibt zunächst dem am Zügel stehenden Pferde eine leichte Stellung nach der Seite der Wendung. Dabei ist der Zügel, der nun der innere wird, durch Nachfassen zu verkürzen. Der Reiter verlegt sein Gewicht nach der inneren Seite.
Der innere Schenkel drückt etwas hinter dem Gurt liegend seitwärts treibend die Hinterhand Tritt für Tritt um die Vorhand herum, bis die Wendung vollendet ist.
Dabei tritt der innere Hinterfuß vor und über den äußeren. Jeden zweiten Tritt der Hinterhand fängt der äußere, verwahrend hinter dem Gurt liegende Schenkel bestimmt auf, so daß jedesmal eine Pause entsteht und

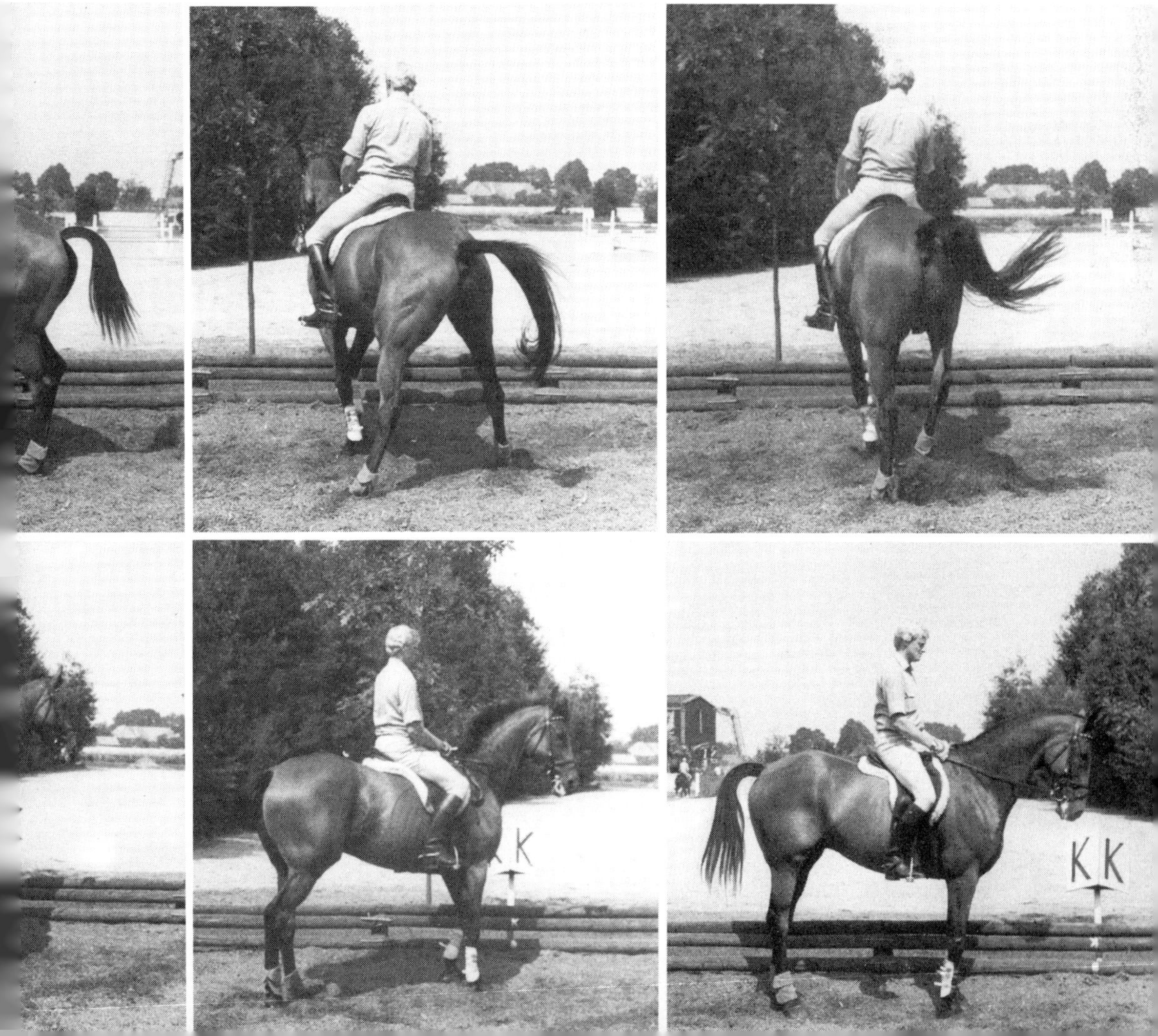

ein Herumeilen der Hinterhand vermieden wird. Während und nach der Wendung sorgen Schenkel und Kreuz dafür, daß das Pferd am Zügel bleibt und nicht zurückkriecht. Ein Vortreten, das in der Regel ein Ausfallen der äußeren Schulter zur Folge hat, muß durch Gegenwirken des auswendigen Zügels verhindert werden. Ein Zurücktreten ist der geringere Fehler.

Auf dem Hufschlag an der Bande kann die Wendung auf der Vorhand wegen des für Hals und Kopf erforderlichen Raumes nicht ausgeführt werden. Sie hat daher in einer geschlossenen Bahn, in der sich der Hufschlag direkt an der Bande befindet, auf dem »zweiten Hufschlag« zu

*Hinterhandwendung – 10 Phasen*

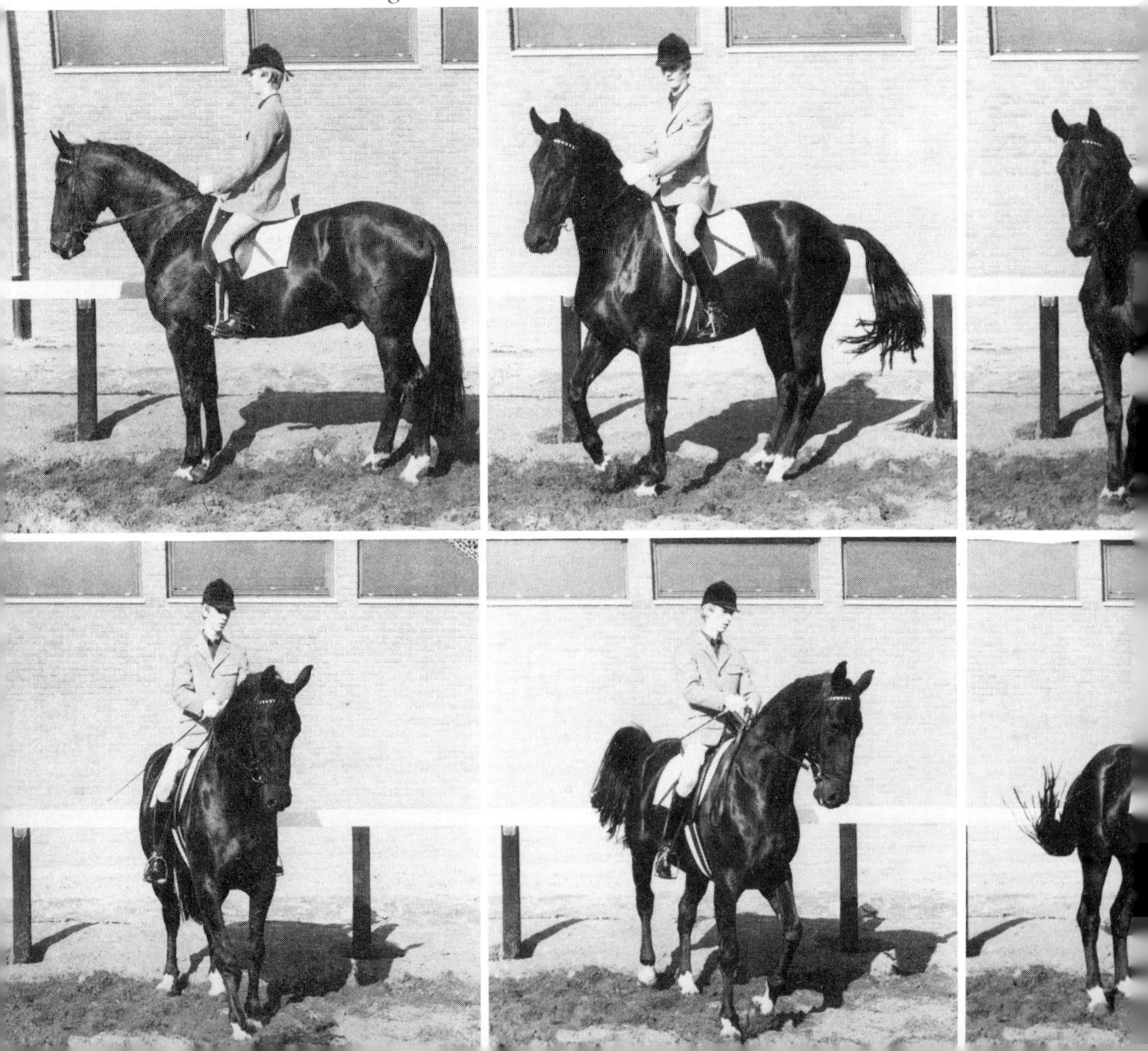

erfolgen. Als »zweiter Hufschlag« wird eine etwa 80 cm neben dem Hufschlag an der Bande zum Inneren der Reitbahn gedachte Hufschlaglinie bezeichnet.

**Wendung auf der Hinterhand**

Die Hinterhandwendung ist eine versammelnde Übung. Der Reiter stellt zunächst das sicher am Zügel stehende Pferd deutlich nach der Seite der Wendung, der innere Zügel leitet dann die Wendung ein. Das Gewicht wird verstärkt auf die innere Seite verlagert, die äußere Schulter etwas vorgenommen. Der innere Schenkel liegt vortreibend am Gurt. Seine

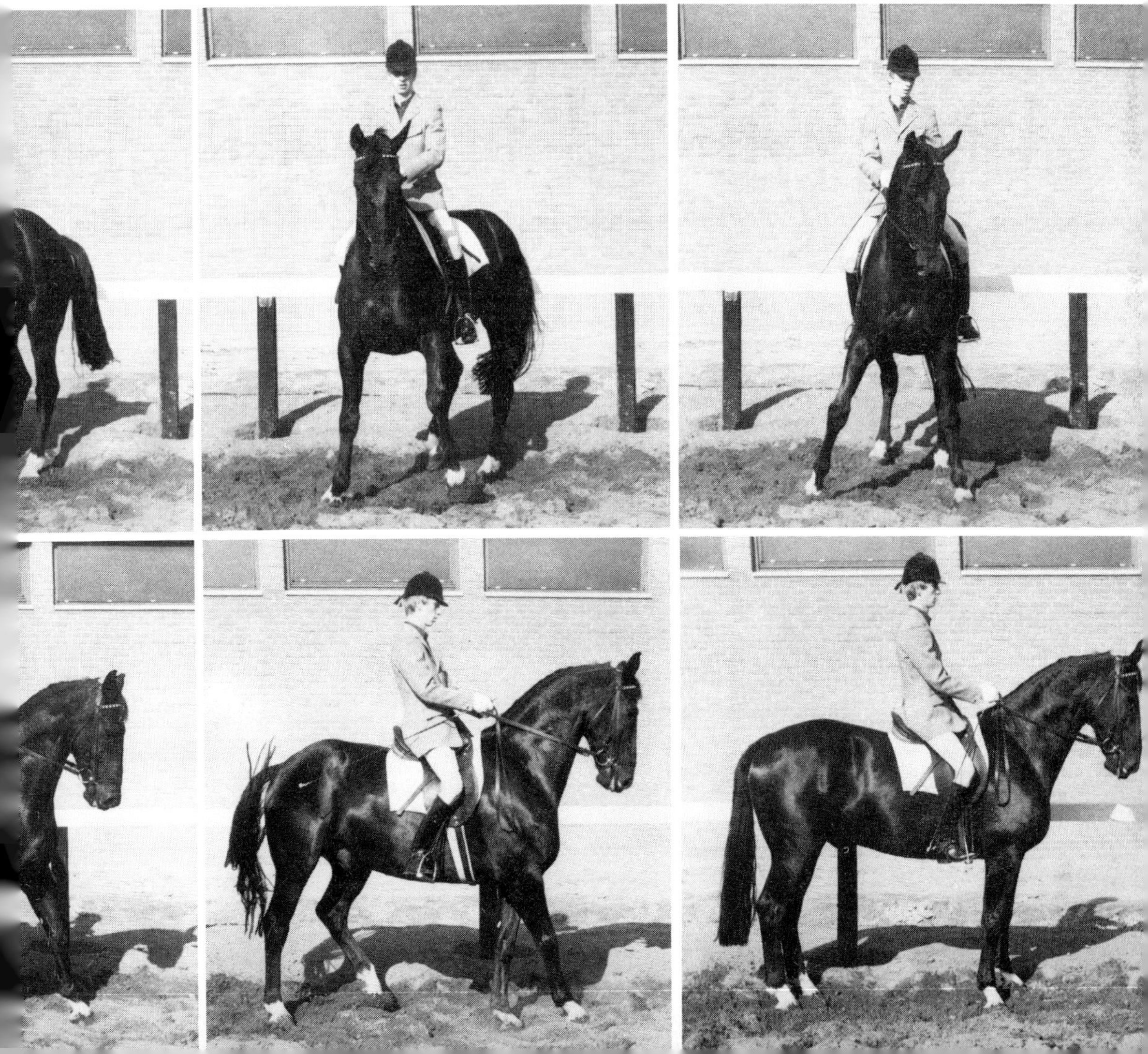

Aufgabe ist es, gemeinsam mit dem in verwahrender Position befindlichen äußeren Schenkel die taktmäßige Bewegung der Hinterbeine zu veranlassen und sie dabei zu einem leichten Vortreten in Richtung Schwerpunkt anzuregen. Beide Schenkel verhindern ein Rückwärtstreten, der äußere außerdem durch seine verwahrende Lage ein Ausfallen des äußeren Hinterfußes. Der äußere Zügel begrenzt die Stellung, gibt aber jederzeit soviel nach, daß das Pferd sich ungehindert in die Richtung der Wendung bewegen kann.
Wichtig ist, daß die Hinterbeine gleichmäßig im Schritt-Takt treten, ein geringes Vortreten ist bei der Hinterhandwendung der geringere Fehler. Für den lernenden Reiter empfiehlt es sich, das Pferd zu Beginn der Wendung in ein bis zwei halben Schritten nach vorn antreten zu lassen und dann erst die Wendung einzuleiten.
Da das Pferd wegen der Lage des Drehpunktes dicht neben dem inneren Hinterfuß den ursprünglichen Hufschlag um seine Breite verläßt, muß es bei der Durchführung des letzten Schrittes vorwärts-seitwärts auf diesen zurückgeführt werden. Nach Beendigung der Wendung soll das Pferd alle vier Beine gleichmäßig belastend, geradeaus gestellt und ruhig wieder auf dem ursprünglichen Hufschlag stehen.
Hauptsächlichste Fehler des Reiters bei der Ausführung der Hinterhandwendung sind das zu starke Einwirken des äußeren Schenkels, verbunden mit falscher Verlagerung des Gewichts auf den äußeren Gesäßknochen, Einknicken in der inneren Hüfte und zu starker Einwirkung mit den Zügeln. Dadurch wird ein Zurücktreten des Pferdes und falsche Genickstellung entgegen der Bewegungsrichtung bedingt.

### 4.8. Wendung aus dem Gange

Die *Kurzkehrtwendung* ist eine Hinterhandwendung in der Bewegung mit anschließender direkter Fortsetzung der vorherigen Gangart. Sie kann aus dem Schritt und aus dem Trab heraus durchgeführt werden, wobei die eigentliche Wendung nur im Schritt zu reiten ist. Das Pferd kommt dabei keinen Moment zum Halten. Die Hilfengebung gleicht der der vorbeschriebenen Hinterhandwendung aus dem Halten. Hierbei besteht jedoch der Vorteil, daß sich das Pferd bereits in der Vorwärtsbewegung befindet, also ein »Drehen« auf dem inneren Hinterfuß oder ein Rückwärtssetzen leichter zu vermeiden ist.

## 4.9. Schenkelweichen – Viereck verkleinern und vergrößern

*Schenkelweichen* dient dem Lösen der Pferde und dem Folgsammachen auf die einseitigen Hilfen. Für den lernenden Reiter ist es eine vorzügliche Lektion, um ihn mit dem Zusammenwirken der Hilfen vertraut zu machen.

Beim Schenkelweichen bewegt sich das nicht gebogene Pferd mit geringer Kopfstellung vorwärts-seitwärts auf zwei Hufschlägen. Dabei treten die inneren Füße gleichmäßig **vor** und über die äußeren.

Die Kopfstellung wird immer zur Seite des seitwärtstreibenden Schenkels vorgenommen, der dadurch immer der innere Schenkel ist, auch wenn er dem Äußeren der Reitbahn zugewendet sein sollte.

Das Schenkelweichen kann im Schritt oder im Arbeitstrab – aber nur über kürzere Strecken – geübt werden.

Beim Reiten auf dem Zirkel darf nur dem Schenkel gewichen werden, der der Zirkelmitte zugewandt ist, auf der ganzen Bahn beiden Schenkeln, jedoch nur an den langen Seiten. Das Weichen des dem Äußeren des Vierecks zugekehrten Schenkels dient nur zum Anlernen von Reitern und Pferden in der ersten Zeit der Ausbildung. Das Weichen des dem Inneren der Bahn zugekehrten Schenkels ist für die Ausbildung von größerem Wert.

Beim Schenkelweichen an den langen Seiten ist eine Schrägstellung der Längsachse des Pferdes zur Hufschlaglinie bis höchstens zu einem Winkel von etwa 45 Grad zu nehmen.

Der Reiter sitzt vermehrt nach innen und drückt die Hinterhand mit dem dicht hinter dem Gurt liegenden inneren Schenkel seitwärts. Dieser

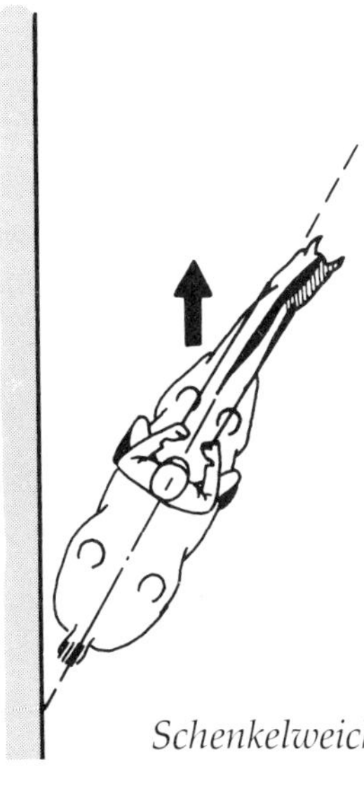

*Schenkelweichen rechts*

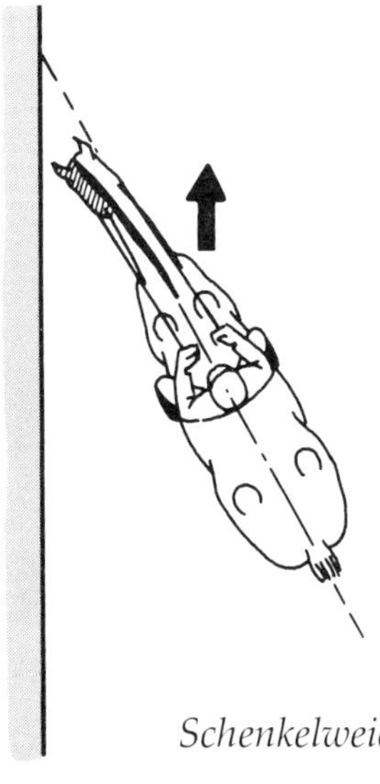

*Schenkelweichen links*

*fehlerhaftes Schenkelweichen*

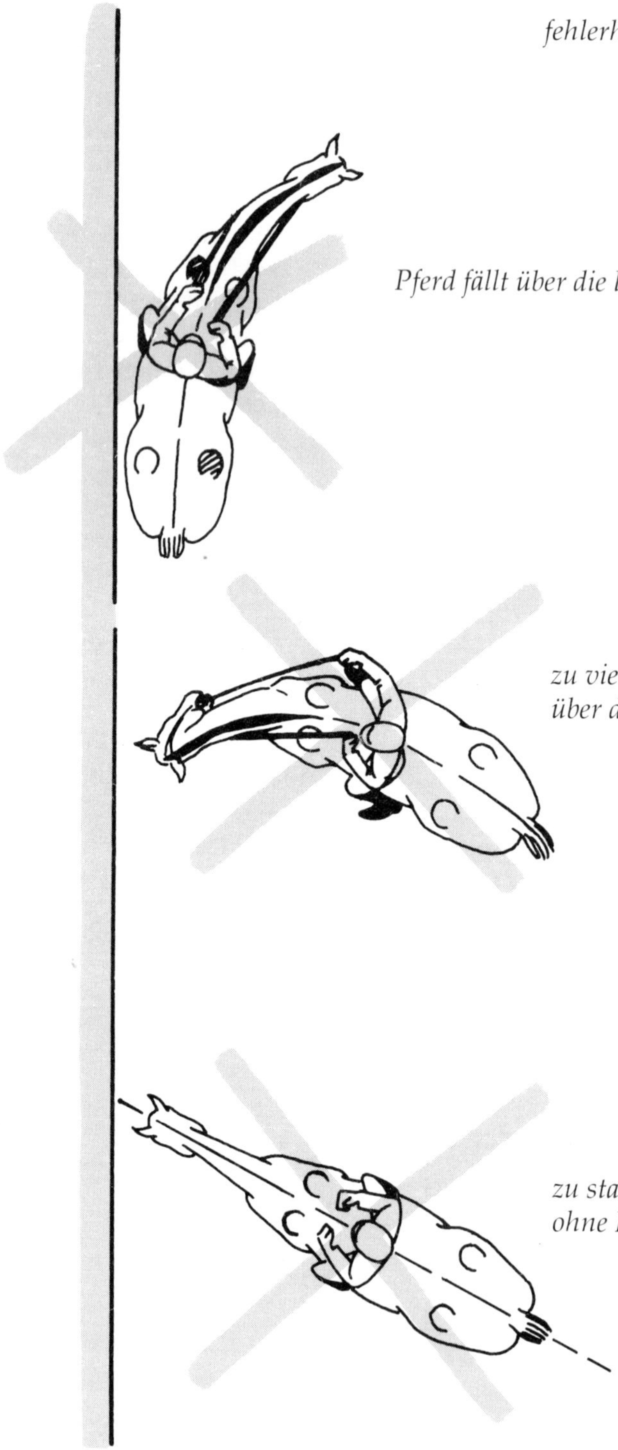

*Pferd fällt über die linke Schulter*

*zu viel Abstellung – Pferd fällt über die rechte Schulter*

*zu starke Abstellung ohne Kopfstellung*

Druck muß eintreten, wenn sich der innere Hinterfuß von der Erde hebt, er wird, wenn nötig, von Schritt zu Schritt oder Tritt zu Tritt wiederholt. Die Vorhand wird durch den äußeren Zügel auf ihrem Hufschlag geführt. Der Reiter muß jedem Fliehen des Pferdes vor dem inneren Schenkel und jedem Ausfallen über die äußere Schulter durch Verwahren mit dem äußeren Schenkel und dem äußeren Zügel begegnen.
Soll das Pferd dem dem Inneren des Vierecks zugewandten Schenkel weichen, so führt der Reiter die Vorhand wie zum Wechseln durch die Bahn einen kleinen Schritt in das Innere des Vierecks, wobei die Hinterhand auf dem bisherigen Hufschlag verbleibt. Er gibt eine halbe Parade und beginnt das Schenkelweichen.
Die Beendigung dieses Schenkelweichens geschieht durch Einrichten der Vorhand auf die Hinterhand.
Will der Reiter sein Pferd dem dem Äußeren des Vierecks zugekehrten Schenkel weichen lassen, so gibt er ihm, sobald er die erste Ecke einer langen Seite soweit durchritten hat, daß der Pferdekopf diese Seite erreicht, eine halbe Parade. Dann nimmt er die entsprechende Stellung und läßt das Pferd dem Schenkel weichen. Zur Beendigung wird das Pferd umgestellt, im flachen Bogen auf den Hufschlag geführt und geradeaus weitergeritten, d.h. also auch hier wird zunächst die Vorhand auf die Hinterhand eingerichtet, erst dann folgt die Rückkehr zum Hufschlag.
Um den Gehorsam auf den vorwärts-seitwärts treibenden Schenkel und den führenden äußeren Zügel zu festigen, wird die Übung »*Viereck verkleinern* und *vergrößern*« geritten.
Wie beim Schenkelweichen auf den langen Seiten bewegt sich das Pferd beim »Viereck verkleinern und vergrößern« mit geringer Kopfstellung auf zwei Hufschlägen, die bis zu einem Schritt voneinander entfernt sind. Die Übung wird im Schritt oder Arbeitstrab ausgeführt.
Nach Durchreiten der ersten Ecke einer langen Seite und kurzem Geradeausreiten gibt der Reiter dem Pferd am Wechselpunkt die entsprechende Stellung.
Vermehrt zur nunmehr inneren Seite sitzend, drückt er es mit dem jetzigen inneren Schenkel im Vorwärts-Seitwärtsreiten in das Innere der Bahn.
Der äußere Schenkel sorgt zusammen mit den Gewichtshilfen für die Vorwärtsbewegung und verhindert verwahrend eine zu starke Abstellung der Hinterhand.
Das Viereck verkleinern wird beendet, wenn der Pferdekopf fast auf der Linie des HB-Punktes ist, 5 m vom HB-Punkt in das Innere der Bahn hinein entfernt. Dort wird das Pferd etwa eine Pferdelänge geradeaus geritten, umgestellt und sinngemäß in gleicher Weise, nunmehr das

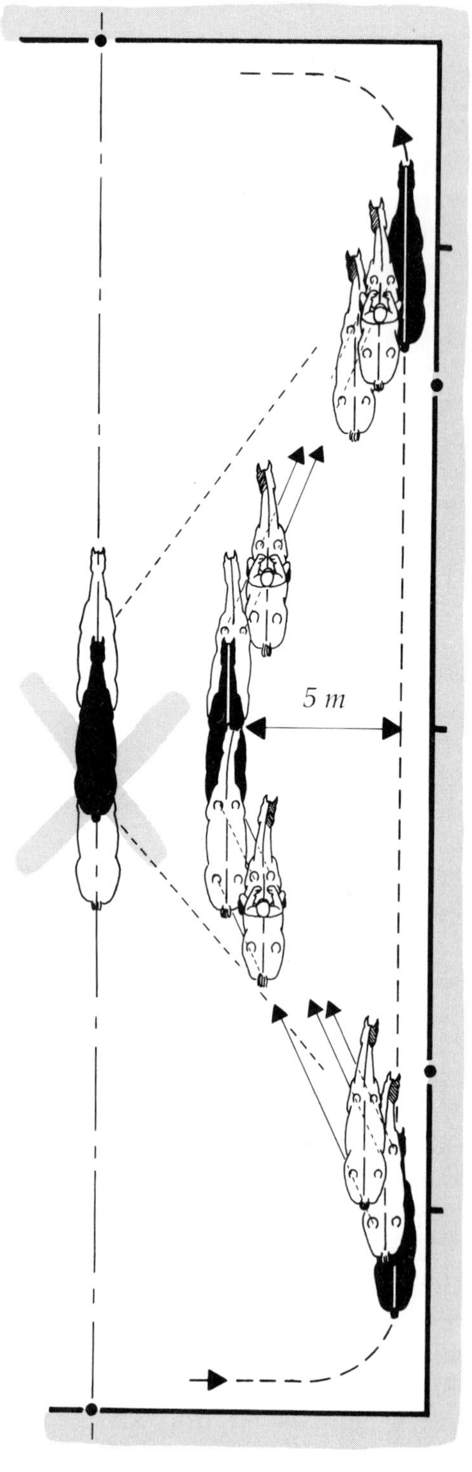


*Viereck verkleinern und vergrößern*

Viereck wieder vergrößernd zum Hufschlag der ganzen Bahn zurückgeführt. Dieser soll am Wechselpunkt vor der zweiten Ecke der langen Seite erreicht werden.

Das Pferd ist etwa parallel zur langen Seite gerichtet, die »Hinterhand darf der Vorhand nicht vorausgehen«, d.h. sie darf beim Verkleinern nicht weiter in der Bahn und beim Vergrößern nicht näher an der Wand sein als die Vorhand.

## 4.10. Zusammenstellung der wichtigsten Kommandos für das Abteilungsreiten

Wenn auch das Abteilungsreiten heute nicht mehr die Rolle spielt wie in früheren Jahren, sollte doch jeder Reiter die wichtigsten Regeln des Abteilungsreitens sowie die Kommandos und ihre Ausführung kennen. Es wird unterschieden zwischen »Ankündigungskommando« und »Ausführungskommando«. Zwischen beiden legt der Kommandogeber eine Pause ein, um den Reitern der Abteilung ausreichend Zeit zur Vorbereitung der korrekten Ausführung zu geben. Das Ausführungskommando kommt zu dem Zeitpunkt und an der Stelle des Reitvierecks, wenn alle Reiter der Abteilung genügend Raum zur Ausführung haben. Das Einhalten gleichmäßiger Zwischenräume – zwischen den Reitern, wenn sie nebeneinander reiten – und Abstände – zwischen den Pferden, wenn sie hintereinander gehen –, ist Voraussetzung für eine ordnungsgemäße Durchführung des Abteilungsreitens.

Die Ausführung der Bewegungen und Lektionen ist in den entsprechenden Kapiteln beschrieben.

| Kommando | Ausführung | Anmerkung |
|---|---|---|
| Abteilung zu einem rechts brecht ab – Marsch | Die Abteilung steht aufmarschiert mit Front zu einer langen Seite. Die Stirnlinie der Pferde befindet sich an der Mittellinie.<br>Der rechte Flügelreiter (1. Reiter) reitet im Schritt geradeaus an; der 2. Reiter folgt, sobald der 1. Reiter mit der Kruppe seines Pferdes eine Pferdelänge über den Kopf des Pferdes des 2. Reiters vorgerückt ist. Alle Reiter sehen geradeaus. Drei Schritt vor dem Hufschlag wendet jeder Reiter in einer viertel Volte rechts und folgt dem Vorderreiter. Jeder Reiter hat dann einen Abstand von zwei Pferdelängen von seinem Vorderreiter. | Eine durch die Vorderhufe der Pferde gedachte Linie wird als Grundlinie bezeichnet. |
| Anfang rechts dreht, links marschiert auf – Marsch, Anfang – Halt | Die Abteilung ist auf der rechten Hand. Auf »Marsch« wendet der erste Reiter von der langen Seite rechtwinkelig in die Bahn und reitet senkrecht auf die gegenüberliegende Seite zu. Die folgenden Reiter reiten eine reichliche Pferdelän- | |

| Kommando | Ausführung | Anmerkung |
|---|---|---|
| | ge über den Punkt, an dem ihr Vorderreiter in die Bahn abgewendet ist, hinaus und wenden dann ebenfalls ab. Auf »Anfang – Halt« pariert der erste Reiter sein Pferd durch und stellt es senkrecht zur gegenüberliegenden Seite auf. Die übrigen Reiter reiten in unverändertem Tempo bis in die Höhe der Kruppe ihres rechten Nebenpferdes und rükken dann im Schritt in die Richtung ein. | |
| Abteilung links um – Marsch, Abteilung – Halt | Die Abteilung befindet sich auf der linken Hand. Auf »Marsch« wenden alle Reiter gleichzeitig rechtwinkelig von der langen Seite ab. Auf »Halt« parieren alle gleichzeitig durch. Die Pferde stehen senkrecht zur gegenüberliegenden Seite. | |

**Abteilung bilden, Abteilung in der Bewegung, Halten, Gangart- und Tempowechsel**

| | | |
|---|---|---|
| Auf der rechten (linken) Hand im Schritt (Trab/Galopp) Abteilung bilden. Anfang: X (Name des Anfangsreiters) | Bilden der Abteilung nach dem Durcheinanderreiten. Der aufgerufene Anfangsreiter geht in der angeordneten Gangart auf | |

| Kommando | Ausführung | Anmerkung |
|---|---|---|
| | den Hufschlag und ruft dort »Anfang hier«. Die übrigen Reiter folgen dann bei vorher festgelegter Reihenfolge selbständig, sonst auf Aufruf. | |
| Abteilung – Marsch | Übergang vom Halten zum Schritt. | |
| Abteilung – Schritt | Übergang aus höherer Gangart zum Schritt | |
| Abteilung im Arbeitstempo – Trab | Übergang aus einer anderen Gangart und dem Halten zum Arbeitstrab | |
| Abteilung im Arbeitstempo – Galopp – Marsch | Übergang aus einer anderen Gangart zum Arbeitsgalopp | |
| Abteilung – Mitteltrab | Übergang aus einer anderen Gangart zum Mitteltrab | Das Ausführungskommando wird dann gegeben, wenn sich der Anfangsreiter vor der ersten Ecke einer kurzen Seite befindet, um ein Auseinanderfallen der Abteilung zu vermeiden. |
| Mitteltrab | Übergang aus dem Arbeits- und versammelten Trab in den Mitteltrab | |
| Im Arbeits- (versammelten) Tempo | Rückführung des Tempos aus dem Mitteltrab | |
| Abteilung – Halt | Übergang zum Hal- | Das Ausführungs- |

| Kommando | Ausführung | Anmerkung |
|---|---|---|
| | ten aus den verschiedenen Gangarten | kommando »Halt« erfolgt gedehnt und so, daß der Anfangsreiter vor der 1. Ecke der kurzen Seite steht. |
| Abteilung – eine Pferdelänge rückwärts richt euch – Marsch | Rückwärtsrichten aus dem Halten mit anschließendem Halten | |
| **Richtungs- und Handwechsel, Hufschlagfiguren** | | |
| Rechts (links) um – Marsch | Gleichzeitiges rechtwinkeliges Abwenden aller Reiter der Abteilung | |
| Durch die ganze (halbe) Bahn wechseln | | Kommando erfolgt, bevor der erste Reiter auf der kurzen Seite an die Ecke kommt. |
| Durch die Länge der Bahn wechseln | | Kommando erfolgt, wenn der erste Reiter sich der zweiten Ecke der langen Seite nähert. |
| Halbe Bahn<br>Ganze Bahn<br>Auf dem Zirkel geritten | Ausführung der entsprechenden Hufschlagfiguren durch alle Reiter der Abteilung | |
| Auf zwei Zirkeln geritten | Der erste Reiter geht vom nächsten Zirkelpunkt auf die Zirkellinie über, die übrigen Reiter folgen an derselben Stelle.<br>Der erste Reiter des zweiten Zirkels und die nachfolgenden | Der erste Reiter für den zweiten Zirkel muß vorher bestimmt sein. |

| Kommando | Ausführung | Anmerkung |
| --- | --- | --- |
| | Reiter gehen auf den zweiten Zirkel und gleichen die Richtung aus, so daß beide Anfangsreiter vis-a-vis sind. | |
| Aus dem Zirkel (den Zirkeln) wechseln | Bei gleichzeitigem Reiten auf zwei Zirkeln weichen sich die Reiter, von der rechten Hand kommend rechts, von der linken Hand kommend links aus. | |
| Durch den (die) Zirkel wechseln | | |
| Anfang einfache (doppelte) Schlangenlinie an der langen Seite<br>Anfang Schlangenlinie durch die Bahn ... Bogen | Der erste Reiter beginnt die Schlangenlinie nach dem ersten Durchreiten der ersten Ecke der langen Seite. Umstellen erfolgt beim Eingehen in jeden neuen Bogen. | Die Kommandos werden von der ersten Ecke der langen Seite gegeben. Die Zahl der Bogen richtet sich nach der Größe der Bahn und dem Ausbildungsgrad von Reiter und Pferd. |
| Volte – Marsch | Auf »Marsch« wenden alle Reiter vom Hufschlag zur Volte ab und kehren am Punkt des Abwendens auf den Hufschlag zurück. | |
| Abteilung kehrt – Marsch | Alle Reiter wenden gleichzeitig auf einer halben Volte in die Bahn und reiten dann zu einem Punkt des Hufschlages zurück, der 7 m rückwärts | Das Ausführungskommando in der Abteilung erfolgt zweckmäßigerweise so, daß der erste Reiter die Volte oder die Kehrtwendung in die |

| Kommando | Ausführung | Anmerkung |
|---|---|---|
| | des Abwendepunktes liegt. | erste Ecke der kurzen Seite legen kann. |
| Anfang aus der Ecke – kehrt | Die Kehrtwendung wird nacheinander von dem ersten Reiter ab ausgeführt. | Kommando erfolgt vor der ersten Ecke der kurzen Seite. |
| Auf der Vorhand rechts (links) um (um kehrt) – Marsch | Gleichzeitige Wendung auf der Vorderhand (stets aus dem Halten), bei »um« = 90°, bei »um kehrt« = 180°. | In einer geschlossenen Reitbahn muß dazu stets auf dem zweiten Hufschlag (ein Schritt neben dem normalen Hufschlag) gehalten werden. |
| Auf der Hinterhand rechts (links) um (um kehrt) – Marsch | Gleichzeitige Wendung auf der Hinterhand (aus dem Halten). | |
| Kurzkehrt – Marsch | Gleichzeitige Wendung auf der Hinterhand aus der Bewegung. | |
| **Schenkelweichen** | | |
| Die Pferde an der (Bezeichnung: z. B. »nächsten«) langen Seite dem rechten (linken) Schenkel weichen lassen. | Jeder Reiter beginnt mit dem Schenkelweichen an der Stelle, wo der erste Reiter beginnt, und jeder Reiter endet die Lektion dort, wo der erste sie beendet. | |
| Geradeaus | | Als Kommando, wenn das Schenkelweichen – auch vorzeitig – abgebrochen werden soll, alle Reiter beenden gleichzeitig. |
| Viereck verkleinern – vergrößern | Nacheinander jeweils auf dem Weg, den der Vorreiter nimmt. Auf der Höhe des HB-Punktes etwa 5 m Entfernung vom Hufschlag. | |

# 5. Springausbildung

In Anbetracht der großen Bedeutung, die das Springen im heutigen Reitsport gewonnen hat, ist der planmäßigen Springausbildung besondere Sorgfalt entgegenzubringen.
Eine reelle Grundlage elementarer Dressur ist nach unserer Reitauffassung die Vorbedingung für gutes Reiten über Hindernisse. Der Reiter muß gelernt haben, sich im »leichten Sitz« den Bewegungen des Pferdes anzupassen und in diesem Sitz dressurmäßig auf das Pferd einzuwirken.
**Der Grundsatz für die gesamte Ausbildung, mit dem Einfachsten zu beginnen und die Anforderungen an Reiter und Pferd langsam zu steigern, gilt ganz besonders für die Springausbildung.**
Übungen über Bodenunebenheiten und über Hindernisse sind für die Ausbildung ebenso notwendig wie die Übungen auf ebenem Hufschlag. Sie sind das beste Mittel, um den Reiter mit seinem Pferd vertraut zu machen, ihn zur Losgelassenheit zu bringen und sein Selbstvertrauen zu festigen.
Die Ausbildung des Reiters im Springen wird sich in mehreren Abschnitten vollziehen:

- Vertrautmachen mit dem Bewegungsablauf des Pferdes auf unebenem Boden – Bodenrickarbeit. Reiten mit kürzerem Bügel (Entlastungssitz);
- Erlernen und Üben des »leichten Sitzes«. Galoppieren im leichten Sitz auf ebenem und unebenem Boden;
- Reiten über einzelne Sprünge;
- Reiten über eine Reihe von Sprüngen – Gymnastikspringen;
- Reiten von Springparcours auf einem Platz und Überwinden von Geländehindernissen.

Sobald über Sprünge oder im Gelände geritten wird, sollte das Tragen einer splittersicheren Sturzkappe eine Selbstverständlichkeit sein.

## 5.1. Bodenrickarbeit

*Bodenricks* sind 2,5 m bis 3,5 m lange Stangen, die an beiden Enden auf 40 cm hohen sägebockartigen Ständern befestigt sind. Je nach Drehung der Ständer können sie tief (Stange auf dem Boden), halbhoch (Stange 25 cm hoch) oder hoch (Stange 40 cm hoch) aufgestellt werden. Sie können als Ersatz für Unebenheiten des Geländes betrachtet werden.

Die *Bodenrickarbeit* wird vor allem im Schritt und Trab ausgeführt, später gelegentlich auch im Galopp. Zur Vorbereitung läßt man die Pferde im Schritt über einzelne auf dem Boden liegende Stangen treten. Es folgt das Reiten über einzelne tief oder halbhoch eingestellte Bodenricks im Schritt und im Trab. Ist hierin Sicherheit erlangt, werden die Pferde im Trab über mehrere, zuerst 2 bis 3 tief und später halbhoch hintereinander aufgestellte Bodenricks geritten. Der Abstand beträgt ca. 1,30 m. Die Bodenricks werden auf dem Hufschlag, d.h. in Anlehnung an die Bande oder im Inneren der Bahn aufgestellt, wobei man auch bei fortschreitender Arbeit über 4 bis 6 Bodenricks möglichst nicht hinausgehen sollte.
Mit dieser Arbeit wird beim Reiter das Gefühl für einen schwingenden Pferderücken erzeugt. Sie fordert einen elastischen, geschmeidigen Sitz, um das Pferd in seinen Bewegungen nicht zu stören. Dabei soll eine tiefe, nachgebende Hand dem Pferdehals die gewünschte Vorwärts-Abwärtsdehnung gewähren.
Bei den ersten Versuchen wird das Pferd die Bodenricks bisweilen springen. Der Reiter muß hierauf gefaßt sein und darf das Pferd nicht im Maul oder Rücken stören.
Je nach Übungszweck und Fertigkeit des Reiters wird beim Reiten über Bodenricks leichtgetrabt oder ausgesessen. Es empfiehlt sich beim Aussitzen, den Entlastungssitz einzunehmen.

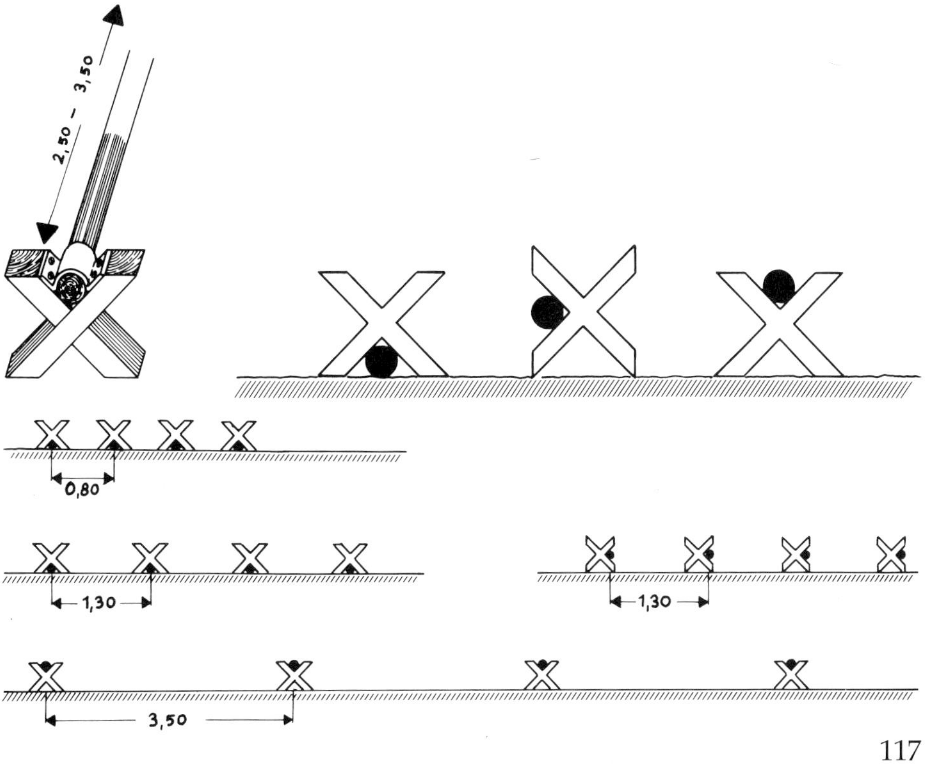

Werden Bodenricks bei der Galopparbeit verwandt, sollte das grundsätzlich im leichten Sitz geschehen. Die Abstände zwischen den Bodenricks betragen dann ca. 3,5 m; die Bodenricks können hierbei auch hoch aufgestellt werden.

**5.2. Üben des leichten Sitzes**

Für die in der weiteren Springausbildung zu fordernde Beherrschung des Pferdes sind häufiges Üben des Galoppierens im leichten Sitz notwendig. Der Reiter beginnt damit zweckmäßigerweise auf dem Zirkel,

*Bodenrickarbeit im Schritt (oben) und im Trab (unten)*

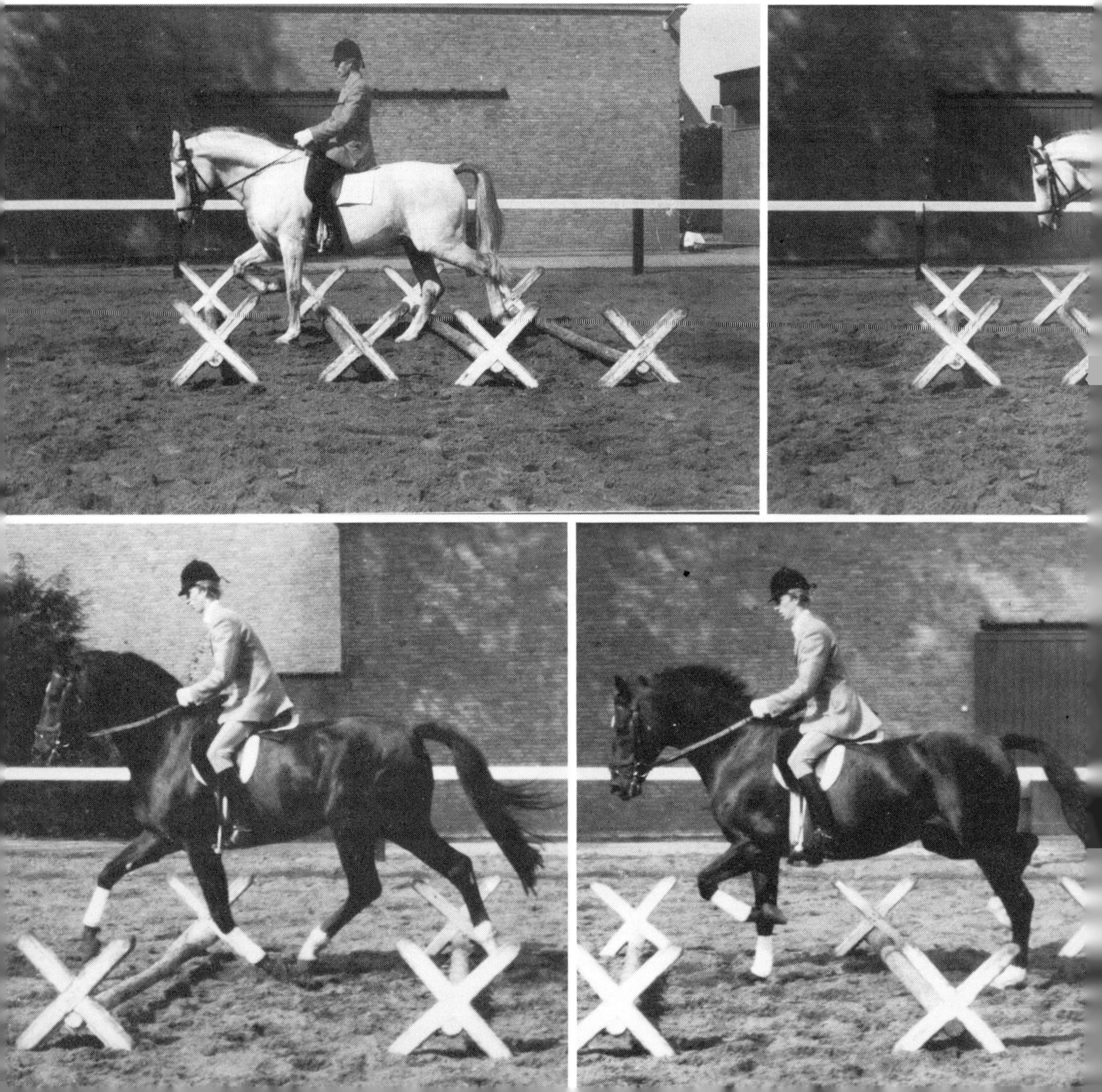

um sodann auf lange Linien überzugehen und im weiteren Verlauf das Verlängern und Verkürzen der Galoppsprünge und das Reiten von Wendungen zu üben. Für die Wendungen ist es von elementarer Bedeutung, daß sie mit gut verwahrendem äußeren Schenkel am äußeren Zügel erfolgen und niemals durch Herumziehen am inneren Zügel bei »weggeworfenem« äußeren. Nur so wird man erreichen, daß das Pferd auf den Hinterbeinen wendet und sofort nach Beendigung der Wendung wieder zügig geradeaus geritten werden kann. Auf diese Weise erlernt der Reiter jene *sichere, zwanglose Beherrschung des Pferdes,* welche für das Reiten über eine Springbahn notwendig ist. Für die Arbeit im leichten Sitz, welche

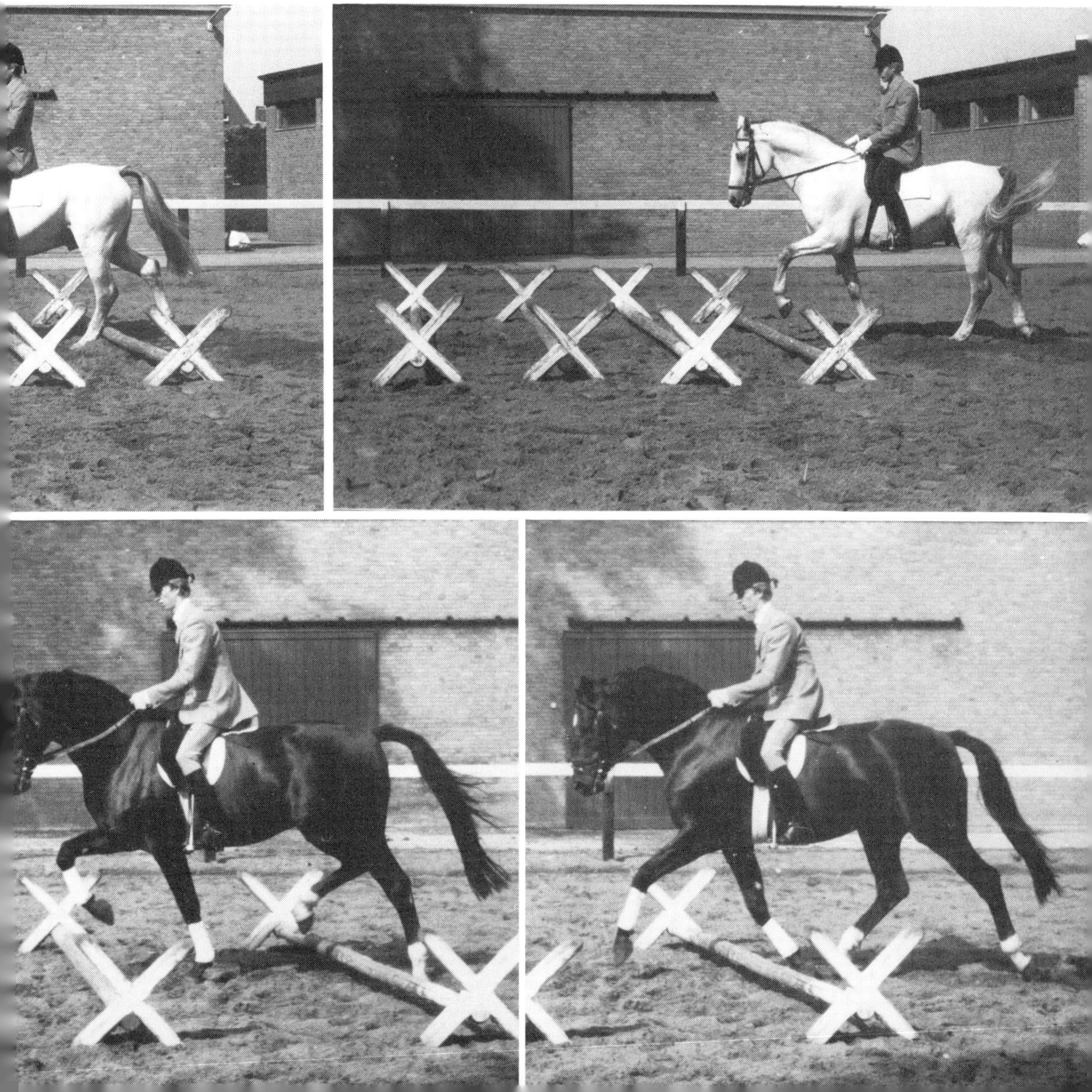

sich gelegentlich auch in *unebenem Gelände* empfiehlt, ist von besonderer Wichtigkeit, daß sich der Reiter mit weichem, geschmeidigem Sitz den Bewegungen des Pferdes anpaßt und es mit leichter, tiefer, ruhiger Hand führt. Bei fortschreitender Ausbildung ist das Springen einzelner oder kombinierter Hindernisse in diese Galopparbeit einzulegen. Das Pferd soll dabei nicht heftig werden, sondern bequem und taktmäßig unter dem Reiter galoppieren, die Hindernisse durch einen vergrößerten Galoppsprung überwindend.

## 5.3. Reiten über einzelne Sprünge

Wiederholte Übungen im Galoppieren im leichten Sitz werden den lernenden Reiter bald befähigen, auch über niedrige Sprünge zu reiten. Der Ausbilder muß darauf achten, daß die Anforderungen am Anfang dem Schüler die Möglichkeit geben, sein Gleichgewicht zu finden und dabei das Gefühl für den Sprung zu erlernen.

Die Schulung über kleine Sprünge sollte zunächst aus ruhigem Galopp und später auch aus dem Trab erfolgen.

Die Springausbildung soll *abwechslungsreich* gestaltet werden. Ständiges Springen desselben Hindernisses an derselben Stelle ist wenig lehrreich für den Reiter und abstumpfend für das Pferd.

Jedes Hindernis, gleich ob es als Übungshindernis oder für eine Springprüfung dient, soll *fair und einladend aufgebaut* sein. Das Vorhandensein von Fängen ist stets zu empfehlen. Schmale Hindernisse ohne Fänge oder sonstige Anlehnung, sogenannte Gehorsamssprünge, gehören nicht in die moderne Springausbildung, da sie unnatürlich wirken und das Pferd nur zum Ausbrechen verleiten.

Das Anreiten des Sprunges darf zunächst keine erhöhten Anforderungen an die Einwirkung des Reiters stellen. Das Hindernis muß daher so aufgebaut werden, daß dem Pferd keine Möglichkeit zum Ausbrechen oder Verweigern gegeben ist. So kann der Reiter seine Aufmerksamkeit voll auf sich richten. Im späteren Verlauf der Ausbildung wird durch geschickten Aufbau einzelner Sprünge auch speziell das Erlernen des Anreitens in die Ausbildung einbezogen.

Anfängern sollte man bei der Springausbildung grundsätzlich die Bügel belassen, um ihnen von vornherein das Gefühl der Sicherheit zu geben. Der Bügel ist dabei zum leichten Sitz, d.h. 4–5 Löcher kürzer als zum dressurmäßigen Reiten geschnallt.

Wesentlich ist, daß der Reiter von Anfang an lernt, über dem Sprung geschmeidig in der Bewegung des Pferdes mizugehen. Der Oberkörper

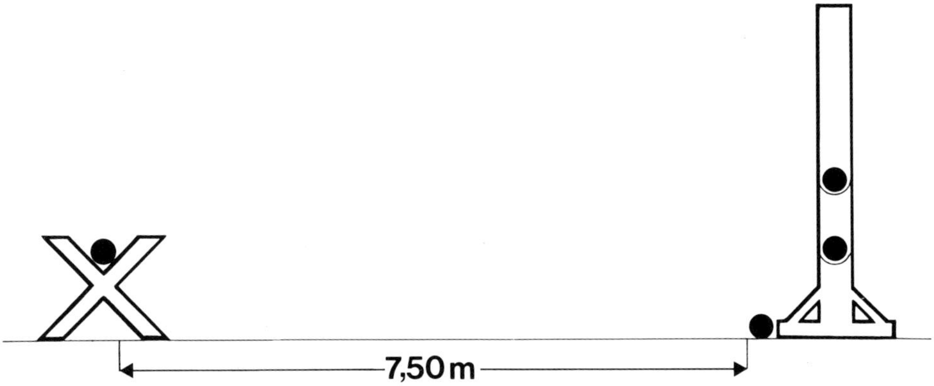
7,50 m

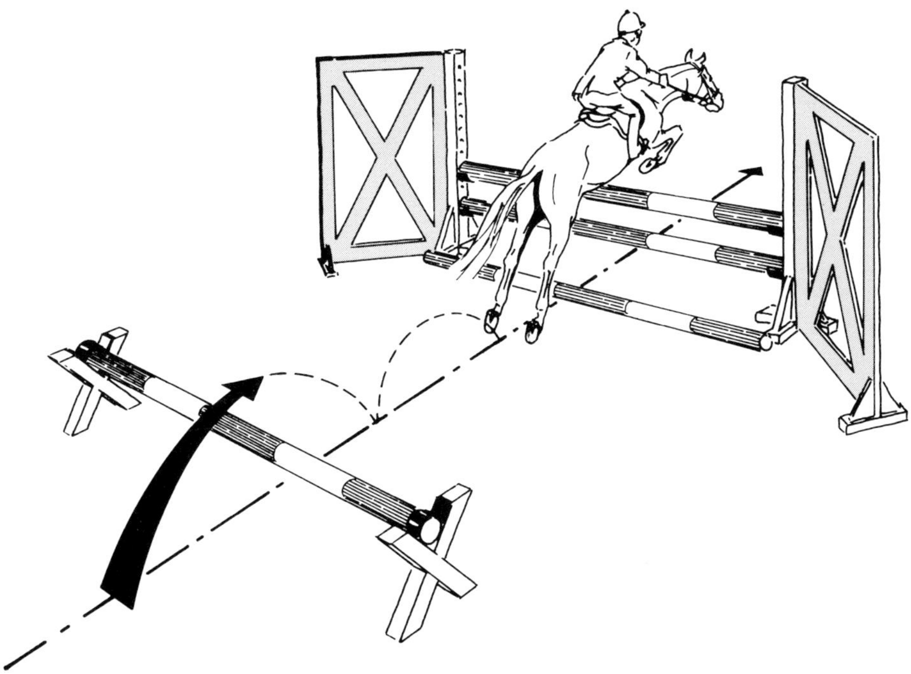

*Reiten über eine Reihe von Sprüngen*

wird über dem Hindernis aus der Hüfte heraus gerade über dem Pferdehals etwas weiter vorgeneigt, der Blick des Reiters ist nach vorn gerichtet, die Hand bleibt tief am Widerrist. Es ist von besonderer Bedeutung, daß sich die Lage der Schenkel in keiner Weise verändert, damit der Reiter nach der Landung, in der er sein Eigengewicht in Knie und Absatz abfedert, durch leichte Aufrichtung des Oberkörpers sofort wieder in der Lage ist, im korrekten leichten Sitz weiterzureiten und auf sein Pferd einzuwirken.

Bestehen am Anfang Schwierigkeiten beim Mitgehen in der Bewegung, ist es ratsam, beim Springen in die Mähne zu fassen oder in einen zu diesem Zweck um den Hals geschnallten Bügelriemen. Erst wenn der Reiter beim Springen eine gewisse Sicherheit und damit Vertrauen gewonnen hat, kann gelegentlich über niedrige Hindernisse auch ohne Bügel gesprungen werden.

Das *Anreiten* geschieht senkrecht auf die Mitte des Hindernisses. Zieht das Pferd das Hindernis an, so ist ihm, ohne die Verbindung mit dem Maul und die treibenden Hilfen aufzugeben, soviel Zügelfreiheit zu gewähren, wie es dem Reiter abverlangt und wie es mit dem Tempo vereinbar ist. Bei unsicher springenden Pferden und bei erhöhten Anforderungen bezüglich des Hindernisses steigern sich entsprechend die treibenden Hilfen bis zum Absprung. Es ist stets falsch, zu sorglos, d. h. ohne zu treiben, auch gegen den einfachsten Sprung zu reiten, da hierdurch ein Verweigern des Pferdes herausgefordert wird. Das Treiben soll im Takt der Galoppsprünge erfolgen.

Der erfahrene Springreiter fühlt bereits einige Galoppsprünge vor dem Hindernis, ob es für das Pferd mit dem Absprung paßt. Ist das nicht der Fall, so ist im allgemeinen ein früher Absprung anzustreben, der durch energisches Treiben und damit Verlängern der letzten Galoppsprünge nach Bedarf näher an das Hindernis herangelegt werden kann. Diese Art der Unterstützung des Pferdes durch Zulegen ist für ein flüssiges Springen zweckmäßiger, als das Pferd durch Paraden scharf aufzunehmen und es somit zu einem zusätzlichen Galoppsprung bis dicht an das Hindernis heran zu veranlassen. Eine Korrektur hat im Regelfall immer »nach vorn« zu erfolgen.

Besonders wertvoll ist das Springen über Hindernisse bis zu einer Höhe von etwa 80 cm aus dem Trab. Es dient zur Beruhigung und Entspannung des Pferdes und fördert seine Geschicklichkeit im Springen. Für den Reiter ist es darüber hinaus eine gute Sitzübung, im besonderen im Hinblick auf das Mitgehen mit der Bewegung des Pferdes. Durch einen elastisch festen Knieschluß und sichere Lage des Unterschenkels, geschmeidiges Vorneigen des Oberkörpers und eine tiefe, nachgebende Hand, die sich während des Sprunges weder nach aufwärts noch nach rückwärts

bewegen darf, muß der Reiter auch hier bestrebt sein, das Pferd nicht zu stören.

**Dem Pferdehals, der sich im Sprung nach vorwärts-abwärts dehnen soll, muß unter Beibehaltung einer leichten Anlehnung die nötige Freiheit gegeben werden.**

Intensiver Gegenstand der Belehrung des Reiters beim Überwinden einzelner Hindernisse muß es sein, daß er lernt, nach dem Sprung auf gerader Linie weiterzureiten und so schnell wie möglich wieder mit seiner Einwirkung an das Pferd heranzukommen.

Der richtige Gebrauch einer kurzen Springgerte kann zum Vorwärtstreiben eines vor dem Sprung verhaltenden Pferdes oder zum Strafen Anwendung finden. Während für einen Augenblick die Zügel in einer Hand vereinigt werden, ergreift die volle andere Hand fest die Gerte, um einen Schlag hinter dem Unterschenkel des Reiters zu führen. Der Gebrauch der Gerte mit der Zügelhand ist abzulehnen, da das Pferd dabei empfindlich im Maul gestört werden kann.

## 5.4. Springgymnastik – Reiten über eine Reihe von Sprüngen

Unter der Voraussetzung, daß der Reiter sich bei der Arbeit über Bodenricks und einzelne Sprünge einen geschmeidigen, ausbalancierten Sitz erworben hat, kann mit der Arbeit über eine Folge von Sprüngen begonnen werden. Hierzu werden mehrere Einzelsprünge auf dem Reitplatz oder in der Reitbahn verteilt, die dann in vorbestimmter Reihenfolge gesprungen werden.

Eine besondere Möglichkeit zur Schulung des Reiters und des Pferdes bietet sich in der »Gymnastikreihe« an. Hierzu werden etwa sechs bis acht Hindernisse in eine Reihe – entweder entlang der Reitbahnbande oder über die Diagonale des Übungsplatzes aufgestellt. Die Abstände zwischen den Sprüngen betragen entweder keinen Galoppsprung – 3,50 m – oder einen Galoppsprung – 7,50 m – bzw. zwei – 10,50 m – oder höchstens drei – 14,00 m – Galoppsprünge. Die Gymnastikreihe fängt aus dem Trabe mit einigen niedrigen Sprüngen von ca. 40–60 cm Höhe an und kann zu ihrem Ende hin bis etwa 1,00 m Höhe gesteigert werden. Wird in einer Reihe aus dem Trab eingesprungen, muß der Zwischenraum zwischen den ersten beiden Hindernissen entsprechend kleiner sein.

Der besondere Wert der Reihe liegt im Wechsel zwischen Hoch- und Hochweitsprüngen, den unterschiedlichen Distanzen und der schnellen Reihenfolge, die dem Reiter Reaktionsschnelligkeit abverlangen und das Gefühl für geschmeidiges Mitgehen in die Bewegung des Pferdes sowie richtiges Tempo und Treiben vermitteln. Am Anfang der Reihe kann auch das Überwinden einiger Bodenricks im Trab gefordert werden, die den Reiter und das Pferd zu ruhigem, taktmäßigem und geradem Anreiten des ersten Sprunges veranlassen.

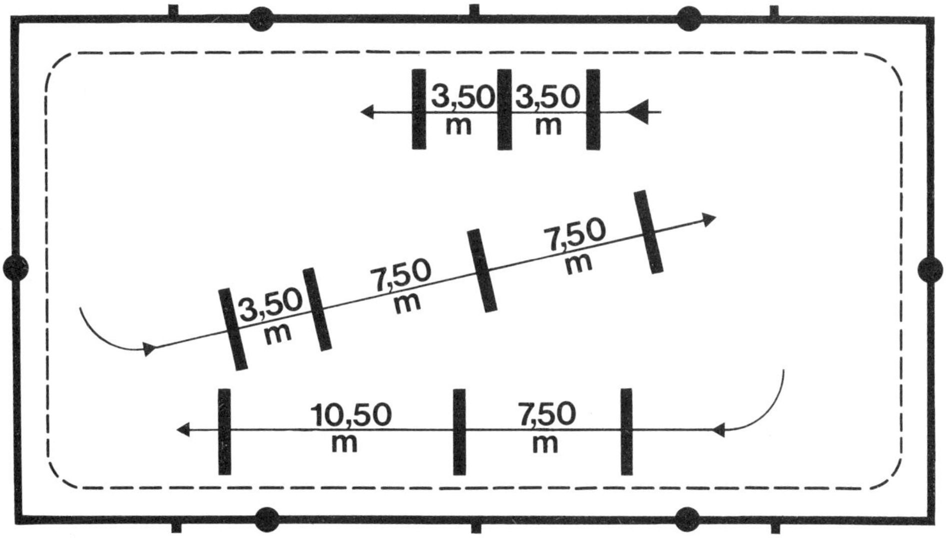


## 5.5. Reiten über Springparcours

Die Übung im Reiten über komplett aufgebaute Springparcours darf dem Reiter nicht nur auf den Turnierplätzen in der Öffentlichkeit geboten werden. Häufig unterbleibt aus Mangel an Hindernissen oder Zeit der Aufbau eines Parcours in der Ausbildung, und die Schulung der Reiter bleibt auf das Springen einiger wahllos aufgestellter Sprünge begrenzt. Diese Art der Ausbildung kann zu keinem guten Ergebnis führen.
Beim Springen von Parcours ist darauf zu achten, daß die Reiter zunächst lernen, die Ideallinie zwischen den Sprüngen zu reiten, jedes Hindernis ohne Unterbrechung des Galopps sorgfältig auf gerader Linie anzureiten und zwischen den Sprüngen das Pferd im Grundtempo zu halten. Das Messen der Zeit, um dem Reiter das Gefühl für das richtige Tempo zu vermitteln, ist hierbei ein gutes Hilfsmittel. Bei Wendungen ist unbedingt darauf zu achten, daß die Pferde im richtigen Galopp gehen, also Rechtswendung im Rechtsgalopp und Linkswendung im Linksgalopp. Zur gegebenenfalls notwendigen Korrektur wird kurz zum Trab durchpariert und daraus wieder angaloppiert.

# 6. Geländereiten

Das Reiten und Springen im Gelände ist ein wichtiger Teil der reiterlichen Grundausbildung. Es wirkt auf Reiter und Pferde belebend und erfrischend sowie zugleich entspannend und ist besonders lehrreich, da hier die Natur selbst die Anforderungen stellt.
**Erst wenn der Reiter sein Pferd in jedem Gelände beherrscht, beherrscht er es ganz.**

## 6.1. Geländeausbildung

Die Möglichkeiten werden durch das zur Verfügung stehende Gelände gegeben. Es ist durch den Ausbilder stets vorher für den betreffenden Übungszweck sorgfältig zu erkunden und gegebenenfalls durch Instandsetzung oder den Einbau von Hindernissen vorzubereiten.
Mit dem Reiten im Gelände sollte *frühzeitig* begonnen werden. Die Ausbildung wird sich hier besonders abwechslungsreich gestalten lassen.
Zunächst wird der Reitlehrer einen großen freien Platz (Koppel, Stoppelfeld oder ähnliches) wählen, auf welchem weit verteilt in den drei Gangarten in Gebrauchshaltung durcheinander geritten wird. Dabei sind Schrittpausen mit hingegebenen Zügeln, Halten, ruhiges Stehen, Ab- und Aufsitzen einzulegen.
Unter selbstverständlicher Beachtung der jeweils geltenden Forst- und Landschaftsschutzgesetze wird sich die weitere Ausbildung von Reiter und Pferd auf folgende Gebiete erstrecken:
Einzelnes Galoppieren über ebenes, später über unebenes Gelände im leichten Sitz. Reiten im Rudel quer durch verschiedenartiges Gelände und durch Wald. Überwinden von Kletterstellen bergauf und bergab. Durchreiten und Springen von Gräben. Durchreiten von Wasserläufen. Springen von Geländehindernissen verschiedenster Art. Zurücklegen von Wege- und Geländestrecken in vorgeschriebenen Zeiten (Temporeiten).
Durch *planmäßige Steigerung der Anforderungen* werden Reiter und Pferde sehr bald Vertrauen zueinander und Sicherheit beim Überwinden verschiedenartigen Geländes gewinnen.
**Bei geeigneten Bodenverhältnissen sollte zu jeder Jahreszeit im Gelände geritten werden.**
Sehr empfehlenswert ist es, für das Geländereiten einen *Bügelriemen um den Pferdehals* zu schnallen. Es ist besser und reiterlicher, beim Klettern

*Springplatz des Deutschen Olympiade-Komitees für Reiterei*

*Treppe*

*Oxer*

*Schweinerücken*

*Normandiebank*

Wallaufsprung

Heckenoxer

Wegekombination

Weidetor

und Springen in diesen Halsriemen zu fassen, als sich am Zügel festzuhalten und somit sich in das Pferdemaul zu hängen.
Der *Springausbildung im Gelände* kommt insofern eine besondere Bedeutung zu, als es im Gelände viel leichter ist, die Hindernisse natürlich und einladend zu gestalten als auf dem Reitplatz oder in der Bahn. Sie sollten vollkommen fest gebaut werden. Feste Hindernisse sind bei dem höheren Tempo, das in der Regel später bei Prüfungen und Jagden im Gelände geritten wird, losen oder sogenannten halbfesten Hindernissen unbedingt vorzuziehen. Sie nötigen dem Pferd mehr Achtung ab und sind daher weit gefahrloser. Sie müssen dem Gelände angepaßt sein und möglichst eine natürliche seitliche Begrenzung haben (Anlehnung an Büsche, Einbau in Hohlwege, Waldschneisen usw.). Besonders vielseitig und lehrreich sind die Möglichkeiten der Kombination von Ricks und Hängen, Mulden, Wällen, Gräben usw.
Für das Anreiten von Geländehindernissen gibt es kein allgemein gültiges Schema. Ein Gegenjagen aus großer Entfernung ist jedoch fast immer falsch, vorheriges Aufnehmen des Pferdes mit energischem Treiben während der letzten Galoppsprünge vor dem Hindernis meistens richtig. Auch gegen die einfachsten Sprünge sollte man nicht gleichgültig und zu sorglos reiten. Man macht das Pferd dadurch unsicher und verführt es zum Stehenbleiben.
Kletterstellen bergauf und bergab sind stets senkrecht zu überwinden, um der Gefahr des Abrutschens zu begegnen. Beim Klettern bergauf wie bergab ist bei vorgeneigtem Oberkörper der Pferderücken leicht zu entlasten.

*Bergaufreiten*

Die Überwindung von Wasserhindernissen stellt oft ein besonderes psychologisches Problem für Reiter und Pferd dar. Zunächst ist bei Reiter und Pferd Zutrauen zu dieser Art Hindernisse herzustellen, indem an verschiedenen freundlichen Wasserstellen mit flachem, festem Untergrund im Schritt, Trab und Galopp möglichst unter Führung eines erfahrenen Reiters hineingeritten wird. Erst dann sollte zum Springen aus dem Wasser und danach in das Wasser übergegangen werden. Beim Anreiten eines Einsprunges hat der Reiter sein Pferd fest und energisch an die Hilfen zu nehmen, dabei das Tempo jedoch so zu verkürzen, daß das Pferd im Wasser sicher auf den Beinen bleibt. Bei großem Schwung und zu tiefem Wasser – mehr als 50 cm – besteht die Gefahr eines Sturzes, der das Pferd für das Springen derartiger Hindernisse für längere Zeit verunsichern kann.
Abschließend kann zur Ausbildung des Reiters im Gelände gesagt werden, daß sie umso erfolgreicher sein wird, je sicherer und erfahrener das dazu zur Verfügung stehende Pferd ist. Ein noch wenig routinierter Reiter sollte allerdings auch mit dem besten Pferd nie allein im Gelände üben, sondern nur in Begleitung und unter Aufsicht erfahrener Kameraden oder eines Ausbilders.

*Bergabreiten*

*Aufsprung auf Wall*

## 6.2. Jagdreiten

Die Teilnahme an Reitjagden ist ein herrliches reiterliches Vergnügen und zugleich von hohem erzieherischem Wert. Übereinstimmung von Reiter und Pferd, mutiges Vorwärtsreiten in unbekanntem Gelände, Ausdauer und schnelle Entschlußkraft werden hier verlangt. Es geht auch nicht um Preise und Ehrungen, sondern nur um die Freude am gemeinsamen Galoppieren über die herbstlichen Fluren.
Ein jeder Reit- und Fahrverein sollte die Durchführung einiger Reitjagden alljährlich im Herbst ermöglichen. Mit der Anlage ist eine erfahrene Persönlichkeit zu betrauen. Auf den Bau genügend langer und fester Hindernisse ist dabei besonderer Wert zu legen. Die Anforderungen sind dem durchschnittlichen Können der Teilnehmer anzupassen. Immerhin sollte streckenweise im freien Jagdgalopp geritten, dafür in der Gesamtlänge im Interesse der Schonung der Pferde Maß gehalten werden.
Das Reiten hinter der Meute, welche das Tempo angibt, ist heute nur noch in wenigen Vereinen möglich. So wird im allgemeinen ein vorausreitender »Fuchs« den Weg und das Tempo weisen und der »Master« bzw. der »Jagdherr« den Abstand des Jagdfeldes regeln. An ihm darf unter keinen Umständen vorbeigeritten werden.

Der Teilnehmer am Jagdreiten muß außerdem folgende Verhaltensmaßregeln beachten:
Er wählt, weit vorwärts sehend, seinen »Strich« und reitet gleichmäßiges Tempo. Der Reiter vermeidet es, andere Reiter zu kreuzen oder, besonders vor Hindernissen, an sie heranzudrängen. (Daher die Notwendigkeit von Hindernissen mit breiter Front).
Er reitet nicht von hinten in schnellem Tempo an anderen Pferden vorbei, da dieses der Erziehung der Pferde zum ruhigen Galoppieren entgegenwirkt. Er reitet niemals dicht auf Vordermann, da er hierdurch diesen, wenn er zu Fall kommt, gefährdet. Heftig und unsicher springende Pferde reitet er auf den Flügeln. Verliert er die Herrschaft über das Pferd, so begibt er sich in großem Bogen nach außen aus dem Jagdfeld heraus. Verweigert ein Pferd den Gehorsam, soll der Reiter schnellstens darauf bedacht sein, den anderen Reitern nicht den Weg zu verlegen. Stürzt das Pferd, so versucht der Reiter seitwärts loszukommen und über die Schulter zu rollen, ohne den Zügel loszulassen. Dadurch nimmt er Rücksicht auf das Jagdfeld, das nicht durch sein herrenloses Pferd gefährdet wird, und er wahrt sich die Möglichkeit, weiterzureiten.
Rechtzeitiges Erscheinen mit trockenem Pferd am »Stelldichein«, nochmaliges Überprüfen des Sattelzeuges, Herumführen des warmen Pferdes am »Halali«, schonendes Heimreiten und sorgfältiges Abwarten sind selbstverständliche Pflichten des Jagdreiters seinem Pferd gegenüber.
Die bei manchen Vereinen bestehende Sitte des Ausreitens des Fuchsschwanzes nach der Jagd ist zwar eine Belustigung für die Zuschauer, jedoch vom reitsportlichen Standpunkt her abzulehnen.
An den alten, schönen Bräuchen des Jagdreitens, wie Tragen des roten Rocks, Hornsignale, Ausziehen des rechten Handschuhes beim Eintreffen am Halali, Verteilung der Brüche durch eine Dame oder den Jagdherrn und anderen mehr, sollte nach Möglichkeit festgehalten werden.

*Im folgenden Abschnitt wird umgekehrt wie im ersten Teil davon ausgegangen, daß der Reiter und Ausbilder des Pferdes die jeweils zu stellenden reiterlichen Anforderungen beherrscht. Bedauerlicherweise werden diese Voraussetzungen in der Praxis, wie in den entsprechenden Ausführungen des ersten Abschnitts bereits erwähnt, viel zu wenig angetroffen. Sie sollten aber, wo immer möglich, angestrebt werden. Auf ein junges Pferd gehört einfach ein erfahrener Reiter, alles andere bleibt Stückwerk und bringt mit unrittigen, ständig gespannten und widersetzlichen Pferden auf die Dauer nur Unzufriedenheit aller Beteiligten. Das sollte aber sicher nicht Ziel und Inhalt einer für den einzelnen oft mit viel Aufwand verbundenen Freizeitbeschäftigung sein.*

# Grundausbildung des Pferdes

## 1. Grundkenntnisse für den Ausbilder

### 1.1. Charakter und Wesen des Pferdes, Grundsätze der Erziehung

Die Ausbildung eines Pferdes verlangt, wenn es dabei nicht zu physischen und psychischen Überbeanspruchungen oder Schädigungen kommen soll, vom Ausbilder neben der als selbstverständlich vorauszusetzenden fachlich-reiterlichen Eignung auch tierpsychologisches Grundwissen.

Der nervliche Zustand des Pferdes wird durch unverständiges Vorgehen sehr schnell und nachhaltig negativ beeinflußt. Eine Korrektur dauert Monate, oft auch Jahre. Vorzeitiger Verschleiß und Schäden, vor allem an den Gliedmaßen, sind unmittelbare Folgen. Vor Vollendung seines dritten Lebensjahres sollte ein Pferd nicht zu ernsthafter Arbeit herangezogen werden. Als Anhalt für die Dauer der Ausbildung bis etwa zur Klasse A muß dann mindestens ein Jahr gerechnet werden.

Folgende Punkte können dem Ausbilder als psychologische Richtschnur für den Umgang mit dem Pferd und seine Ausbildung dienen:

- Das Pferd ist seinem Körper und Verhalten nach ein hochspezialisiertes Lauftier, das in der Herde lebt. Es fühlt sich zusammen mit Artgenossen am sichersten.
- Das Pferd begreift den Menschen als Artgenossen, als Lehrmeister muß der Mensch den ranghöheren Artgenossen ersetzen.
- Diese Position erreicht er nicht mit Gewalt, sondern nur mit Hilfe des Verstandes. Wenn das Pferd unter menschlicher Einwirkung Fehler macht, dann mit großer Sicherheit nur deshalb, weil es den Menschen nicht richtig verstanden hat.
- Um den Menschen verstehen zu können, muß das Pferd Vertrauen zu ihm haben. Vertrauen ist die Grundlage für das Verständnis.
- Verständigungsmittel für den Menschen zum Pferd sind die Hilfen und Hilfsmittel: Stimme – Berührung – Gewicht – Belohnung.
- Sichere Verständigung wird durch Gewöhnung an die Hilfen erreicht. An unbekannte Dinge muß das von Urzeiten her auf Flucht eingestellte Pferd sinnvoll und langsam gewöhnt werden. Falls bei der Ausbildung Unsicherheit oder gar Angst entstehen, muß wieder von vorn begonnen werden, wobei zu bedenken ist, daß das Erinnerungsvermögen des Pferdes sehr stark ausgeprägt ist. Es kann also lange Zeit dauern, bis einmal vorhandene negative Erfahrungen wieder vergessen sind.

- Voraussetzung für die Lernfähigkeit des Pferdes ist sein körperlicher Reifegrad. Überforderung des Organismus und des Lernvermögens bedeutet Rückschritt bei der Ausbildung.
- Das Pferd ist nur dann in der Lage, seine Anlagen und Fähigkeiten voll zu entwickeln, wenn es sich hinsichtlich seiner artgemäßen Lebensbedürfnisse mit der Umwelt, d. h. auch mit dem Menschen, im Einklang befindet.
- Der Umgang mit dem Menschen soll für das Pferd Geborgenheit in allen Situationen bedeuten.

Der Ausbilder muß weiterhin genau über die Leistungen der Sinne des Pferdes im Bilde sein.

Am besten ist der *Geruchsinn* des Pferdes entwickelt, der allerdings bei der Ausbildung nur in sehr geringem Maße positiv zur Geltung kommt. Dagegen tritt er hin und wieder unangenehm in Erscheinung, wenn sich das Pferd aufgrund eines ihm unangenehmen Geruchs (Schweinestall oder -weide) oder einer Geruchserinnerung (Rauch, Chemikalien usw.) zur Wehr setzt.

Ebenfalls hochentwickelt ist das *Gehör*. Daraus ergibt sich die Forderung, überflüssige Geräusche im Stall und während der Ausbildung zu vermeiden.

Die *Sehkraft* des Pferdes ist nicht schlecht, aber auch nicht übermäßig entwickelt. Die seitlich am Kopf befindlichen Augen ermöglichen einen sehr viel weiteren Sehkreis, als ihn der Mensch, z. B. der Reiter, hat.

Das Pferd ist ein ausgesprochener »Bewegungsseher«, sieht also vor allem auch seitlich und in der Ferne Dinge, die sich bewegen, eher und deutlicher als sein Reiter, dem das daraus folgende Scheuen daher oft völlig unverständlich ist.

Der *Tastsinn* und die Reizempfindlichkeit der Haut sind sehr gut entwickelt. Letzteres ist für eine feine Abstimmung der Berührungshilfen von großem Wert bei der Ausbildung und dem weiteren Gebrauch des Pferdes.

Die Beobachtung von Auge, Ohr, Schweif, Schnauben und Schweißbildung können dem Ausbilder wesentliche Hilfen zum Erkennen des psychischen Zustandes des Pferdes sein.

Das *Auge* ist der Spiegel der inneren Eigenschaften und des Zustandes. Es kann Furcht, Gutmütigkeit, Aufmerksamkeit oder Mißtrauen ausdrücken.

Ebenso gibt das *Ohrenspiel* des Pferdes wichtige Hinweise auf seine Gemütsverfassung. Zurückgelegte, anliegende Ohren drücken immer Mißbehagen und Abwehrbereitschaft aus. Ein lebhaftes Ohrenspiel und aufgestellte nach vorn gerichtete Ohren sprechen für Aufmerksamkeit und den »Willen zum Mitmachen«.

Das *Schnauben* oder »Abprusten« deutet, verbunden mit lockerer, pendelnder *Schweifhaltung* auf gelöste, entspannte Muskulatur und Leistungsbereitschaft hin. Bei gespannt getragenem oder hochgestelltem Schweif bringt das Pferd dagegen Angst und Aufregung zum Ausdruck. Ebenso kann *Schweißbildung* außer durch Anstrengung auch durch besondere Aufregung entstehen. In der Regel ist dabei erhöhte Herz- (Puls-) und Atemfrequenz zu beobachten.

Wichtigste Eigenschaften für die Erziehung eines Pferdes sind Verständnis, Ruhe und Konsequenz. Nervöse, unruhige Menschen sind in der Regel auch unduldsam und bringen bei der Erziehung und Ausbildung von Pferden nicht die erforderliche Ruhe und Sachlichkeit auf. Stetes, konsequentes Üben aller für den sicheren Umgang mit dem Pferd erforderlichen Tätigkeiten wie Anbinden, Füße hochheben, Führen oder Stillstehen, wird die positiven Reflexe des Pferdes festigen. Lob, Tadel und manchmal auch entsprechende Strafen sind die Erziehungsmittel, die in ihrer Anwendung immer im Verhältnis zur zumutbaren und erbrachten Leistung stehen müssen. Ständiges grundloses Füttern mit Zucker, Möhren oder anderen kleinen Leckerbissen wird z. B. verzogene Pferde zur Folge haben, die zu gegebener Zeit versuchen werden, die Rangordnung Mensch – Pferd umzudrehen. Ebenso wird unverständiges, unbegründetes oder maßloses Strafen scheue, sich widersetzende, später sogar bösartige Pferde erzielen.

Ein großer Fehler, der immer wieder gemacht wird, ist es, bei der Erziehung und Ausbildung vom Pferd menschliche Reaktionen oder gar menschliches Denken zu erwarten.

Jedes Pferd wird wie alle Tiere immer nach seinen aus der Urentwicklung eingeschliffenen Reflexen handeln. Nur der Ausbilder, der sich wenigstens mit diesen Grundlagen der Psychologie des Pferdes vertraut gemacht hat, wird Erfolg bei seiner Arbeit haben.

## 1.2. Anatomisch-physiologische Voraussetzungen*

### 1.2.1. Allgemeine Voraussetzungen

Das Gewicht des Reiters spielt bei der Ausbildung und beim Reiten eines Pferdes eine wesentliche Rolle. Daher sollte jeder Ausbilder über die Möglichkeiten der Lastaufnahme und die Gleichgewichtsverhältnisse des Pferdes orientiert sein.

* *Zu weiteren Ausführungen zu diesem Thema kann auf das Kapitel »Skelett- und Muskelsystem« im Band IV der Richtlinien und die Lehrtafeln zur Anatomie des Pferdes aus dem FN-Verlag hingewiesen werden.*

Hier interessiert in erster Linie die Funktion des Rückens, für die das vom Hinterhaupt bis zum Kreuzbein reichende Nacken-Rückenband von besonderer Bedeutung ist. An den Brust-, Lenden- und Kreuzwirbeln befinden sich nach oben gerichtete Dornfortsätze. Sie sind bis zum 15. Brustwirbel nach hinten geneigt, der 16. Brustwirbel steht senkrecht und alle folgenden Dornfortsätze zeigen dann kopfwärts. Daraus ergibt sich eine Brückenkonstruktion der Wirbelsäule mit den Gliedmaßen als Stützpfeilern. Der Rücken des Pferdes ist infolge dieser Konstruktion weit mehr als der eines anderen Tieres befähigt, Lasten von erheblichem Ausmaß zu tragen. Kopf und Hals, vom hochelastischen Nackenband in der Haltung unterstützt, ragen, als Hebelarm wirkend, über die stützenden Vorderbeine hinaus.
Die Haltung von Kopf und Hals sowie die Füllung der Baucheingeweide haben einen Einfluß auf die Lage des Schwerpunktes. Beim ruhig stehenden Pferd liegt der Massenmittelpunkt etwa in Höhe des Brustbeines unterhalb der Rumpfmitte.
Im Hinblick auf die Sattelung und den Sitz des Reiters ist die Lage des Körperschwerpunktes von größter Wichtigkeit. Da der Schwerpunkt beim stehenden Pferd der Vorhand näher liegt, sind die Vorderbeine stärker belastet als die Hinterbeine. Im Verhältnis liegen etwa 55 % des Gewichtes auf den Vorder- und 45 % auf den Hinterbeinen.
Die Mehrbelastung der Vorderbeine im Stand und in der Bewegung erfordert das Überwiegen einer Stütz- und Auffangfunktion für die von hinten zugeschobene Last. Die Hinterbeine bilden ein stark gewinkeltes Hebelwerk, das starke Schubkräfte zur Vorwärtsbewegung erzeugen kann. Der von den Hinterbeinen entwickelte Bewegungsimpuls wird also über die Wirbelsäule nach vorn geleitet und dort aufgefangen. Diese sehr unterschiedliche Beanspruchung der Vorder- und Hinterbeine findet in der grundsätzlich verschiedenen Verbindung mit dem Rumpf ihren Ausdruck.
Die Hinterbeine sind zur Übertragung der Schubkräfte über das Becken direkt mit der Wirbelsäule verbunden. Dagegen hängt der Brustkorb beweglich und mit Hilfe der bindegewebig muskulösen Tragegurte der Schultergürtelmuskeln federnd zwischen den Vorderbeinen an den Schulterblättern.
Vom Hinterhauptsbein bis zum Schweifansatz verläuft der sogenannte lange Rückenmuskel über die gesamte Wirbelsäule. Er ist für die reiterliche Ausbildung des Pferdes von entscheidender Bedeutung, denn von seinem Spannungs- und Kontraktionsgrad hängt es ab, ob die von den Hinterbeinen erzeugten Bewegungen schwingend – d. h. elastisch – über den Rücken nach vorn übertragen werden oder gespannt und »fest«. Bei der ersten Belastung mit dem Reitergewicht wird dieser

Muskel sich zwangsläufig stark zusammenziehen, die Wirbelsäule feststellen und jegliche Geschmeidigkeit und Losgelassenheit verhindern. Dies gilt nicht nur für die erste Belastung des jungen Pferdes, sondern im Grunde genommen für die erste Belastung bei jeder Ausbildungs- und Arbeitsstunde. Insofern muß die reiterliche Arbeit sich immer wieder ganz besonders darauf konzentrieren, diesen Muskel zu entspannen, ihn zur Losgelassenheit zu bringen, um damit eine schwingende und geschmeidige Bewegung der Wirbelsäule zu ermöglichen.

### 1.2.2. Grundgangarten des Pferdes

Der Sinn der gymnastisch-dressurmäßigen Ausbildung des Pferdes liegt nicht zuletzt darin, die Reinheit der natürlichen Bewegungen zu erhalten und zu verfeinern. Es sollte daher für jeden Ausbilder eine Selbstverständlichkeit sein, daß er den genauen Bewegungsablauf in den drei Grundgangarten kennt, denn nur dann wird er in der Lage sein, gegebenenfalls gezielt Einfluß darauf nehmen zu können.

**Schritt**

Der Schritt ist eine schreitende Bewegung im Viertakt, die aus einer Folge von aneinandergereihten *Schritten* besteht. Die Vorwärtsbewegung der Füße erfolgt in diagonaler Reihenfolge nacheinander in gleichmäßigen Zeitabständen. Wenn z. B. der rechte Vorderfuß antritt, folgt der linke Hinter-, darauf der linke Vorder- und zum Schluß der rechte Hinterfuß. Werden die gleichseitigen Füße gleichzeitig oder fast gleichzeitig vorbewegt und aufgesetzt, entsteht eine fehlerhafte Gangart, der Paß. Im natürlichen freien Schritt, in der Dressur dem Mittelschritt entsprechend, treten bei normal gebautem Pferd die Hinterfüße etwa in die Hufspuren der Vorderfüße.

**Trab**

Der Trab ist eine Bewegung im Zweitakt, die aus einer Folge von aneinandergereihten *Tritten* besteht. Zwei diagonale Füße werden gleichzeitig vorbewegt und anschließend gleichzeitig aufgesetzt. Da das vorschwingende Beinpaar den Boden etwas später erreicht, als das abfußende diesen verläßt, entsteht dazwischen ein Augenblick der freien Schwebe.

**Galopp**

Der Galopp ist eine Bewegung im Dreitakt, die aus einer Folge von aneinandergereihten *Sprüngen* besteht, zwischen denen sich das Pferd jeweils einen Augenblick in der freien Schwebe befindet. Die Vorderfüße und die Hinterfüße werden dabei nicht gleichmäßig nebeneinander aufgesetzt, sondern die Füße einer Seite fußen weiter vor. Danach unterscheidet man den *Rechtsgalopp* und den *Linksgalopp*. Nach dem Moment der

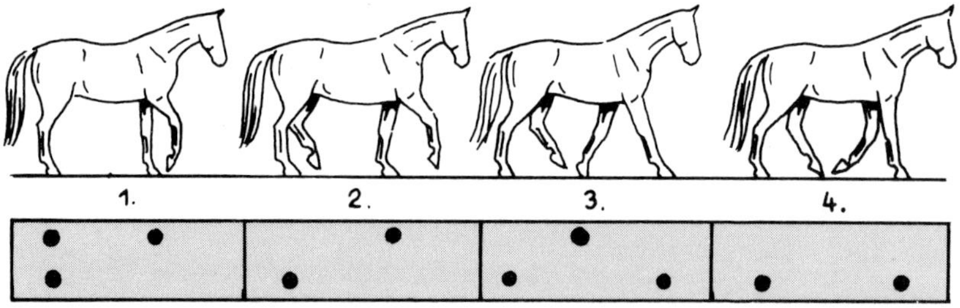


*Schritt*

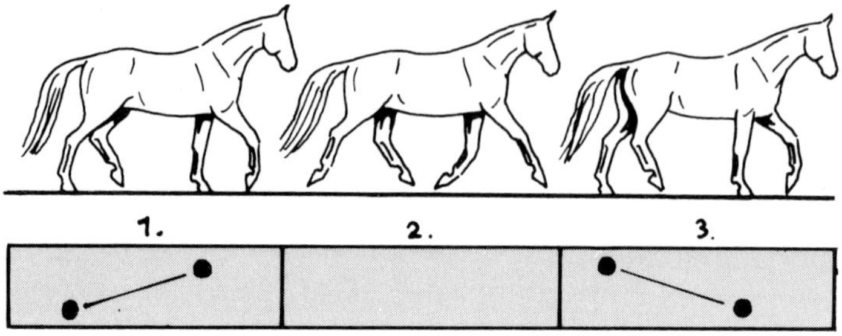


*Trab*

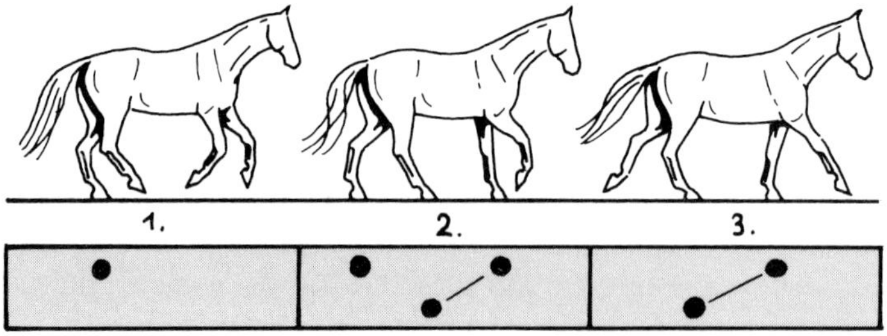


*Rechtsgalopp*

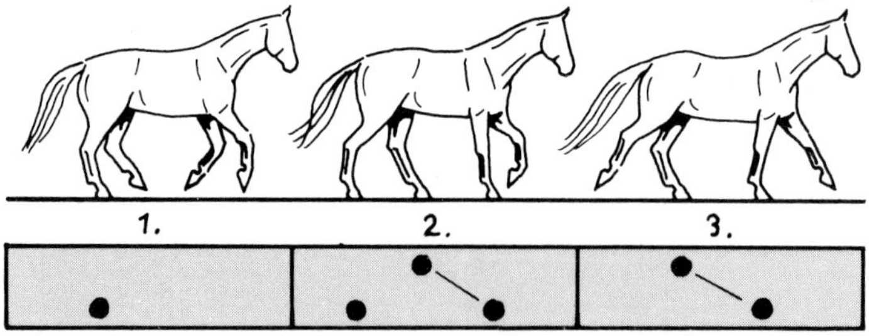


*Linksgalopp*

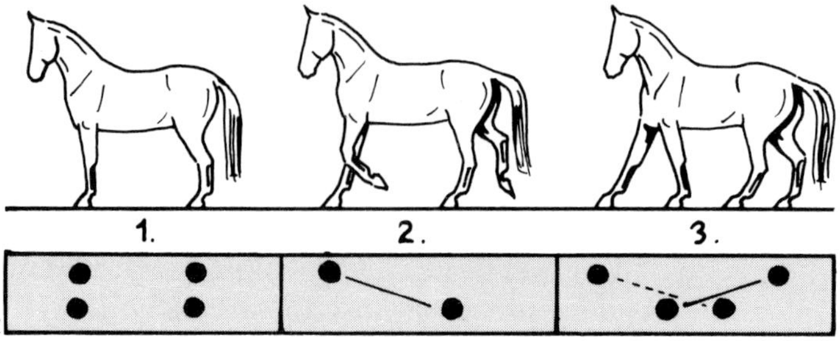


*Rückwärtsrichten*

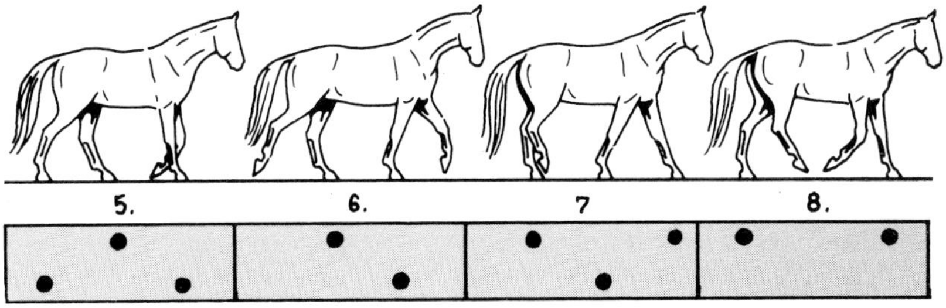
5.
6.
7
8.

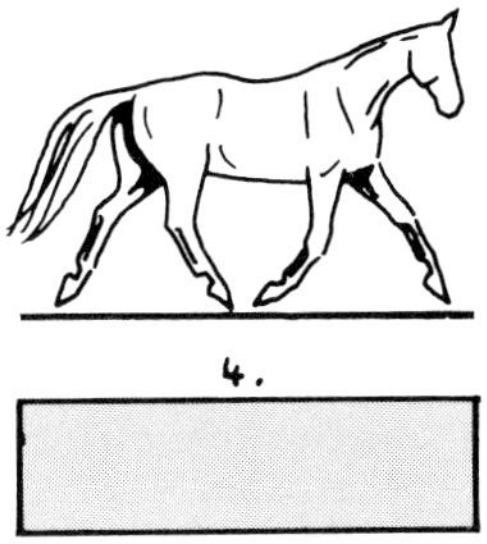
4.

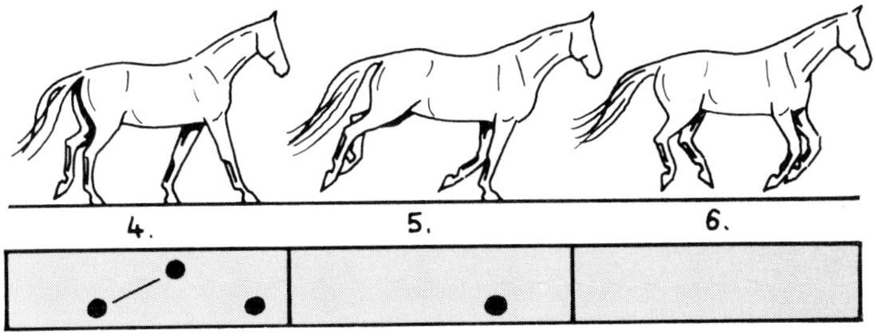
4.
5.
6.

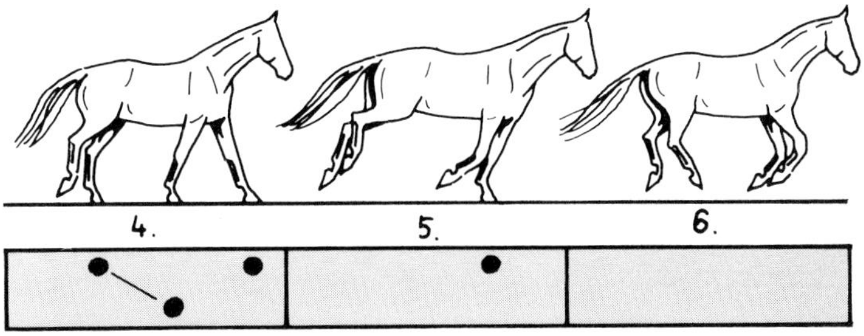
4.
5.
6.

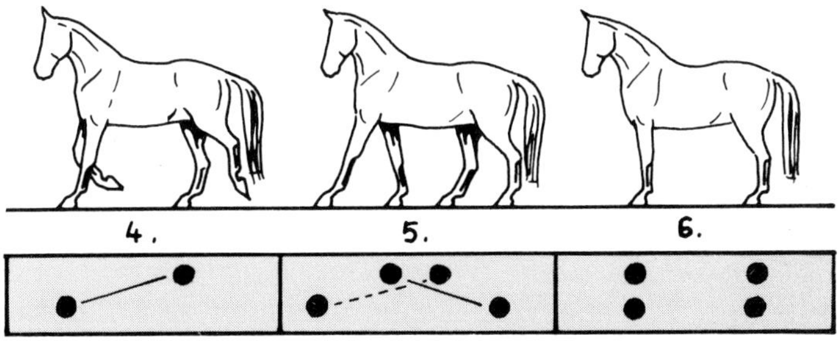
4.
5.
6.

freien Schwebe fußt zunächst der auswendige Hinterfuß, darauf gleichzeitig der auswendige Vorderfuß und der inwendige Hinterfuß und zuletzt der innere Vorderfuß.

**Rückwärtsrichten**

Das Rückwärtsrichten ist zwar dem Sinne nach keine Grundgangart, stellt aber ebenfalls einen geregelten Bewegungsablauf dar, weshalb es der Vollständigkeit halber hier aufgeführt werden soll. Es handelt sich um eine Bewegung im oder fast im Zweitakt, die aus einer Folge von aneinandergereihten *Tritten* besteht. Zwei diagonale Füße werden gleichzeitig oder fast gleichzeitig rückwärts bewegt und ebenso aufgesetzt. Das rückwärts bewegte Beinpaar erreicht den Boden, bevor das andere abfußt, es gibt also im Gegensatz zum Trab keinen Moment der freien Schwebe.

Über die Tempi in den einzelnen Grundgangarten ist bereits im ersten Teil (S. 82) gesprochen worden, so daß hier nicht mehr gesondert darauf eingegangen werden muß.

**Spezialgangarten**

Schritt, Trab und Galopp sind die drei Grundgangarten des Reitpferdes. Rassebedingt oder anerzogen gibt es noch die Gangarten »Tölt« und »Paß«.

Der *Tölt* kennzeichnet sich durch einen reinen, schnellen Viertaktrhythmus bei hoher relativer Aufrichtung. Die Geschwindigkeit dieser Gangart muß mindestens 200 m/Min. betragen. Obwohl das Pferd im Tölt mit hoher Aktion energisch vorwärts gehen soll, läßt er sich vom Reiter bequem aussitzen, da durch die schnelle Fußfolge im Viertakt keine Wurfbewegung entsteht.

Im *Paßgang* hebt das Pferd das gleichseitige (laterale) Beinpaar gleichzeitig ab, schwingt es vor und setzt es auch gleichzeitig wieder auf. Da diese schwunglose Bewegungsart des Pferdes für den Reiter wenig anstrengend ist, wird sie bei Gelegenheit, wo es nur auf das Tragenlassen und die Bewältigung von Entfernungen ankommt, gelegentlich bevorzugt. In der Mehrzahl der Fälle ist der Paßgang dem Pferd anerzogen.

## 1.3. Systematik der Grundausbildung

Das Ziel der reiterlichen Grundausbildung ist es, ein angenehm gehendes, gehorsames, williges, leistungsfähiges und geschicktes Pferd heranzubilden. Dies wird auf dem Wege der Gewöhnung und Gymnastizierung erreicht, die die natürlichen Anlagen des Pferdes erhält, verbessert und für den Reiter in bestimmten Situationen nutzbar macht.

Die Ausbildung soll systematisch, aber auf keinen Fall schematisch erfolgen, und während der gesamten Ausbildung ist größter Wert auf Abwechslung und unterschiedliche Ausbildungsplätze zu legen. Vor allem das Geländereiten sollte möglichst oft Bestandteil der Übungen sein.

Der Ausbildungsgang vollzieht sich in drei Phasen, die wiederum in sechs kleinere, von einander abhängige Unterabschnitte unterteilt werden können:

– Gewöhnungsphase
– Entwicklungsphase der Schubkraft (der Hinterbeine)
– Entwicklungsphase der Tragkraft (der Hinterbeine)

Die sechs Unterabschnitte des Ausbildungsganges sind durch folgende Begriffe zu bezeichnen und einzuordnen:

| | |
|---|---|
| – **Takt** | |
| – **Losgelassenheit** | Gewöhnungsphase |
| – **Anlehnung** | |
| – **Schwung** | Entwicklungsphase der Schubkraft |
| – **Geraderichtung** | Entwicklungsphase der Tragkraft |
| – **Versammlung** | |

Keiner der sechs Punkte dieser sogenannten **Skala der Ausbildung** steht für sich allein. Die Reihenfolge ergibt sich aus der von der Natur vorgeschriebenen Notwendigkeit. Ein Punkt ist Voraussetzung zur Erfüllung des nächsten, keiner kann aber für sich allein Ziel eines Arbeitsabschnittes sein. Die aus der vorstehenden Übersicht erkennbare Überlappung der Grenzen der drei Ausbildungsphasen stellt einen deutlichen Hinweis auf diese Tatsache dar.

# 2. Allgemeine Grundausbildung

## 2.1. Gewöhnungsphase

### 2.1.1. Gewöhnung im Stall, erstes Satteln

In den meisten Fällen vollzieht sich die Grundausbildung eines Pferdes nicht in der Umgebung, in der es aufgewachsen ist.
*Umgebungs-, Stall- und Futterumstellung* sind oft von einschneidender Bedeutung für die weitere Erziehung und Ausbildung. Der Ausbilder muß dem Pferd mit Geduld und Einfühlungsvermögen die erforderliche Zeit gewähren, die meist nur wenige Tage, in schwierigen Fällen aber auch mehrere Wochen dauern kann.
Besonders sorgfältig muß dann die Gewöhnung des jungen Pferdes an die ihm unbekannte *Zäumung und Sattlung* vorgenommen werden. Das erste Kennenlernen der Ausrüstungsgegenstände geschieht am zweckmäßigsten in der gewohnten Umgebung des Stalles. Die Ideenverbindung: Stall – Futter = angenehm!, wird die neuen Gegenstände dann bald mit einschließen.
Dagegen sollte das erste wirkliche Satteln des jungen Pferdes, das mit dem für viele Pferde unangenehmen Anziehen des Sattelgurtes verbunden ist, auf weichem Untergrund wie in einer Reithalle, auf einem Reitplatz oder zumindest auf einem geräumigen Vorhof geschehen.
Auch bei vorheriger Gewöhnung an den Menschen und die Ausrüstungsgegenstände sind oft einige mehr oder weniger heftige »Befreiungssprünge« kaum zu vermeiden, die in der Enge des Stalles und besonders auf der Stallgasse zu Stürzen und ernsthaften Verletzungen führen könnten.
Das erste Satteln eines jungen Pferdes sollte der Ausbilder grundsätzlich gemeinsam mit einem Gehilfen vornehmen, niemals allein. Zuerst wird die Trense aufgelegt, und während der Ausbilder dann vorsichtig und langsam den Sattel auflegt, hält der Gehilfe das Pferd am Trensenzügel fest. Zweckmäßig ist es, zusätzlich noch eine Longe einzuschnallen, um bei unvorhergesehenen Ausreißversuchen das Pferd auf jeden Fall in der Gewalt zu behalten. Ein Pferd, dem es beim ersten Satteln gelingt, auszubrechen, wird lange brauchen, um sich das Satteln in Ruhe gefallen zu lassen.

*Longieren*

## 2.1.2. Longieren

### Zweck des Longierens

Die Arbeit an der Longe ist als Vorbereitung für die Ausbildung unter dem Reiter sehr zweckmäßig und in vielen Fällen unentbehrlich. Das junge Pferd wird mit der Arbeit vertraut gemacht. Es wird an Gehorsam gewöhnt und gewinnt bereits an Biegsamkeit und Gewandtheit. Im Verlauf der weiteren Ausbildung des Pferdes kann die Longenarbeit immer wieder mit Erfolg angewandt werden, wenn sich Unregelmäßigkeiten infolge falscher Bearbeitung unter dem Reiter in Gang und Haltung eingestellt haben. Die Longenarbeit eignet sich besonders zur Korrektur solcher Pferde, die mit Hirschhals und weggedrücktem Rücken gehen. Auch bei Pferden mit kurzem, straffem Rücken, die sich unter dem Reiter schlecht loslassen, kann sich vor dem Reiten ein Longieren mit geringer seitlicher Einstellung empfehlen. Weiterhin ist das Longieren angebracht bei Pferden, die krank gewesen sind und nur leichte Arbeit verrichten sollen.

### Longierplatz

Der Platz zum Longieren sollte ruhig gelegen sein, wünschenswert ist

ebener, nicht zu tiefer Boden. Jede Ablenkung des Pferdes von außen mindert den Wert der Longenarbeit, weshalb schon aus diesem Grunde nicht auf einem Platz longiert werden sollte, auf dem gleichzeitig andere Pferde geritten werden.
Außerdem würde auch die Arbeit dieser Pferde wiederum durch das Longieren gestört werden.
Eine Umzäumung gibt dem Pferd Anlehnung und verhindert ein Wegbrechen. In der Reitbahn oder auf dem Reitplatz ist sie leicht aus Strohballen, Fängen oder Hindernisteilen in Anlehnung an die Bande herzustellen. Bodenricks eignen sich wegen der überstehenden Kreuze nicht als Longierplatzbegrenzung. Bei Reitschulen oder Gestüten, in denen öfter longiert wird, lohnt sich die Erstellung eines festen überdachten Longierzirkels.

**Ausrüstung**

Zum Longieren ist das Pferd grundsätzlich zu satteln und auf Trense zu zäumen. Bei jungen Pferden wie auch bei späterer versammelnder Arbeit empfiehlt sich die Verwendung eines Kappzaums, der über die Trense geschnallt wird. Er muß allerdings genauestens für den jeweiligen Pferdekopf verpaßt sein, da sonst die Gefahr von Verletzungen, vor allem am Auge, zu groß ist. Ist kein gut passender Kappzaum vorhanden, ist das Longieren mit der normalen Trense auf jeden Fall vorzuziehen.
Über den Sattel wird ein Longier- oder Laufgurt geschnallt, an dem sich an beiden Seiten mehrere Ringe oder Ösen zum Befestigen der Ausbindezügel befinden. (Abbildung siehe Seite 155)
Weiter benötigt man eine wenigstens 7 m lange Longe (Leine), dazu eine Longierpeitsche mit so langem Schlag, daß das Pferd beim Longieren auf dem Kreis von etwa 12 bis 14 m Durchmesser stets damit erreicht werden kann.
Als Ausbindezügel werden am besten seitliche Ausbinder mit Gummiringen oder der Lauffersche Ausbindezügel verwendet. Stoßzügel oder Ausbindearten, die dem Pferd keine Anlehnung oder Begrenzung an der äußeren Seite bieten, sind unzweckmäßig, da sie den Hals des Pferdes an der Schulter lose werden lassen und infolgedessen zum Schiefgehen verführen.
Für jede Longenarbeit empfiehlt es sich, das Pferd wenigstens vorn zu bandagieren oder mit Gamaschen auszurüsten.

**Ausbinden und Einschnallen der Longe**

Das junge Pferd wird bei der ersten Gewöhnung an die Longenarbeit zunächst gar nicht ausgebunden. Später werden dann auf beiden Seiten gleichlange Ausbindezügel verwendet, die etwa in Höhe des Schultergelenks am Longiergurt befestigt und so lang gehalten werden, daß dem Pferd eine Halsdehnung nach vorwärts-abwärts ermöglicht wird, wobei die Stirnnasenlinie immer deutlich vor der Senkrechten bleiben muß. Beim Longieren von Korrekturpferden richtet sich die Art des Ausbindens nach dem Zweck. So werden Pferde, die mit der Nase zu hoch gehen, tiefer und solche, die zu tief gehen, höher ausgebunden. Jedoch wird der aufrichtende Erfolg nur dann eintreten, wenn auch die treibenden Hilfen mit der Longierpeitsche entsprechend eingesetzt

*Kappzaum*

werden. Je versammelnder die Arbeit an der Longe sein soll, um so höher wird der Ausbindezügel in der Regel am Longiergurt befestigt. Auf keinen Fall dürfen die Ausbindezügel zu eng geschnallt werden, da das nur einen Widerstand im Maul, Herausdrücken des Unterhalses und damit verbunden mangelnde Losgelassenheit, verlorengehende Schulterfreiheit oder gespannte Gänge zur Folge hat.
Inwieweit man dem Pferd mit dem Ausbinden bereits eine Einstellung auf die Zirkellinie gibt, hängt vom Ausbildungsstand ab.
Bei richtigem Longieren erfolgt die Führung und Einstellung auf die Zirkellinie vornehmlich durch die Longe. Dabei muß das Pferd die Möglichkeit haben, sich am äußeren Ausbindezügel anzulehnen. Daher ist es im Regelfall richtig, die Ausbindezügel gleichlang zu halten oder den inneren Ausbindezügel nur minimal gegenüber dem äußeren zu verkürzen.
Das Einschnallen der Longe erfolgt beim Kappzaum in den seitlichen, nur für stärkere Einwirkung in den mittleren Ring. Der Dorn der Schnalle zeigt dabei vom Pferd weg.
Beim Longieren auf Trense wird die Longe in der Regel in den inneren Trensenring geschnallt, wenn das Pferd ausgebunden ist. Fehlt der Ausbindezügel z. B. beim ganz jungen Pferd und wird kein Kappzaum verwandt, muß die Longe in das Kinnstück der Trense geschnallt werden, um ein Durchziehen des Trensengebisses durch das Maul zu vermeiden. Beim Einschnallen in das Kinnstück zeigt der Dorn der Longenschnalle zur Brust des Pferdes.
Bei späterer versammelnder Arbeit kann die Longe auch durch den inneren Trensenring über das Genick des Pferdes laufend in den äußeren Trensenring eingeschnallt werden. Diese Art der Befestigung verlangt jedoch ein besonders feines Gefühl in der Hand des Longenführers.

**Technik des Longierens**

In der Regel wird mit dem Longieren auf der linken Hand begonnen. Beim bereits ausgebildeten Pferd geht der Longenführer mit dem Pferd in die Mitte des Zirkels und stellt sich dort auf. Er hat die in geordneten Schlaufen aufgewickelte Longe in der linken Hand, tippt das Pferd jetzt leicht mit der in der rechten Hand geführten Peitsche am Sprunggelenk des linken Hinterbeines an und bringt es so in Vorwärts-Bewegung. Durch allmähliches Herauslassen der Longe aus der linken Hand und gleichzeitiges Treiben mit der Peitsche führt er dann das Pferd im Schritt auf die Zirkellinie. Die Longe wird auf der linken Hand stets mit der linken und auf der rechten Hand stets mit der rechten Hand geführt. Dort, wo die Longe über das zweite Gelenk des Zeigefingers läuft, wird der Daumen fest aufgesetzt. Es ist darauf zu achten, daß immer wenigstens eine Schlaufe in der Hand verbleibt, damit das Pferd bei einem

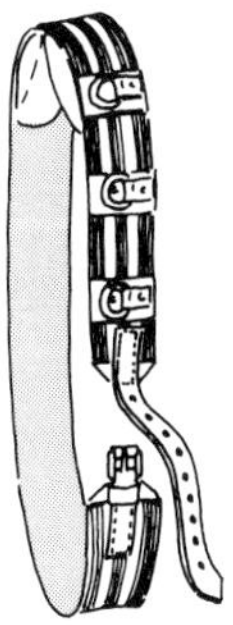

*Longiergurt*

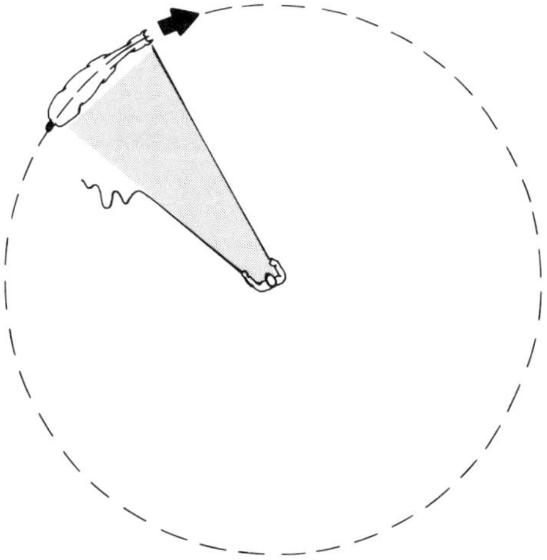

*Standpunkt in der Zirkelmitte*

plötzlichen Davonstürmen oder einem Widerstand dem Longenführer die Longe nicht sofort aus der Hand reißen kann.

Ist das Pferd auf der Zirkellinie, bleibt der Longenführer auf seinem Punkt in der Zirkelmitte und dreht sich in der Geschwindigkeit des Pferdes. Die Hand, die die Longe führt, steht etwa in Höhe des Pferdemauls, der Ellbogen liegt wie bei der zügelführenden Hand leicht am Körper an. Die Longe hat eine ständige leichte Verbindung zum Pferdemaul.

Die in der anderen Hand gehaltene Peitsche besorgt das Treiben. Sie zeigt grundsätzlich auf das innere Sprunggelenk des Pferdes. Das Treiben geschieht dann so, daß die Hand eine kreisförmige Drehung von oben nach unten und von hinten nach vorne macht. So versetzt sie die Peitschenschnur in eine schwingende Bewegung von unten nach oben. Die Spitze der Schnur kann zur vortreibenden Wirkung das Pferd gelegentlich dicht über dem Sprunggelenk berühren.

Bleibt das Pferd nicht auf der Zirkellinie, sondern neigt es dazu, nach innen hereinzukommen, werden durch Auf- und Abbewegen der longenführenden Hand Wellenbewegungen der Longe verursacht, die das Pferd wieder hinaustreiben sollen. Zur Unterstützung kann in einem solchen Augenblick die Peitsche kurz auf die Schulter des Pferdes gerichtet werden. Longe und Peitsche schließen das Pferd ein und übermitteln den Willen des Longierers.

Ein wesentliches Hilfsmittel beim Longieren ist die Stimme. Gedehnte oder kurze Zurufe, gleichmäßige oder verschiedene Betonungen, die allerdings jeweils die gleichen sein müssen, werden die Longen- und Peitschenhilfen dem Pferd leichter verständlich machen.

Den Gangartwechsel vom Schritt zum Trab kündigt der Longenführer dem Pferd durch den Zuruf: »Trab!« und leichtes Erheben der Peitschenspitze oder ggf. durch Berühren mit der Peitschenschnur am Hinterbein zwischen Sitzbein und Sprunggelenk an. Zum Angaloppieren muß das Pferd zunächst durch eine Parade (mehrmaliger leichter Anzug der Longe) aufmerksam gemacht und im Gangmaß etwas verkürzt werden.

Ausgelöst wird der Galopp dann durch den Zuruf »Galopp« und entsprechende Peitschenhilfe, wobei die Longe zunächst eine etwas bestimmtere Anlehnung zwischen der Hand des Longenführers und dem Pferdemaul behält. Niemals sollte das Angaloppieren durch Hineinjagen aus einem immer schneller werdenden Trab erfolgen.

Gut einlongierte Pferde erlernen das ruhige Ausgaloppieren aus dem Schritt auf Zuruf »Galopp« und Erheben der Peitschenspitze schnell.

Das Zurückführen in eine niedrigere Gangart beginnt mit beruhigenden Stimmhilfen. Beim Übergang zum Trab wird das Wort »*Terab*« und beim Übergang zum Schritt das Wort »*Scheritt*« gedehnt ausgesprochen und ggf. wiederholt. Unterstützend wirken leichte Anzüge an der Longe. Die treibenden Peitschenhilfen setzen erst wieder ein, wenn das Pferd zur neuen Gangart übergegangen ist.

Ist das Pferd einmal auf den Zirkel geführt, sollte es im Regelfall auch für alle weiteren notwendigen Verrichtungen auf dieser Zirkellinie bleiben. So ist es auch zum Handwechsel auf dem Hufschlag des Zirkelkreises anzuhalten. Der Longenführer geht dann, die Longe gleichmäßig in Schlägen aufwickelnd zum Pferd hin und nimmt den Handwechsel, evtl.

durch Berühren mit der Peitsche in Form einer Vorhandwendung vor. Bei irgendwelchen Verrichtungen am Pferd, beispielsweise Umschnallen der Ausbindegürtel oder Nachziehen des Sattelgurtes darf der Longenführer niemals die Peitsche weglegen. Sie wird unter den Oberarm geklemmt und immer mitgeführt, um Unfälle, die sonst beim Aufheben der Peitsche vom Boden sehr leicht entstehen könnten, vorzubeugen.
Das Longieren wird grundsätzlich im Schritt begonnen und beendet. Beim abschließenden Schritt müssen die Ausbindezügel auf jeden Fall sehr lang sein oder ganz abgeschnallt werden. Im übrigen ist die Longenarbeit charakterisiert durch häufige Wechsel der Gangarten und der Hand, weil auf diese Weise am ehesten die Geschmeidigkeit und Losgelassenheit der Rückenmuskulatur erreicht wird, die das oberste Ziel jeder Longenarbeit sein soll.

**Longieren des jungen Pferdes**

Die Gewöhnungsarbeit des jungen Pferdes an der Longe sollte grundsätzlich von zwei Personen, dem Longenführer und einem Gehilfen, vorgenommen werden. Während der Longenführer in der Zirkelmitte stehen bleibt und seine Hilfen bereits so anzuwenden versucht, wie es vorstehend beim ausgebildeten Pferd beschrieben wurde, führt der Gehilfe das Pferd zunächst aus der Zirkellinie hinaus, um dann weiter in Höhe des Pferdekopfes mitzugehen. Haben Longenführer und Gehilfe den Eindruck, daß das Pferd sicher auf der Zirkellinie bleibt, kann der Gehilfe zum Longenführer zurückgehen und ihn dann evtl. dadurch unterstützen, daß er die Peitsche übernimmt und dem Pferd im Zirkelinneren auf Höhe der Hinterbeine folgt.
Wichtig ist, daß diese Arbeit mit äußerster Ruhe und sicherer Konsequenz erfolgt. Das Pferd wird dann sehr schnell die Hilfe der Longe, Peitsche und Stimme begreifen lernen und sich bald willig auf beiden Händen longieren lassen.
Die Longenarbeit des jungen Pferdes sollte vor allem in der Gewöhnungsphase nicht über 20 Minuten bis eine halbe Stunde hinausgehen und mit viel Handwechsel und Lob verbunden sein.

### 2.1.3. Anreiten und erste Übungen unter dem Reiter

Die erste Vorbereitung der Gewöhnung an das Auf- und Absitzen des Reiters wird das Pferd in seiner Box und bei der täglichen Pflege erfahren, wenn der Pfleger mit seiner Hand über den Rücken streicht, es abklopft oder sich vorsichtig mit seinem Oberkörper über den Widerrist beugt.
Da selbst das phlegmatischste und ruhigste Pferd erschrecken und sich

wehren kann, wenn plötzlich ein Reiter auf seinem Rücken sitzt, muß das erste Aufsitzen immer mit äußerster Ruhe und Gelassenheit und sehr viel Zeit vorgenommen werden. Der erste Eindruck ist entscheidend für den Weitergang der Ausbildung.

Der Ausbilder wird entscheiden, ob das erste Aufsitzen an der Longe oder frei erfolgt. Grundsätzlich sollte man dazu aber auf einen umzäumten Platz oder besser noch in eine Reithalle gehen, und immer sollte das Pferd zunächst von einem Gehilfen gehalten und der Reiter hinaufgehoben werden. Hierzu ist einige Geschicklichkeit erforderlich, um ohne unnötige Berührung des Pferdes auf der Kruppe geschmeidig in den Sattel zu gleiten. Sobald der Reiter seinen Platz im Sattel eingenommen hat, ist es zweckmäßig, wenn ihm von dem Gehilfen, der das Pferd hält, der rechte Bügel auf den Fuß gestreift wird. Etwas Futter und Abklopfen lenkt das Pferd ab. Um bei etwaigen Sprüngen des Pferdes festen Halt zu haben, kann der Reiter in einen Halsriemen fassen, auf keinen Fall sollte er Halt am Zügel suchen.

Tritt das Pferd an, folgt der Reiter geschmeidig, jedoch völlig passiv seinen Bewegungen. Zweckmäßigerweise wird das Pferd bei diesem ersten Kennenlernen des Reiters immer von einem Gehilfen geführt. Im nächsten Stadium geht der Gehilfe neben dem Kopf des Pferdes her, führt es dann zwar nicht mehr direkt, ist aber jederzeit bereit, einzugreifen, wenn es davoneilen oder weglaufen will.

Zeitlich sollten die ersten Übungen nicht zu lange ausgedehnt werden, doch muß das Pferd lernen, völlig ruhig bei der ersten Belastung durch den Reiter zu gehen, zunächst nur im Schritt, dann vielleicht auch noch einige Tritte im Trab. Am Schluß der Übungen kann das Absitzen und erneutes Heraufheben – je nach Verlauf auch schon das Aufsteigen mit dem Bügel – noch einige Male wiederholt werden.

Ganz besonderer Wert ist beim Anlongieren und Anreiten des jungen Pferdes auf den richtigen Sitz der gesamten Ausrüstung zu legen. Da das junge Pferd noch verschwommene Konturen hat, die sich erst im Laufe der weiteren Arbeit bemuskeln und ausprägen, muß in kürzeren Zeitabständen immer wieder nachgesattelt werden. Dazu genügt es nicht, nur den Sattelgurt enger zu schnallen, sondern man muß immer wieder den Sattel in die richtige Lage bringen. Damit wird auch gleichzeitig dem Rücken des Pferdes eine kleine Entspannung geboten.

Die ersten Übungen unter dem Reiter können sehr erleichtert werden, wenn die Möglichkeit besteht, das junge Pferd in Gesellschaft zu reiten. Der gezielte Einsatz eines oder mehrerer Führpferde hat sich hier bestens bewährt. Ist ein Führpferd vorhanden, wird es seitlich vor dem jungen Pferd eingesetzt, hat man zwei Pferde zur Verfügung, wird eins direkt vor und eins direkt neben dem jungen Pferd gehen. Von großer Wichtig-

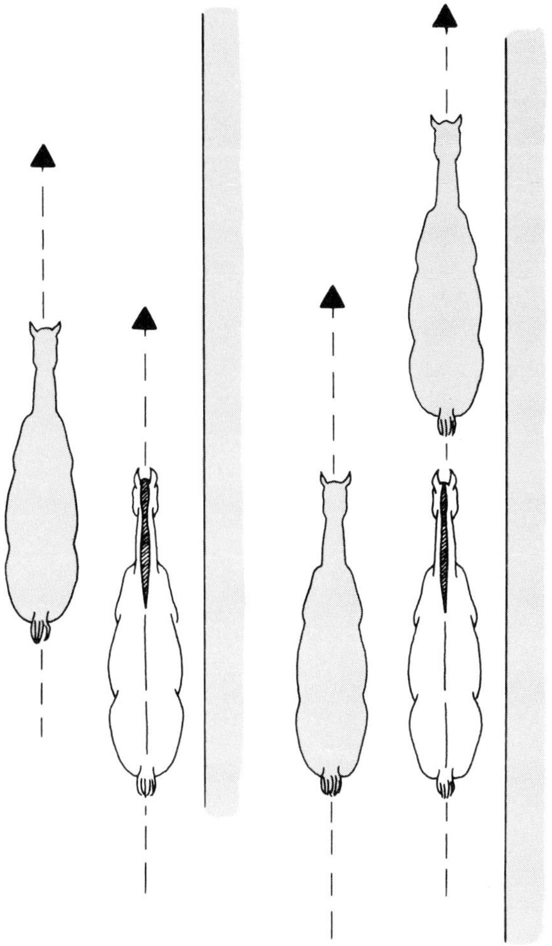

*Anreiten eines jungen Pferdes mit einem Führpferd / zwei Führpferden*

keit ist dazu das Vorhandensein einer Bande. So kann das junge Pferd nicht weglaufen und wird sich in Gesellschaft gern und schnell in Gangart, Tempo und Weg seinen »Herdengenossen« anpassen. Es kommt jetzt darauf an, daß das Pferd lernt, unter dem Reiter in Schritt und Trab in einem natürlichen Tempo frei vorwärts zu gehen.
Grundsätzlich sollte der Reiter zunächst ohne Sporen, wohl aber mit einer elastischen, nicht wippenden Gerte reiten. Das Verständnis für die vortreibenden Hilfen des Schenkels muß im Pferd erst durch Mithilfe von Gerte und Stimme geweckt werden.
Durch die ersten kurzen Trabreprisen auf beiden Händen soll vor allem die *Gehlust* des Pferdes erzeugt und auch befriedigt werden. Das Pferd soll sich dabei *in der regelmässigen Bewegung der Gliedmaßen finden* und sich *entspannen.* Zu Anfang wird grundsätzlich leicht getrabt. Das

Hauptbestreben des Reiters soll es sein, in die Bewegung des Pferdes einzugehen. Die *Zügel* werden so lang gefaßt, daß das Pferd keine störende Wirkung des Mundstückes auf die Laden empfindet.

**Es bleibt stets einer der wichtigsten Grundsätze der Ausbildung, in jedem Pferd die Neigung zum frischen Vorwärtsgehen zu wecken und zu erhalten.**

Der Reiter muß danach trachten, den vom Pferd angebotenen natürlichen Gang eher etwas freier zu reiten, als ihn kürzer werden zu lassen. Gleichzeitig wird hierdurch auch das für die Entspannung des Pferdes unbedingt nötige Dehnen erreicht. Je mehr in dieser Ausbildungsperiode an *Vorwärtsreiten* gedacht und je weniger mit den Händen formend eingewirkt wird, um so sicherer ist die Grundlage, die in dieser Phase geschaffen wird.

Vorwärtsreiten darf allerdings weder in eine Überforderung des Tempos noch in ein »Weglaufen« des Pferdes ausarten. Bietet das Pferd den Galopp an, so soll man ihn annehmen. Dabei sollte der Reiter etwas entlastend sitzen und die Hand tief stellen, ohne sie herunterzudrücken, damit das Pferd die Galoppsprünge zwanglos ausführen kann. Längeres Galoppieren sollte jedoch in dieser Periode unterbleiben.

Erholungspausen während der Arbeit können zur Festigung des Gehorsams genutzt werden. Ohne Rücksicht auf die Haltung des Pferdes und die Richtung, in der es steht, sollte angehalten werden. Auch das Ab- und Aufsitzen zum Nachsatteln, wobei das Pferd absolut ruhig stehen muß, sind gute Übungen.

Zusammenfassend kann zum Anreiten des Pferdes festgestellt werden:

- Junge Pferde, vor allem solche mit schwachem Rücken, sollen nur von entsprechend leichten Reitern geritten werden. Das gilt ganz besonders zu Anfang der Ausbildung, bis sich die Rückenmuskulatur gekräftigt hat. Jedes junge Pferd wird zu Beginn seiner Ausbildung Muskelschmerzen haben, die sich durch Steifheit in den Bewegungen äußern.
- Durch weiches Aufsitzen, geschmeidiges Einsitzen in die Bewegungen des Pferdes und gegebenenfalls Entlastung durch Reiten im Entlastungssitz ist jeder Stoß in den Pferderücken, der eine Verkrampfung zur Folge hat, zu vermeiden.
- Um die dem Pferde angeborenen taktmäßigen, raumgreifenden, federnden Bewegungen, die nur bei entspannter Rückenmuskulatur möglich sind, auch unter dem Reiter zu erreichen, und um das Pferd allmählich in die gewünschte dressurmäßige Haltung zu bekommen, ist der jeweils mit dem Aufsitzen eintretenden Spannung durch lösende Übungen entgegenzuwirken.

  Hat sich die Muskulatur der Wirbelsäule entspannt, so wird sich das

Pferd zunächst im Schritt mit hingegebenen Zügeln mit lang nach vorwärts-abwärts gedehntem Hals, federndem Rücken, pendelndem Schweif und gleichmäßigen, raumgreifenden Schritten bei gut untertretenden Hinterfüßen bewegen können. Dieses Stadium muß erreicht sein, ehe durch die treibenden Hilfen in Verbindung mit leichter Anlehnung im Trab, Galopp und zuletzt im Schritt an der weiteren Formung des Pferdes gearbeitet werden kann.

## 2.2. Entwicklungsphase der Schubkraft

### 2.2.1. Takt

Es kann davon ausgegangen werden, daß nach einer durchschnittlich vierwöchigen täglich betriebenen Arbeit die Gewöhnungsphase in eine gezielte aktive Ausbildung übergeht. Das Pferd wird sich dann auf das Gewicht des Reiters eingestellt haben.
Die Festigung des *Taktes* durch Einhalten eines bestimmten, dem Pferde angepaßten Grundtempos ist das nächste Hauptanliegen. Gleichmäßiges Tempo und eine tief gestellte, ruhig und elastisch führende Hand sind hierzu die Vorbedingungen. Mißverstandenes »Vorwärtsreiten« führt in diesem Ausbildungsabschnitt zu übereilter Fußfolge und zu Taktstörungen. Nicht das schnelle Tempo bedeutet »Vorwärts«, sondern die Anregung der Hinterbeine des Pferdes zu fleißigem, kraftvollem Abschieben der Last nach vorne. Das Gleichmaß der Bewegungen in allen drei Grundgangarten hat in diesem Stadium Vorrang vor allem anderen.

### 2.2.2. Losgelassenheit

Gleichzeitig muß jetzt gezielt an der Losgelassenheit gearbeitet werden. Die taktmäßige Bewegung ist reiterlich nur dann richtig, wenn sie über den schwingenden Rücken geht, die Muskulatur also nicht nur entkrampft ist, sondern entspannt aktiv mitarbeitet und mitschwingt.
Die Gelenke sollen sich gleichmäßig beugen und strecken, das Pferd soll deutlich aus seinem ganzen Interieur heraus »mitarbeiten«. Ohne die innere Bereitschaft des Pferdes zur »Mitarbeit« gibt es keine richtige reiterliche Losgelassenheit.
Die Merkmale der inneren und äußeren Losgelassenheit sind:
– der zufriedene Gesichtsausdruck des Pferdes (Auge, Ohrenspiel);
– der getragene, mit der Bewegung pendelnde Schweif;
– der rhythmisch mitschwingende Rücken (Der Reiter kann »sitzen«);
– das geschlossen »tätige«, d.h. »kauende« Maul (durch Entspannung

der Halsmuskulatur öffnen sich die Ausführungsgänge der unter den Ganaschen liegenden Ohrspeicheldrüse, wodurch ein Speichelfluß entsteht, der durch Kau- und Schluckreflexe den am Lippenrand erkennbaren »Schaum« erzeugt);
– das »Abprusten« als Anzeichen dafür, daß das Pferd sich auch innerlich entspannt hat.

Die Losgelassenheit ist erreicht, wenn das Pferd in allen drei Gangarten mit nach vorwärts-abwärts gedehntem Hals, schwingendem Rücken und natürlichen, taktmäßigen Bewegungen, ohne zu eilen, die Hilfen des Reiters annehmend, vorwärts geht. Man sagt *»Der Reiter kommt zum Treiben«*.

### 2.2.3. Anlehnung

Eng verbunden mit der Festigung des Taktes und der Entwicklung der Losgelassenheit ist das Erreichen einer gleichbleibenden sicheren *Anlehnung*. Sie gibt dem Pferd die nötige Sicherheit, sein natürliches Gleichgewicht unter dem Reiter wiederzufinden und sich im Takt der verschiedenen Gangarten auszubalancieren.

Anlehnung nennt man die weiche und stete Verbindung zwischen Reiterhand und Pferdemaul. Sie muß im Verlauf der weiteren Ausbildung durch die treibenden Einwirkungen des Reiters in die federnd-nachgebende Hand so hergestellt werden, daß auf gerader Linie beide Zügel gleichmäßig und auf gebogener Linie vermehrt der äußere Zügel den Kontakt herstellen.

**Die Anlehnung darf niemals durch Rückwärtswirken mit den Zügeln gewonnen werden; sie muß das Ergebnis der richtig entwickelten Schubkraft sein. Das Pferd muß infolge der treibenden Einwirkung an die Hand herantreten.**

Der Punkt, an dem das Pferd die Anlehnung findet, soll sich am Anfang ausschließlich nach den Gleichgewichtsverhältnissen richten. In der Regel wird er nach Erreichung der erforderlichen Losgelassenheit zunächst verhältnismäßig tief liegen – Pferdemaul etwa in Höhe der Buggelenke – und so die erwünschte Dehnung und Entspannung von Hals- und Rückenmuskulatur ermöglichen. Anlehnung darf aber niemals mit Stütze verwechselt werden. Ausbalancieren soll sich das Pferd ausschließlich auf seinen vier Beinen, der Zügel darf in keinem Fall das sogenannte »fünfte Bein« darstellen. Einer solchen Tendenz ist jeweils sofort durch energisches Treiben und Nachgeben entgegenzuwirken.

Bei dem so erzielten Herantreten der Hinterbeine an die Hand werden nunmehr Nackenband und Rückenmuskeln des Pferdes elastisch ge-

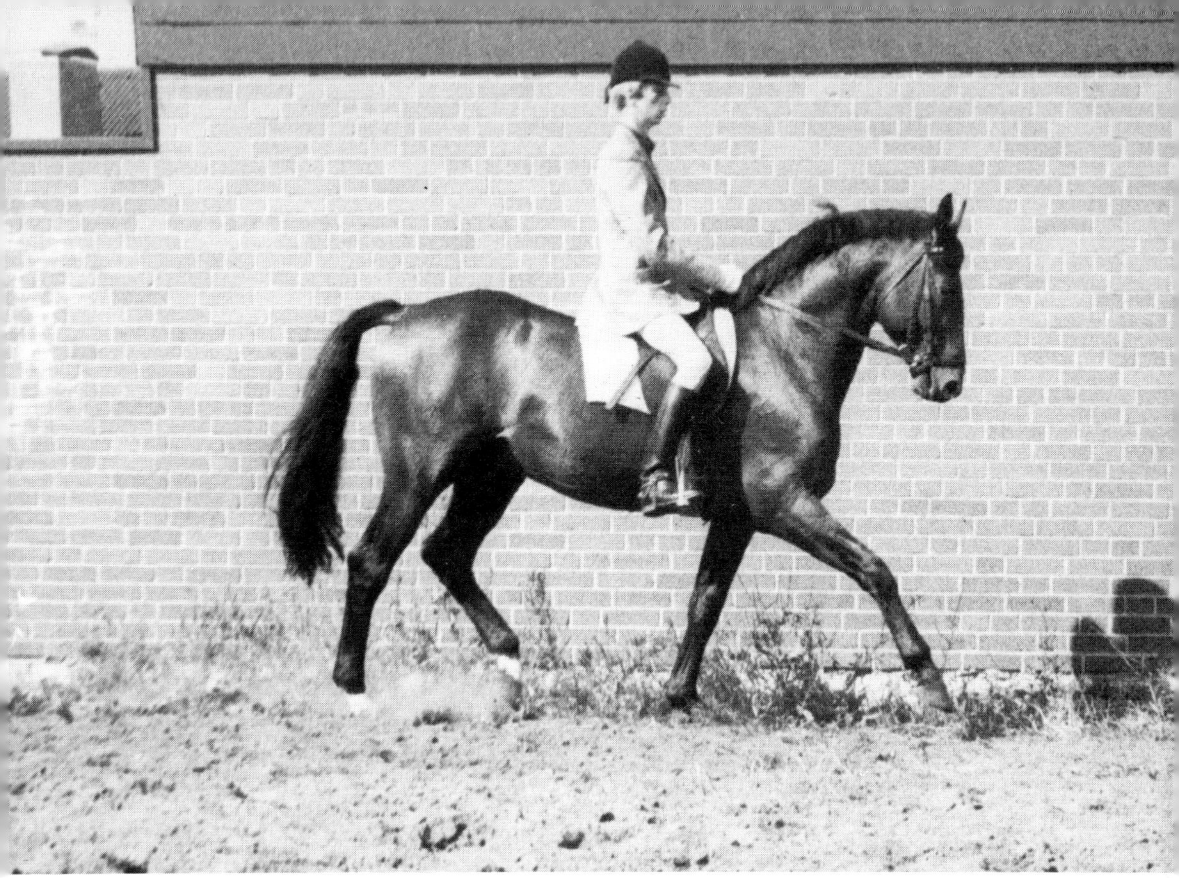

*am Zügel*

*am langen Zügel*

*hingegebener Zügel*

spannt. Der Reiter fühlt deutlich in beiden Händen und unter beiden Gesäßknochen, daß Vorhand und Hinterhand in Verbindung gebracht sind, und daß die *Arbeit der Hinterhand* sich in federnder Tätigkeit der Rückenmuskeln und in ruhigen gleichmäßigen Bewegungen äußert. Der Schub der Hinterhand kann jetzt ungehindert bis in das Maul hinein wirken und veranlaßt das Pferd, dem Druck des Mundstücks nachzugeben, sich im Genick zu biegen und am Gebiß zu kauen. Damit ist auch für den Zügel die Möglichkeit geschaffen, auf die Hinterhand zu wirken, das *»Pferd steht am Zügel«*.

Bei dem »am Zügel stehenden« Pferd ist das Genick immer der höchste Punkt, die Stirn-Nasen-Linie befindet sich leicht vor der Senkrechten. Die Krümmung und Länge des Halses (Aufrichtung) richtet sich nach dem Grad der Aktivität der Hinterbeine und darf niemals ausschließlich durch die Hand bestimmt werden. Im Schritt darf das Pferd in diesem Ausbildungsstadium nur *am langen Zügel* geritten werden, d. h., daß eine zwar sichere, aber nur geringe Verbindung zwischen Reiterhand und Pferdemaul besteht. Bei völliger Aufgabe der Verbindung sagen wir: »Das Pferd geht mit hingegebenem Zügel«. Mit hingegebenem Zügel sollte nur im Schritt, in einer Pause oder als Belohnung am Ende der Ausbildungsstunde geritten werden. Dazu wird jegliche Anlehnung auf-

gegeben und der Zügel vom Reiter an der Schnalle angefaßt.
Gerade bei der Herstellung der richtigen Anlehnung werden in der Ausbildung viele Fehler gemacht, deren häufigste nachstehend aufgeführt sind:

**Falscher Knick**

Die Anlehnung wird mit der Hand erzwungen, der höchste Punkt ist nicht mehr zwischen den Pferdeohren im Genick, sondern im ersten Teil des Halses, in der Regel zwischen dem dritten und vierten Halswirbel, zu finden. Dies ist ein sehr schwerwiegender Fehler, der, wenn überhaupt, nur durch sehr langfristige und konsequente Bearbeitung wieder abzustellen ist. Entscheidend dabei ist, daß die Hände bei energischem Treiben einerseits in der Lage sein müssen, Taktfehler oder übereiltes Vorwärtsgehen zu verhindern. Andererseits müssen sie soweit vorgehen, daß das Pferd die Beugung des Halses zwischen dem dritten und vierten Halswirbel aufgeben und dafür eine Beugung im Genick annehmen kann.

**Hinter der Senkrechten**

Dieser Fehler entsteht ebenfalls durch zu starke Handeinwirkung, oft tritt er in Verbindung mit dem falschen Knick auf. Vorgehen mit der Hand im Zusammenhang mit energisch vortreibenden Hilfen ist auch hier das Mittel zur Korrektur.

**Hinter dem Zügel**

Hier geht das Pferd meist mit falschem Knick, ebenfalls hinter der Senkrechten, jetzt aber zusätzlich noch mit dem erheblichen Mangel, daß es die Zügelhilfen nicht annimmt, sondern diesen nach rückwärts ausweicht. Bevor die Korrekturen wie beim falschen Knick und beim Gehen hinter der Senkrechten einsetzen, muß hier überhaupt erst einmal eine Verbindung zwischen Hand und Maul hergestellt werden. Das Pferd muß Vertrauen zur Hand bekommen. Meist muß man bei diesem Fehler sehr weit zurückschalten, wieder mit dem Reiten am langen Zügel beginnen. Vielfach kann auch Longieren mit verhältnismäßig langen Ausbindezügeln helfen. Betontes Vorwärtsreiten, am besten im Galopp und im Gelände, hilft gleichfalls, eine Dehnung nach vorwärts an die Hand heran wiederherzustellen. Bei Reitern, die sich bemühen, die drei vorstehenden Fehler abzustellen, kann man sehr oft einen weiteren Fehler beobachten: sie wirken mit zu hoch gestellter Hand ein. Die bekannte Regel, daß Unterarm, Handrücken und Zügel eine gerade Linie bilden sollen, ist hier von besonderer Bedeutung, ein »Vorschieben der Pferdenase« wird nur bei entsprechend tief gestellter Hand gelingen.

## Fehlerhafte Haltungen des Pferdes

*falscher Knick*

*hinter der Senkrechten*

*hinter dem Zügel*

*gegen den Zügel*

**Gegen den Zügel bzw. über dem Zügel**

Das Pferd »gibt das Genick nicht her«, es drückt mit der Unterhalsmuskulatur und meist bei weggedrücktem und festgehaltenem Rücken »gegen die Hand«, die Stirnnasenlinie befindet sich deutlich vor der Senkrechten. Zur Korrektur empfiehlt sich sehr viel lösende Biegearbeit auf gebogenen Linien wie Zirkeln und großen Schlangenlinien. Eine zu tief gestellte, herunterdrückende oder gar rückwärtswirkende Hand ist hierbei ein erheblicher Fehler. Longenarbeit mit verhältnismäßig lang- und tiefgeschnallten Ausbindezügeln, am besten mit dem Laufferschen Ausbindezügel, kann hier eine große Hilfe sein.

## 2.2.4. Überprüfung von Takt, Losgelassenheit und Anlehnung

Zur Überprüfung der bisherigen Arbeitsergebnisse dient die nachgebende Zügelhilfe, wobei der Reiter sich die *Zügel aus der Hand kauen* läßt.
Bei dieser Lektion kommt wiederum den treibenden Hilfen große Bedeutung zu. Takt und Tempo müssen beim Zügel aus der Hand kauen lassen absolut gleichmäßig bleiben. Das Pferd muß mit nach vorn gedehntem Hals, die Kammlinie leicht nach oben gewölbt und vorwärts-abwärts gerichteter Nase völlig entspannt dahingehen. Es darf nicht eiliger, aber auch nicht langsamer werden. Da das Zügel aus der Hand kauen lassen nur bis zum langen Zügel geht, bestimmt hierbei der Reiter den Endpunkt, an dem das Pferd die Anlehnung wieder findet. In der Regel dürfte dieser Punkt so liegen, daß das Pferdemaul etwa in Höhe des Buggelenks des Pferdes steht.

*Dehnung des Pferdehalses beim Zügel-aus-der-Hand-kauen-lassen*

Zeigt das Pferd beim Nachgeben der Zügel keine Dehnung in der Halsmuskulatur oder nimmt es sich die Zügel mit einem Ruck aus der Hand, so sind das deutliche Beweise für die noch nicht gelösten Hals- und Rückenmuskeln. Fast immer hat in diesem Falle der Reiter mit zuviel Handeinwirkung und zu wenig treibenden Hilfen gearbeitet. Die Anlehnung war fehlerhaft.
Zügel aus der Hand kauen lassen kann in jeder Gangart durchgeführt werden. Anschließend werden die Zügel wieder aufgenommen oder im Schritt auch ganz hingegeben. Besonders aufschlußreich und die Ausbildung fördernd ist die mehrmalige Durchführung dieser Übung mit anschließendem Wiederaufnehmen der Zügel im Galopp auf einem groß angelegten Zirkel. Das Aufnehmen der Zügel muß mühelos und ohne Störung des Pferdemauls geschehen.

### 2.2.5. Schwung

Eng verbunden mit der Schubkraft ist die Entwicklung des *Schwunges*.
Schwung ist die Übertragung des energischen Impulses aus der Hinterhand auf die Gesamtvorwärtsbewegung des Pferdes. Ein federnd schwingender Rücken ist die unerläßliche Voraussetzung.
Schwung ist nicht zu verwechseln mit Gang. Gang beschreibt lediglich die angeborenen Möglichkeiten des Pferdes, sich z.B. im Trab – »das Pferd hat viel Gang« – mit weiten ausdrucksvollen Tritten vorwärts zu bewegen. Das kann aber durchaus mit Spannung, festgehaltenem Rücken und erhobenem Kopf geschehen. Schwung ist dagegen immer das Ergebnis reiterlicher Ausbildungsarbeit, die zwar den natürlichen Gang des Pferdes nutzt, ihm aber die Eigenschaften Losgelassenheit, Geschmeidigkeit und reiterliche Regulierarbeit – Treiben, Einfangen, Durchlässigkeit – hinzufügt.
Guter Schwung ist daran erkennbar, daß sich die Sprunggelenke sofort nach dem Abfußen energisch vorwärts beugen und nicht erst nach oben oder gar hinten hochgezogen werden. Die Rückenmuskulatur nimmt die Bewegung auf und läßt den Reiter, den sie in diese Bewegung mitnimmt, angenehm sitzen. Meistens wird auch eine Verbesserung der Aktion der Vorhandbewegung erzielt.
Schwung gibt es nur in den Gangarten Trab und Galopp, weil diese, wie weiter vorn ausgeführt, im Gegensatz zum Schritt eine Phase der sogenannten freien Schwebe aufweisen. In dem Augenblick, in dem sich kein Bein des Pferdes am Boden befindet, entscheidet sich im Grunde genommen, ob die Gangart schwungvoll ist oder nicht. Je ausgeprägter diese Phase ist, desto »größer« ist der Schwung, desto weiter ist der

Raumgriff bzw. Bodengewinn in den höheren Tempi, desto ausdrucksvoller die Bewegung im Arbeits- und versammelten Tempo.
Schwung ist also nicht nur eine Eigenschaft, die im Mittel- und starken Tempo anzustreben ist, sondern die genauso zum Arbeits- oder versammelten Tempo gehört.

### 2.2.6. Allgemeine Grundsätze für die Entwicklungsphase der Schubkraft

#### Ausbildung im Trab

Die Ausbildungsgangart zur Festigung des Taktes, Erzielung der Losgelassenheit, Herstellung der Anlehnung und Erreichung des Schwunges ist der Arbeitstrab, der in seinem kontrollierten diagonalen Zweitakt besonders dazu geeignet ist, auf diese Eigenschaften hinzuarbeiten. Aufgabe des Reiters ist es, durch seine treibende Einwirkung und mit Gefühl für die Bewegungsabläufe das für das betreffende Pferd angemessene Arbeitstempo zu erfassen und zu erhalten.
Da Raumgriff und Tempo der Bewegungsfolge bei allen Pferden unterschiedlich sind, läßt sich das Gangmaß des Arbeitstrabes nicht allgemeingültig bestimmen. Allerdings kann festgehalten werden, daß die Hinterbeine wenigstens in den Spuren der gleichseitigen Vorderbeine fußen müssen, keinesfalls dahinter. Der Arbeitstrab ist die Grundlage für die Entwicklung des versammelten und des Mitteltrabes und die Vorbereitung von Galopp und Schritt. Durch vermehrtes Treiben und die Gewährung einer bestimmteren Anlehnung werden die Tritte im Arbeitstrab verlängert. Zunächst fordert man nur wenige Tritte, die im Verlauf der weiteren Ausbildung bis zum Mitteltrab gesteigert werden. Wesentlich für die Ausbildung und die Gymnastizierung des Pferdes ist nicht nur das Verlängern der Tritte und der Mitteltrab, sondern vielmehr die geschmeidige, widerstandslose Zurückführung in das niedrigere Gangmaß des Arbeitstrabes, später über einen verkürzten Arbeitstrab zum versammelten Trab.

#### Ausbildung im Galopp

Sobald das Pferd gelernt hat, im natürlichen Trab den Rücken loszulassen und, ohne zu eilen, das Reitergewicht auch in der durch das Abrunden der Ecken gebotenen Biegung zu tragen, kann mit der Galopparbeit begonnen werden.
Die *Entwicklung* des Galopps erfolgt durch Zulegen aus dem Trabe, am leichtesten im Freien auf einem großen Zirkel. In der geschlossenen Bahn wird er auf der Zirkellinie auf die Bande zu entwickelt. Die Hilfen zum

Angaloppieren werden zuerst unterstützt durch Klopfen der Gerte an der inneren Schulter und Zungenschlag. Die Hände lassen den Galoppsprung durch Nachgeben heraus. Viele Pferde entziehen sich den Hilfen zunächst durch Übergehen in einen eiligeren Trab. Der Reiter muß dann sein Pferd zunächst wieder in ein ruhiges Tempo zurückführen. Erst dann dürfen die Hilfen zum Galopp wieder einsetzen.
Auf Pferden mit schwächerem Rücken und noch wenig bemuskelter Hinterhand muß der Reiter anfangs bei gut vorgeschobener Hüfte den Oberkörper etwas vornüberneigen, um die ungeschickten Bewegungen des Pferdes abfangen und die Hinterhand entlasten zu können. Solchen Pferden ist bei tiefgestelltem Hals zunächst eine gewisse verstärkte Anlehnung zu gestatten. Mit fortschreitender Kräftigung des Rückens muß sich der Reiter wieder aufrichten und durch Einsetzen der treibenden Hilfen die Anlehnung auf ein normales Maß zurückführen.
Die Reiter müssen einen *natürlichen, ruhigen Sprung* anstreben, der erst später gemäßigt oder verlängert werden kann. Es darf zunächst nur kurze Zeit galoppiert werden. Zum Beenden des Galopps läßt man die Pferde in den Arbeitstrab und dann erst in den Schritt übergehen.
Um die jungen Pferde im Galopp auf dem jeweiligen *inneren Fuß zu festigen*, wird die Zeit des Galoppierens auf derselben Hand allmählich verlängert. Durch oft wiederholtes Angaloppieren lernen die Pferde das leichte Eingehen in den richtigen Galopp, und allmählich kommt so ein bestimmtes, gleichmäßiges Tempo, der Arbeitsgalopp, zustande.
Das dem Arbeitsgalopp zunächstliegende, die Schub- und Schnellkraft sowie die Losgelassenheit des Pferdes am meisten fördernde Galopptempo ist der Mittelgalopp. Er wird im Freien auf langen Linien durch vermehrtes Herantreiben der Hinterhand allmählich bei gleichzeitigem Vorgehen der Hände aus dem Arbeitsgalopp entwickelt.

### Ausbildung im Schritt

Ein ruhiger, raumgreifender Schritt ist für alle Gebrauchszwecke des Pferdes von wesentlicher Bedeutung. Abgesehen von den Unbequemlichkeiten, die ein unruhiger, zappeliger oder wenig raumgreifender Schritt für den Reiter mit sich bringt, haben solche Pferde auch häufig schlechte Nerven.
Keine der drei Grundgangarten des Pferdes kann durch unsachgemäße Einwirkung des Reiters so schnell und deutlich an Takt und Raumgriff Schaden erleiden wie der Schritt.
**Das von vielen Reitern, namentlich in den Ruhepausen, nur mit den Händen versuchte Formen des Pferdehalses im Schritt schädigt Vortritt und Gleichmaß des Ganges in hohem Maße.**
Das junge Pferd ist solange im Schritt mit möglichst langem Zügel zu

*junges Pferd im Schritt*

*. . . und im Galopp*

reiten, bis der Schritt ruhig, raumgreifend und gleichmäßig ist. Erst dann kann eine geringe Anlehnung angestrebt werden, jedoch sollte mit der korrekten Beizäumung erst zum Ende der Grundausbildung, etwa nach eineinhalb Jahren, begonnen werden.
Nicht nur die falsche Einwirkung mit der Hand schädigt den Schritt, auch der fehlerhafte Gebrauch des Schenkels.
Bei faulen, triebigen Pferden ist es der ständig pressende, oft klemmende oder auch klopfende Schenkel, der das Pferd im Takt stört und es »schenkeltot«, also unempfindlich macht.
Bei heftigen, nervösen und überempfindlichen Pferden ist es der weggestreckte, nicht mit dem Pferd in Fühlung kommende Schenkel, der den Sitz des Reiters unruhig macht und das Pferd nicht zur Ruhe kommen läßt.
Der Schenkel soll ständig ruhig am Pferdeleib Fühlung halten und nur bei Bedarf mit der Wade Druck ausüben. Die Einwirkung ist sofort zu verringern, wenn der Erfolg eintritt. Zeigt sich das Pferd phlegmatisch oder unachtsam, können die Schenkelhilfen durch eine Gerte, später durch den Sporen verstärkt werden.
Überempfindliche Pferde gewöhnen sich rasch an den ruhig und in Haarfühlung liegenden Schenkel und beruhigen sich wesentlich schneller.

## 2.3. Entwicklung der Tragkraft

### 2.3.1. Geraderichtung

Die Schubkraft der Hinterhand wirkt nur dann in gerader Richtung und voll in die Vorwärtsbewegung, wenn die Hinterfüße dem Hufschlag der Vorderfüße folgen. Umgekehrt kann der Reiter die Hinterbeine auch nur dann durch gleichseitige Zügeleinwirkung belasten. Vorhand und Hinterhand des Pferdes müssen also in einer Richtung gerichtet sein. Dies bezeichnen wir als Geraderichtung.
Der Mehrzahl der Pferde ist eine schiefe Körperhaltung angeboren – »natürliche Schiefe« –, die noch dadurch begünstigt wird, daß die Vorhand schmaler ist als die Hinterhand. In den meisten Fällen tritt das Pferd daher mit dem rechten Hinterfuß seitlich rechts neben die Spur des rechten Vorderfußes. Die vom rechten Hinterbein entwickelte Schubkraft wirkt daher in diesem Falle diagonal über die linke Schulter des Pferdes, belastet vermehrt den linken Vorderfuß und gibt dem Reiter eine wesentlich stärkere Anlehnung am linken als am rechten Zügel. Gleichzeitig geht das Pferd dabei gegen den rechten Schenkel des Reiters. In einigen wenigen Fällen gibt es die Schiefe nach links, die die entgegengesetzte Auswirkung hat.

*natürliche Schiefe und das Geraderichten des jungen Pferdes*

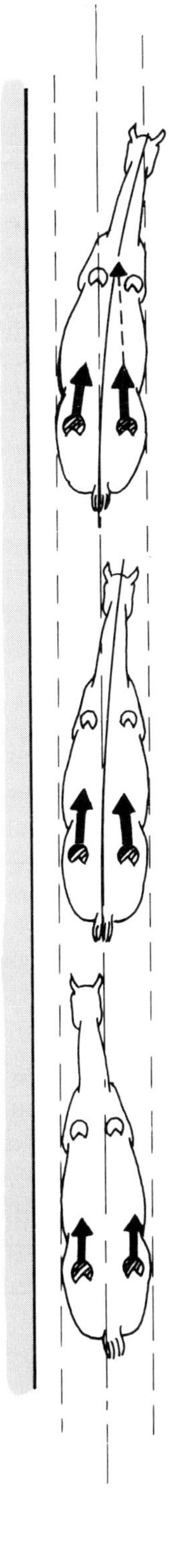

*Schulter vor*

*Reiten in Stellung*

*schiefes Pferd (Rechtsschiefe)*

Um diesem Mangel abzuhelfen, ist die Vorhand vor die Hinterhand zu richten. Basis aller geraderichtender Arbeit ist also logischerweise immer die Hinterhand, von der die Bewegung ausgeht. Das geradegerichtete, auf einem Hufschlag gehende Pferd soll sich stets mit der Längsachse seines Körpers der angewiesenen Hufschlaglinie anpassen, gleichviel, ob diese gerade oder gebogen ist.
Bei Schiefe z. B. nach rechts verhindert der Reiter mit dem rechten Schenkel und Zügel ein weiteres Seitwärtstreten des rechten Hinterfußes und gebraucht den linken Schenkel näher am Gurt, um den linken Hinterfuß zu vermehrtem Vortreten zu veranlassen. Die linke Schulter des Pferdes wird mit dem tief gehaltenen linken Zügel verwahrt und die Vorhand mit dem rechten Zügel so weit nach innen geführt, bis der rechte Vorderfuß vor den rechten Hinterfuß gerichtet ist.
Ansätze der geraderichtenden Arbeit beginnen schon mit dem Augenblick, in dem das junge Pferd den Hilfen des Reiters folgt. Eine gezielte Geraderichtung jedoch kann erst dann erfolgen, wenn Schubkraft und Schwung entwickelt sind, denn die geraderichtende Arbeit muß in entschiedenem Vorwärtsreiten geschehen. Allerdings darf der Reiter darunter nicht das Zurücklegen einer bestimmten Strecke in kürzester Zeit verstehen, sondern die Aktivierung der Tätigkeit der Hinterbeine des Pferdes. Hilfsmittel für die geraderichtende Arbeit sind das Reiten auf gebogenen Linien, Schenkelweichen in einem abgekürzten Trabtempo und im weiteren Verlauf der Ausbildung, das Reiten von Seitengängen, hier vorwiegend die Lektion »Schulterherein«, welche aus dem sogenannten »Reiten in Stellung« entwickelt wird.
Im Gegensatz zum »Stellung geben«, dem »Stellen im Genick«, bei dem das Pferd lediglich eine seitliche Stellung in der Ganasche bekommt, bedarf es zum »Reiten in Stellung« der Längsbiegung der gesamten Längsachse des Pferdes vom Genick über die Hals-Rücken- und Lendenwirbel bis zum Schweifansatz. Die innere Schulter des Pferdes ist vor seine innere Hüfte gerichtet, die Vorhand bleibt dabei auf dem Hufschlag. Der äußere Hinterfuß tritt gerade in Richtung der äußeren Schulter, während der innere Hinterfuß veranlaßt wird, etwa in Richtung zwischen die beiden Vorderbeine zu treten. Hieraus entwickelt sich dann das sogenannte »Schultervor«, bei dem jetzt die Vorhand so weit in die Bahn hineingenommen wird, daß der äußere Hinterfuß in Richtung äußere Schulter tritt, während der innere Hinterfuß, von vorn gesehen, klar zwischen den beiden Vorderbeinen auffußt. Durch weiteres Hereinnehmen der Vorhand und erhöhte Versammlung entwickelt sich hieraus dann später das »Schulterherein«, die sogenannte »Mutterlektion« der Seitengänge, die im entsprechenden Kapitel der Richtlinien Band II näher beschrieben ist.

### 2.3.2. Versammlung

Das Ziel der gesamten gymnastischen Ausbildungsarbeit ist es, ein leistungsbereites und gebrauchsfähiges Pferd zu erhalten. Dafür ist entscheidend, daß die Last des Pferdes einschließlich des Reitergewichts möglichst gleichmäßig auf alle vier Beine verteilt wird. Die ursprünglichen Funktionen der Beine – Stützfunktion der Vorderbeine, Schiebefunktion der Hinterbeine – müssen also verändert werden. Die Vorderbeine, die von Natur aus den größeren Teil des Gewichtes tragen, sind zu entlasten, und die Hinterbeine, die von Natur aus in erster Linie für die Vorwärtsbewegung sorgen, sind im gleichen Maße mehr zu belasten.
Die durch vermehrtes Treiben erzeugte Steigerung der Schubkraft wird nicht wie beim Zulegen durch eine nachgebende Hand herausgelassen. Sie wird hingegen mit durchhaltenden oder annehmenden Zügelhilfen aufgefangen und über den durchlässigen Rücken in die Hinterhand zurückgegeben und damit zur Tragkraft »transformiert«.
Vorbedingung dafür ist einmal die schon beschriebene Geraderichtung, also die Einrichtung der Vorhand auf die Hinterhand. Zum anderen ist eine stärkere Beugung der Gelenke der Hinterbeine wichtig, um dadurch eine Verlagerung des Schwerpunktes nach rückwärts zu erzielen.
Die stärkere Beugung der Hinterbeine ist abhängig vom Beugungswinkel der oberen Gelenke, Hüfte und Knie, die in der Reitersprache als »Hanken« bezeichnet werden. Durch die Sehnen-, Muskel- und Bänderverbindung aller Gelenke der Hinterbeine zieht eine stärkere Beugung der Hanken automatisch auch ein stärkeres Abbeugen der weiter unten gelegenen Gelenke nach sich.
Die stärkere Beugung der Hinterbeine und die damit verbundene Lastübernahme führt zur Senkung der Hinterhand und macht durch die Entlastung der Vorderbeine deren Bewegungen freier. Reiter und Betrachter haben das Gefühl, daß das versammelte Pferd »bergauf geht«. Die Schritt-, Tritt- und Sprunglänge wird kürzer, Fleiß, Energie und Schwung bleiben jedoch in vollem Umfang erhalten, was in einem erhabeneren Bewegungsablauf zum Ausdruck kommt.
Die Form der Anlehnung und Aufrichtung des Halses steht in direkter Beziehung zum Versammlungsgrad. Der Ausdruck »Relative Aufrichtung« bringt diese Beziehung zum Ausdruck. Ein am Zügel gehendes Pferd geht immer in relativer Aufrichtung, bei wenig belasteter Hinterhand und entsprechend mehr belasteter Vorhand mit verhältnismäßig langem und wenig aufgerichtetem Hals. Bei stark belasteter Hinterhand und entsprechend entlasteter Vorhand geht es mit höherer Aufrichtung und kürzerem Hals. Diese Hals- und Aufrichtungsformen ergeben sich bei richtiger Ausbildung von selbst. Dagegen steht als fehlerhaft die

sogenannte »absolute Aufrichtung«, die nur oder überwiegend mit der Hand herbeigeführt wird und bei der sich das Pferd nicht »selbst trägt«, sondern Kopf und Hals von der Hand des Reiters getragen werden.
Bei ausreichend entwickelter Tragkraft ist das Pferd also in der Lage, sich trotz des zusätzlichen Reitergewichts in allen Gangarten ausbalanciert in »Selbsthaltung« zu bewegen. Der Reiter kann dabei zur Überprüfung die bestehende leichte Anlehnung für mehrere Tritte oder Sprünge durch sogenanntes »Überstreichen« mit beiden Zügeln über den Mähnenkamm völlig aufgeben, ohne daß das Pferd dabei das gerittene Tempo oder, im Gegensatz zur Lektion »Zügel aus der Hand kauen«, die Kopf- oder Halshaltung ändert.
Erreicht wird die Versammlung nur durch richtigen Aufbau der Ausbildung und geduldige zielstrebige Arbeit. Der Reiter muß sich bemühen, mit elastischer, gefühlvoll einwirkender Hand in Verbindung mit deutlich und energisch vortreibenden Hilfen den Schub der Hinterbeine aufzufangen, um so die Beugung der Hanken zu erzielen. Alle Übungen, die die Hinterbeine des Pferdes zum vermehrten Tragen anregen, sind sogenannte versammelnde Lektionen. In der Grundausbildung des Pferdes zählen hierzu vor allem alle korrekt gegebenen und vom Pferd angenommenen halben und ganzen Paraden.

*Überstreichen*

### 2.3.3. Allgemeine Grundsätze für die Entwicklungsphase der Tragkraft

Die vorstehenden Ausführungen mögen verdeutlicht haben, daß eine gezielte Bearbeitung des Pferdes im Hinblick auf Geraderichtung und Versammlung erst möglich ist, wenn die Entwicklungsphase der Schubkraft als einigermaßen abgeschlossen angesehen werden kann. Der Takt in den drei Grundgangarten muß gefestigt, Losgelassenheit und Anlehnung müssen sichergestellt sein. Die Entwicklung des Schwunges ist von wesentlicher Bedeutung und gehört gleichermaßen in die Entwicklungsphase der Schubkraft wie in die Entwicklungsphase der Tragkraft.

Die bekannte Devise »Reite dein Pferd vorwärts und richte es gerade« bringt diese Anforderungen anschaulich zum Ausdruck. Jede Formung, die von vorn nach hinten geht, ist fehlerhaft. Der von der Hinterhand ausgehende Bewegungsimpuls bleibt das Hauptkriterium. So sollte es auch für jeden Ausbilder eine Grundregel sein, nach einer Reprise versammelnder und geraderichtender Arbeit immer wieder im frischen Vorwärts die Reinheit des Ganges wieder herzustellen bzw. zu erhalten. Nicht umsonst sagt ein anderer wichtiger Satz »Der Mitteltrab ist der Prüfstein der Dressur«. Die Korrektheit und Reinheit eines nach einer versammelnden Phase eingelegten Mitteltrabs macht deutlich, inwieweit die versammelnde Arbeit richtig war bzw. inwieweit sie vom Pferd bereits verkraftet wurde. Sucht das Pferd in diesem Mitteltrab die Unterstützung der Hand oder findet es nicht den klaren Takt oder wehrt es sich gegen einen Schenkel und macht sich dabei fest, dann ist die vorausgegangene versammelnde Arbeit zu viel oder nicht richtig gewesen. Entwickelt sich der Mitteltrab jedoch mit gleichmäßigen ausdrucksvollen Tritten, nimmt das Pferd den Reiter im Schwung mit und ist es bereit, den Hals entsprechend der ausgreifenderen Bewegung zu dehnen, geht es also taktmäßig, losgelassen, in leichter Anlehnung, schwungvoll und gerade vorwärts, dann bestätigt es damit die Richtigkeit der vorausgegangenen versammelnden Arbeit.

Ein wesentlicher Punkt, der zum Abschluß dieses Abschnitts nicht unerwähnt bleiben darf, ist die Durchlässigkeit.

Hierunter versteht man die jeweils sofortige Bereitschaft des Pferdes, ohne Widerstand und ohne Verzögerung auf die Hilfen des Reiters einzugehen und die von ihm verlangten Lektionen auszuführen, »das Pferd läßt die Hilfen des Reiters durch«.

Die Durchlässigkeit muß das Ergebnis der gymnastizierenden Arbeit sein, ihr Vorhanden- oder Nichtvorhandensein gibt im Grunde genommen die schlüssigste Auskunft über den wirklichen Wert der geleisteten Ausbildungsarbeit.

## 2.4. Übungssammlung für die allgemeine Grundausbildung

Nachstehend werden in einer Zusammenstellung die wesentlichsten Übungen für die allgemeine Grundausbildung wiedergegeben. Grundsätzlich ist bei allen Übungen je nach Ausbildungsstand des Pferdes auf alle Punkte der Skala der Ausbildung zu achten. Man kann diese auch als Zusammenstellung der Grundeigenschaften des gerittenen Pferdes ansprechen. Der jeweils angegebene Übungszweck ist somit immer nur als Schwerpunkt zu verstehen, er steht nie allein, sondern muß immer im Zusammenhang mit den übrigen Grundeigenschaften gesehen werden. Die Ausführung der einzelnen Lektionen dürfte dem Ausbilder im Regelfall bekannt sein, generelle Anmerkungen dazu finden sich im übrigen auch in dem entsprechenden Abschnitt des ersten Teils dieser Reitlehre. Deshalb wird in der Zusammenstellung auf umfassende Erläuterungen dazu verzichtet, es werden lediglich besonders wesentliche Anmerkungen gegebenenfalls wiederholt. Etwa das gleiche gilt für die Rubrik »Häufigste Fehler«, die nicht alle bekannten Fehlermöglichkeiten aufzählt, sondern nur auf die entscheidenden eingeht.

Eine verbindliche Reihenfolge der Anwendung der folgenden Übungen gibt es nicht, ebenso wenig kann die Zusammenstellung vollständig sein. Es sei daher betont, daß eine Übung logisch auf der anderen aufbauen muß, daß das Nächstschwerere erst begonnen werden darf, wenn das vorher Geübte sicher ist. Die Abhängigkeit der einzelnen Ziele der Skala der Ausbildung voneinander muß immer im Auge behalten werden. Andererseits bedeutet Stillstand in der Ausbildung des Pferdes meistens auch Rückgang, so daß bei sinnvoll geplanter Ausbildung jede Ausbildungsstunde ein neues, etwas weitergestecktes Ziel haben sollte.

| Übung | Übungszweck | Besondere Anmerkungen zur Ausführung | Häufigste Fehler |
|---|---|---|---|
| Anreiten im Schritt, Mittelschritt am langen Zügel | Gewöhnung an das Reitergewicht, Entspannung, Lösung | Mit Ruhe herangehen, Zeit lassen, aber von Anfang an bestimmtes Treiben | Zu kurzer Zügel, rückwärtswirkende Hand, unbestimmtes oder übertriebenes Treiben, zu wenig Zeit |
| Arbeitstrab, Leichttraben, Zirkel, ganze Bahn, Schlangenlinien durch die ganze Bahn, einfache Schlangenlinien an der langen Seite und entsprechende Handwechsel | Takt, Losgelassenheit, Anlehnung, Schwung | Gleichmäßiges, schwungvolles Tempo, auf geraden Linien Anlehnung an beide Zügel, auf gebogenen Linien vermehrtes Herantreiben an den äußeren Zügel und verstärkt auf die verwahrenden äußeren Hilfen achten | Zu mattes oder übereiltes Tempo; Unregelmäßigkeiten im Takt, besonders in den Ecken; Ausfallen der Hinterhand auf gebogenen Linien |
| Tritte verlängern | Takt, Schwung | Zeitlassen beim Übergang, unbedingt auf Beibehaltung des Taktes achten | Zu plötzlicher oder zu wenig energischer Übergang, Übereiten des Tempos |
| Übergänge Arbeitstrab – Arbeitsgalopp – Arbeitstrab | Losgelassenheit | Vor allem auf dem Zirkel jeweils »an den äußeren Zügel heran«, einzelne Reprisen nicht zu lange ausdehnen | Unbestimmte oder überfallartige Hilfen, zu lange Reprisen |

| | | | |
|---|---|---|---|
| Zulegen aus dem Arbeitsgalopp | Losgelassenheit, Schwung | Vor allem auf dem Zirkel durchführen; wenn ganze Bahn geritten wird, unbedingt Vorhand vor die Hinterhand richten; peinlichste Beachtung der Beibehaltung des Taktes | Zu wenig deutlicher oder übertriebener Übergang, zu eilige Galoppsprünge, Hinterhand in die Bahn |
| Häufiges Handwechseln auf allen Handwechselfiguren | Intensive Lösung durch beidseitige Bearbeitung des Pferdes | Sorgfältige Anlage der Hufschlagfiguren | |
| Übergänge Arbeitsgalopp – Arbeitstrab, Arbeitstrab – Schritt | Zunächst Lösung, später beginnende Versammlung | Sorgfältige Vorbereitung der Übergänge, mit Schenkel und Kreuz treibend parieren, nach dem Übergang zum Schritt Hände vor | Übergang ohne Vorbereitung auf der Vorhand, kein bestimmtes Treiben nach dem Übergang, zu kurzer Zügel im Schritt |
| Schenkelweichen im Schritt | Losgelassenheit, Takt | Feststellung des Halses am Widerrist beachten | Zu viel Abstellung im Hals, zu wenig Begrenzung mit den äußeren Hilfen, übereiltes Tempo, zu lange |
| Schenkelweichen im Trab | Losgelassenheit, Geraderichtung | Arbeitstempo etwas verkürzen | Übereilt, zu wenig Abstellung, zu viel Abstellung im Hals, zu viel innerer Zügel |
| Viereck verkleinern und vergrößern im Schritt und Trab | Zunächst Lösung, später beginnende Versammlung | Unbedingt Feststellung des Halses am Widerrist beachten, Hinterhand darf auf keinen Fall »vorausgehen« | Zu wenig Stellung im Genick, zu viel seitwärts statt vorwärts-seitwärts |

| Übung | Übungszweck | Besondere Anmerkungen zur Ausführung | Häufigste Fehler |
|---|---|---|---|
| Halbe Paraden | Aufmerksam machen, Vorbereiten, Verbesserung des Ganges, Versammlung | Kurzzeitiges Zusammenwirken aller Hilfen, wobei die treibenden Hilfen unbedingt überwiegen müssen | Nur Einwirkung am Zügel, Steckenbleiben in der Parade wegen fehlender nachgebender Zügelhilfen zum Schluß |
| Ganze Parade | Pferd zum Halten bringen, Versammlung | Ausschießlich Übergang zum Halten, Vorbereitung durch mehrere halbe Paraden nicht vergessen | Mangelnde Vorbereitung, zu viel Einwirkung mit der Hand |
| Halten | Gehorsam | Sicheres Stehen auf allen vier Beinen | Zu wenig Üben, infolgedessen Unruhe, unterschiedliche Belastung der Beine, schiefes Stehen, Unsicherheit durch Unruhe im Sitz |
| Vorhandwendung | Lösung, Gehorsam auf einseitige Hilfen | Hals am Widerrist feststellen, Flüssigkeit der Bewegung beachten | Vortreten, Herumeilen, Zögern (inneres Hinterbein tritt neben statt vor und über das äußere) |
| Rückwärtsrichten | Durchlässigkeit, Versammlung | Gedachte Einleitung nach vorn nicht vergessen | Ziehen, Eilen, Zögern |
| Kurzkehrtwendung, Hinterhandwendung | Versammlung | Einleiten nach vorn sowie Stellung und Biegung in die Bewegungsrichtung beachten | Falsche Stellung, Ausfallen der Hinterhand nach außen, Ausweichen des inneren Hinterfußes nach innen, Rückwärtstreten |

| | | | |
|---|---|---|---|
| Rechts- oder linksangaloppieren aus dem Schritt | Versammlung, Gehorsam | Vorbereitung durch Stellung nicht vergessen, unbedingt Vorhand vor die Hinterhand einrichten | Zu wenig nach vorn, Hinterhand kommt in die Bahn |
| Einfacher Galoppwechsel | Versammlung, Durchlässigkeit, Gehorsam | Nur wenige, aber klare Zwischenschritte | Ungenügende Vorbereitung der Parade, diese dadurch auf der Vorhand oder über Trabtritte; zu viel Zwischenschritte; unsicheres Angaloppieren infolge mangelnder Vorbereitung |
| Übergänge Arbeitstrab – Mitteltrab – versammelter Trab | Durchlässigkeit, Versammlung, Schwung | Oberstes Gebot: Takt beibehalten; Pferd darf sich nicht auf der Hand abstützen | Ungenügende Vorbereitung insbesondere bei der Rückführung zur Versammlung; Stekkenbleiben in der Parade |
| Übergang Arbeitsgalopp – Mittelgalopp – versammelter Galopp | Durchlässigkeit, Versammlung, Schwung | Unbedingt geradehalten, versammelten Galopp mit leichter Innenstellung reiten | Ungenügendes Treiben, vor allem beim Übergang zur Versammlung und infolgedessen Taktverlust |
| Volten im versammelten Trab und versammelten Galopp | Versammlung, Geraderichtung | Volte »nach vorn anlegen«; mit Gewicht, Schenkeln und Zügeln reiten | Zu steiles Abwenden, Volte daher nicht kreisrund; zuviel innerer Zügel, zu wenig Nachgeben am äußeren Zügel, fehlender äußerer Schenkel |

# 3. Grundausbildung im Springen und im Gelände

Die sichere, gefahrlose Beherrschung des Pferdes im Gelände, im Straßenverkehr einzeln und in Gemeinschaft mit anderen Pferden, ist das Ziel der Ausbildung, die jedes Pferd erhalten sollte.
Die Spezialisierung für den Gebrauch des Pferdes in einer oder mehreren Disziplinen des sportlichen Reitens oder Fahrens sollte sich nach der jeweiligen Eignung des Pferdes richten, setzt aber in jedem Falle eine fundierte Grundausbildung voraus.
Springübungen und das Reiten im Gelände sind feste Bestandteile der Ausbildungsgymnastik.
Der Ausbilder sollte schon von der Gewöhnungsphase an jede sich bietende Gelegenheit nutzen, das Gelände als Ort der Ausbildung zu wählen. In der Reitbahn oder auf dem umzäunten Reitplatz auftretende Spannungen und Schwierigkeiten können bei richtig gestellten Anforderungen und im geeigneten Gelände oft mit Leichtigkeit beseitigt werden.
Die Gewöhnung des Pferdes an Umwelterscheinungen, Hindernisse und Geländeformen incl. Wasser müssen mit der gymnastisch-dressurmäßigen Reitausbildung Hand in Hand gehen. Abgesehen von dem Gebrauchswert, den die sichere Beherrschung des Pferdes in jeder Situation bietet, trägt die Arbeit im Gelände auch zur Festigung der Gelenke, Sehnen und Bänder wesentlich bei.
Da die örtliche und zeitliche Möglichkeit zum Arbeiten im Gelände häufig nicht gegeben ist, bieten sich die Bodenrickarbeit und die Springgymnastik als Ausgleich bei der Arbeit in der Reitbahn oder auf dem Reitplatz an.

## 3.1. Bodenrickarbeit

Zweck der Bodenrickarbeit soll es zunächst nur einmal sein, die jungen Pferde mit Unebenheiten des Bodens vertraut zu machen, ihre Trittsicherheit zu fördern und sie dadurch zur Losgelassenheit zu bringen.
Einzeln in der Reitbahn verstreut liegende Stangen oder niedrig gestellte Bodenricks sind dazu das geeignete Mittel.
Regulierung des Taktes und Erweiterung des Raumgriffs der Tritte sind

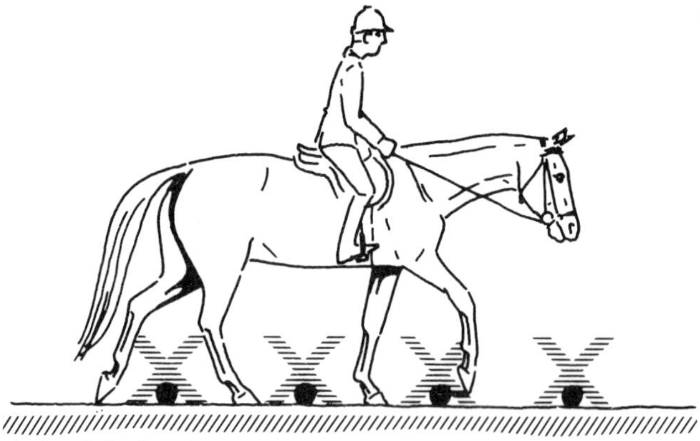

*Bodenrickarbeit im Schritt*

*Bodenrickarbeit im Trab*

weitere Ziele. Dazu werden zunächst zwei, drei und später bis zu sechs Bodenricks hintereinandergestellt. Die Zwischenräume richten sich nach der natürlichen Schritt- bzw. Tritt- oder Sprunglänge des Pferdes. Als Richtmaß können für den Schritt ca. 80 cm, für den Trab ca. 120cm und für den Galopp ca. 350 cm gerechnet werden. Zweckmäßig ist es, die Bodenricks dort in der Arbeitsbahn zu plazieren, wo sie von allen Seiten ohne Behinderung angeritten werden können. Sie dürfen jedoch die Arbeit auf dem Hufschlag nicht stören. Werden die Bodenricks auf einem Bogen aufgestellt, müssen sie zur Innenseite der Rundung enger, an der Außenseite weiter stehen. So entstehen Variationsmöglichkeiten in den Zwischenräumen. Weiterhin können an verschiedenen Stellen der Arbeitsbahn Reihen von Bodenricks mit verschiedenen Zwischenräumen aufgebaut werden, die ohne Verstellen die Arbeit im Schritt, im Trab und im Galopp ermöglichen.

Hat das junge Pferd gelernt, am langen Zügel in Dehnungshaltung ruhig über einzeln liegende Stangen zu treten, so kann die Arbeit über mehrere hintereinander liegende Stangen beginnen. Bei gleichbleibender Anlehnung muß der Reiter dem Pferd gestatten, den Hals nach vorwärts-ab-

wärts zu dehnen, indem er mit seinen Armen und Händen in Richtung zum Pferdemaul seitlich am Pferdehals vorgeht. Um bei eventuellen unvorhergesehenen Sprüngen das Pferd nicht im Maul zu belästigen, empfiehlt sich das Befestigen eines Riemens um den Pferdehals, in dem der Reiter dann Halt finden kann.
Besonders wichtig ist das Anreiten der Bodenricks im richtigen Grundtempo, damit das Pferd im richtigen Takt die Stangen übertreten kann. Auf keinen Fall darf der Reiter seine treibenden Hilfen vor den Bodenricks einstellen, sie andererseits aber auch nicht zu stark einsetzen. Mit den Zügeln kann das Tempo bis etwa zu einer Pferdelänge vor der ersten Stange reguliert werden, dann jedoch muß die Hand passiv bleiben und sich nur auf die Erhaltung der Anlehnung beschränken. Das völlige Aufgeben der Anlehnung ist falsch, da die Pferde hierbei leicht aus dem Takt kommen. Zu schnelles Tempo verführt die Pferde zum Hineinspringen in die Bodenrickreihe und kann neben einem Vertrauensschwund auch schwere Verletzungen zur Folge haben. Ebenso sollte der Ausbilder sich hüten, die Bodenricks zur Erzielung eines weiten Raumgriffes zu weit auseinanderzustellen, da hierbei Schäden an Fesselgelenk und Gleichbein entstehen können.
Besonders am Anfang der Bodenrickarbeit mit dem jungen Pferd muß der Reiter darauf achten, den Rücken nicht zu belasten. Die Steigbügel sollten zur Entlastung des gut ausbalancierten Entlastungssitzes daher entsprechend verkürzt werden. Nach dem Überreiten der Bodenricks ist die Anlehnung durch vermehrt einsetzende treibende Einwirkung wieder sicher herzustellen und die Arbeit in entsprechender Weise

*Bodenrickarbeit an der Longe*

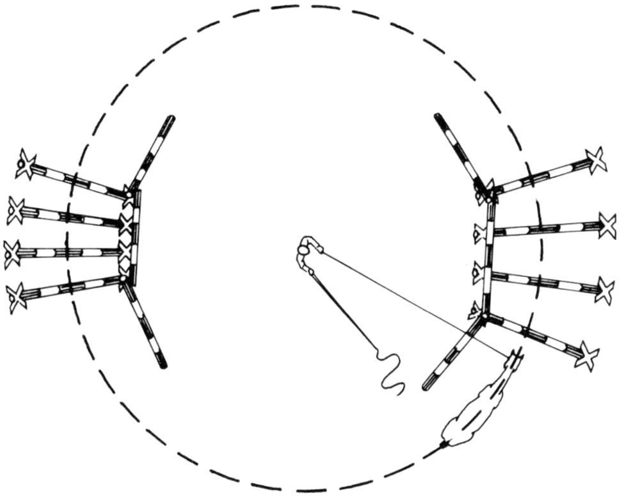

*im Schritt* *im Trab*

fortzuführen. Der Reiter sollte dann nicht vergessen, das Pferd durch die Stimme oder durch Abklopfen am Hals zu loben.
Wird die Bodenrickarbeit an der Longe durchgeführt, ist darauf zu achten, daß die Longe nicht an den Kreuzen verfängt. Die Longe darf niemals lose durchhängen, außerdem kann zur zusätzlichen Sicherung eine über die hintereinander stehenden Kreuze gelegte Stange dienen.
Die Bodenrickarbeit erfüllt am besten ihren Zweck, wenn sie immer wieder in die normale Ausbildungsarbeit einbezogen wird. Endloses »Üben« stumpft die Pferde ab, ermüdet sie, führt sehr leicht zu körperlichen Schäden und bringt die Ausbildung in keiner Weise voran.

### 3.2. Freispringen

In enger Verbindung mit der Arbeit über Bodenricks steht die Springausbildung des jungen Pferdes. Mit dem Springen unter dem Reiter sollte jedoch erst begonnen werden, wenn das Pferd auch bei der Arbeit über mehrere Bodenricks sicher an den Hilfen bleibt.
Als zusätzliche Vorbereitung für das Springen unter dem Reiter ist das *Freispringen* zu empfehlen. Es ist auch im weiteren Verlauf der Ausbildung ein gutes Mittel, Pferden, die durch falsche Einwirkung des Reiters oder schlecht aufgebaute Hindernisse verdorben wurden, wieder Vertrauen und Freude am Springen zu vermitteln.
Zur Durchführung des Freispringens ist eine Reithalle oder eine umzäunte Springbahn im Freien erforderlich. Die durchlaufende Abgrenzung (Fänge) beiderseits der Hindernisse muß so hoch sein, daß die Pferde diese nicht überspringen. Andererseits muß aber auch eine eventuell notwendig werdende treibende Einwirkung von außen möglich sein. Selbstverständlich muß durch Verschließen der Reitbahn- und Bandentüren sowie gegebenenfalls durch Verhängen der Reitbahnspiegel der Unfallgefahr vorgebeugt werden.
Beim erstmaligen Freispringen wird man als einziges Hindernis eine etwa 20 – 30 cm über dem Boden befindliche Stange mit vorgelegter Absprungerleichterung verwenden. Nach erfolgter Gewöhnung und im späteren Verlauf der Ausbildung werden mehrere verschiedenartige Hindernisse hintereinander aufgestellt.
Bis zu einer Höhe von ca. 70 – 80 cm können diese Hindernisse fest sein, darüber hinaus müssen die Hindernisteile abwerfbar sein. Die Art der Hindernisse und der Zwischendistanzen richtet sich nach dem Ausbildungszweck. Etwas weitere Zwischenräume und Hochweitsprünge (z. B. Tripple-Bare) veranlassen die Pferde dazu, sich fliegen zu

lassen und zu strecken. Engere Distanzen und Steilsprünge hingegen bewirken das Aufnehmen und Verkürzen des Galoppsprunges. Um ein flüssiges Springen zu erzielen, empfiehlt es sich, die Zwischenräume entsprechend der mehrfachen Weite des natürlichen Galoppsprunges des Pferdes zu wählen. Allgemein kann für einen Galoppsprung eine Entfernung von 320 – 360 cm gerechnet werden.
Bei den ersten Übungen im Freispringen kann das Pferd ungesattelt bleiben. Es muß mit Bandagen oder Gamaschen als ausreichendem Beinschutz versehen sein. Die Zügel werden um den Hals geschlungen und müssen absolut sicher befestigt sein.
Bei hinreichender Gewöhnung sollte auch mit Sattel gesprungen werden, um das Pferd an das Gefühl des Sattels im Sprung zu gewöhnen. Die Bügel werden dabei herausgeschnallt und die Sattelblätter durch einen Übergurt festgehalten. Letzteres geschieht, um das Pferd durch das Klappen der Blätter nicht zu beunruhigen.
Zum Freispringen braucht der Ausbilder wenigstens zwei Gehilfen, einen, der das Pferd anführt und einen zweiten, der es nach dem oder den Sprüngen wieder einfängt. Der Ausbilder selbst sorgt mit verständigem Gebrauch einer Peitsche für flüssiges Vorwärtsgehen des Pferdes, wobei ihn der Führende nicht stören darf. Zum Einfangen des Pferdes sollte man eine gefüllte Haferschwinge oder Mohrüben bereithalten, um dem Pferd auf diese Weise auch gleich eine Belohnung zuteil werden zu lassen.
Die für die Ausbildung dienlichste Art des Freispringens ist, die Pferde einzeln nacheinander zum Springen in die Bahn zu nehmen. Das Pferd kann sich dann durch freies Umherlaufen zunächst lösen und so die erforderliche Durchblutung des Bewegungsappartes erreichen. Sofortiges Springen ohne Vorbereitung ist zu vermeiden, da es dem angestrebten Ziel, Vertrauen, Sicherheit, Taxiervermögen und Freude am Springen zu vermitteln, entgegenwirkt.
**Wichtig ist, daß beim Freispringen weitmöglichst Ruhe herrscht. Lautes Rufen, Peitschenschwingen, wildes Umherjagen der Pferde zeugt von mangelndem Verständnis des verantwortlichen Ausbilders.**

### 3.3. Springgymnastik

Neben der dressurmäßigen Gymnastizierung bildet die *Springgymnastik* einen Hauptfaktor in der Ausbildung des Pferdes.
Der herausragende Effekt dieser Ausbildungart ist die Möglichkeit, die springmäßige Arbeit über kleinere, in ihren Variationen und Entfernungen wechselnde Sprungfolgen zu gestalten.

Bei der Springgymnastik sollen alle die Fähigkeiten angesprochen werden, die ein Pferd zur Überwindung von Sprüngen unter dem Reiter beherrschen muß, ohne dabei jedoch kräftemäßig überbeansprucht zu werden:

- die geschmeidige Hergabe des Rückens und Kräftigung seiner Muskulatur
- die Entwicklung der Schnellkraft
- die Schulung des Taxiervermögens
- die Entwicklung und Vervollkommnung der Springtechnik
- die Schulung des Reaktionsvermögens und die Steigerung des Selbstvertrauens.

Die Notwendigkeit der Erreichung dieser Ziele für den erfolgreichen Einsatz eines Pferdes zu jedem reiterlichen Gebrauch ist offensichtlich, und kein verantwortungsbewußter Ausbilder wird auch nur auf eins von ihnen verzichten wollen.

Die Auswahl an springgymnastischen Übungen ist überaus vielfältig, und ihr Aufbau wird sich stets nach den gewünschten Ergebnissen richten.

So wird z. B. die Tätigkeit der Rückenmuskulatur und ihre Kräftigung mit besonderem Erfolg beim Springen von Hindernissen gefördert, die freundlich und einladend hintereinander in passender, d. h. dem Galoppsprung des jeweiligen Pferdes angemessener Entfernung aufgebaut sind.

Hierbei ist auf die Gleichmäßigkeit des Galoppsprunges zwischen den Hindernissen großer Wert zu legen. Die Bestimmung des richtigen Grundtempos durch den Reiter ist von entscheidender Bedeutung. Dieses richtet sich nach der natürlichen Veranlagung des Pferdes, muß jedoch immer von treibenden Hilfen bestimmt und darf nur sekundär mit den verhaltenden Hilfen reguliert werden.

Ein kleiner Steil- oder Hochweitsprung, der ca. 5 m nach einigen in Trabentfernung (ca. 120 – 130 cm) aufgestellten Bodenricks aufgebaut ist, sorgt für die Entwicklung der Schnellkraft, sofern das Pferd aus ruhigem, schwungvollem Trabe mit vorwärts-abwärts gedehntem Halse, ohne zu eilen, energisch und entschlossen abspringt und sich über dem Sprung mit guter Rückenaufwölbung (Bascule) vertrauensvoll streckt. Den gleichen Effekt können Hindernisse, die ohne Galoppzwischensprung (In-and-Outs) überwunden werden, erzielen, da sie das Pferd veranlassen, sofort nach dem Landen wieder energisch abzuspringen.

Die Schulung des Taxiervermögens kann durch allmähliches Weglassen der Absprungerleichterungen erreicht werden. Die Schulung der Beintechnik und des Reaktionsvermögens wird durch Veränderung der Abstände zwischen den Sprüngen erzielt. Engere Abstände sollen das

»Sichaufnehmen« des Pferdes in Verbindung mit der nachdrücklichen Hebung der Voderhand bewirken, weitere Abstände das energische Verlängern des Galoppsprunges in Verbindung mit einem entschlossenen und sicheren Absprung zur Folge haben.
Das besonders wichtige Selbstvertrauen des Pferdes zur eigenen Schnell- und Leistungskraft sowie das vertrauensvolle Strecken und »Fliegenlassen« über dem Sprung wird durch das systematische Verbreitern aufeinanderfolgender niedriger Hochweitsprünge gefördert.
Werden die springgymnastischen Übungen auf gebogener Linie aufgebaut, fördern sie zusätzlich die Geschmeidigkeit und den Gehorsam des Pferdes in den Wendungen. Voraussetzung für den Erfolg der Arbeit ist, daß das Pferd in voller Ruhe und Konzentration seine Übungen verrichtet und von seinem Reiter durch geschmeidigen Sitz und gefühlvolle Einwirkung unterstützt wird. Außerdem muß weitere, in die Ausbildung eingebaute dressurmäßige Arbeit die Voraussetzung für gesteigerte Schwierigkeiten sichern.
Gesteigerte Schwierigkeiten werden immer wieder mit dem Aufbau neuartiger Distanzen auftreten. Es ist angebracht, die Pferde während der Periode der Springgymnastik deshalb rechtzeitig mit den verschiedensten Sprüngen in geringen Abmessungen vertraut zu machen.
**Auf jeden Fall aber muß angestrebt werden, die Springausbildung des jungen Pferdes ohne Herausforderung von Widerstand und ohne Kampf durchzuführen.**

### 3.4. Parcoursspringen

Aus dem Springen einzelner, leicht erhöhter Hindernisse und der Arbeit in der Springgymnastik wird sich die *Springtechnik im Parcours* entwickeln. Die Hauptaugenmerke liegen in diesem Teil der Ausbildung vor allem darin:
- die Ausdauer zu entwickeln, eine größere Folge von Hindernissen (Parcours) in zügigem Tempo (ca. 350 m/Min.) hintereinander zu springen,
- die in Gestaltung und Farbe verschiedenartigsten Hindernisse zügig und möglichst rationell fehlerlos zu überwinden und
- in leichtester Weise ohne Zeitverlust Richtungsänderungen vorzunehmen

Jeder Parcours sollte zur Überprüfung von Galoppiervermögen, Springvermögen und Rittigkeit dienen.
Zur Gewöhnung der Pferde an das Parcoursspringen werden zunächst kleine Parcoursausschnitte gesprungen. Die Höhe der Hindernisse bleibt

niedrig. Vor allem wird jetzt aber Wert darauf gelegt, daß das Pferd längere Strecken in einem gleichmäßigen Galopp bleibt. Es bedarf eines feinen Reitergefühls, das für das betreffende Pferd erforderliche Grundtempo zu erfühlen. Nur allmählich darf dazu übergegangen werden, auf kurzen Strecken einmal das Tempo zu forcieren.
Der Besuch von Turnieren und die Teilnahme an sorgfältig auf den jeweiligen Ausbildungsstand des Pferdes abgestimmten Prüfungen gewöhnt das junge Pferd an ungewöhnte Umgebung, Musik, Zuschauer und viele andere ablenkende Umstände. Es wird gleichzeitig einer Nerven- und Befähigungsprobe unterzogen und gibt so dem Ausbilder Hinweise für die weitere Arbeit zu Hause. Die Auswahl des richtigen Turnierplatzes und der für das Pferd passenden Prüfungen ist von entscheidender Wichtigkeit. Besonders bei den ersten Starts muß der Reiter seinem Pferd ausreichend Zeit lassen, sich mit den neuen Umständen vertraut zu machen.
Ruhiges und gewissenhaftes Vorbereiten auf dem Abreiteplatz ist Vorbedingung für einen guten Parcoursritt.
Hier sollen die Gelenke und Muskeln des Pferdes aufgewärmt und geschmeidig gemacht werden. Dazu dient die dressurmäßige Trabarbeit mit gelegentlichen kurzen Galoppreprisen. Nachdem das Pferd zur Losgelassenheit gebracht ist, werden einige Probesprünge in geringer Höhe gesprungen. Erst zum Ende der vorbereitenden Arbeit können einige der Höhe des geforderten Parcours entsprechende Hindernisse genommen werden. Der Reiter soll daran denken, daß die Arbeit auf dem Abreiteplatz nicht der »Ausbildung« des Pferdes dient, sondern der gezielten letzten Vorbereitung für den bevorstehenden Springparcours.
Während des Parcours muß der Reiter sich absolut auf die vor ihm liegende Aufgabe konzentrieren, die Augen sind stets auf den nächsten Sprung gerichtet. Auch wenn sein Pferd einmal einen Fehler macht, ist das nachträgliche Umsehen zwecklos und kann schon Grund für den Fehler am nächsten Hindernis sein. Grundsätzlich sollte der Reiter sein Pferd daran gewöhnen, die Springbahn ruhig und gelassen im Schritt zu betreten und zu verlassen.

### 3.5. Geländereiten

Die Ausführungen im Abschnitt I (Seite 129) beinhalten die wesentlichsten Hinweise für die Geländeausbildung für Reiter und Pferd, so daß hier, um Wiederholungen zu vermeiden, nur darauf zu verweisen ist.
Grundsätzlich sei jedoch gesagt, daß das häufige ruhige Reiten des

jungen Pferdes (eventuell in Begleitung älterer Pferde) im Gelände – bergauf, bergab, über Unebenheiten, durch kleine trockene Gräben, Wasserstellen usw. – die beste Vorbereitung für das spätere Überwinden der typischen Geländehindernisse ist. Das Pferd erhält somit Vertrauen und Sicherheit und lernt die Erhaltung des Gleichgewichts und die Beherrschung seiner Gliedmaßen.

## 4. Arbeit von Pferden mit Gebäude- und Temperamentsfehlern

Das Material der heute zur Verfügung stehenden Pferde ist dank einer seit Jahren sehr gezielt betriebenen Zucht so ausgeglichen und den Wünschen des Reiters so entgegenkommend, daß kaum noch Ausfälle durch körperliche oder charakterliche Mängel zu verzeichnen sind. Wo diese gelegentlich noch vorkommen sollten, muß der oberste Grundsatz neben dem hervorragenden Können des Reiters »Geduld« heißen.

Bei Pferden mit Gebäudefehlern ist es besonders wichtig, vor jeder Korrekturarbeit vollkommene Losgelassenheit zu erreichen. Arbeit an der Longe oder Freispringen und Reiten im Gelände sind dafür oft das geeignete Mittel.

Neben Mängeln an den Gliedmaßen, die durch reiterliche Arbeit nicht oder nur in sehr geringem Maße beeinflußbar sind, werden hauptsächlich Rücken- und Ganaschenmängel Probleme bei der Ausbildung bringen.

Der *zu lange Rücken* des Pferdes, besonders wenn er auch noch eine schwache Lendenpartie hat, erschwert das Herantreten der Hinterhand an die Schwerpunktlinie. Die Hinterhand wirkt in solchem Falle immer schleppend.

Mit solchen Pferden sollte über eine Gebrauchshaltung, wie sie z. B. zum Spazierenreiten im Gelände ausreicht, in der Arbeit nicht hinausgegangen werden.

Bei einem *zu kurzen Rücken* ist es immer schwer, die erwünschte Geschmeidigkeit zu erlangen. Der Reiter sitzt in der Regel hart und unangenehm, außerdem werden die Beine des Pferdes übermäßig strapaziert. Bei einem kurzen Pferd kommt es vor allem darauf an, es in einer möglichst gedehnten, jedoch nicht zu tiefen Halshaltung zu reiten und den Rücken – so gut es geht – zum Federn zu bringen. Bodenrickarbeit, Springgymnastik und Geländereiten sind die angebrachten Ausbildungsformen, die auf längere Sicht das Bestmögliche erreichen können.

Überragt das Kreuz des Pferdes den Widerrist, so spricht man von einem *überbauten Pferd*. Bei diesem Körpermangel liegt das Problem der Ausbildung ebenfalls in der Schwierigkeit des Versammelns. Es gelingt dem Reiter nur schwer, die Hinterbeine des Pferdes zu engagieren. Er hat immer das Gefühl des »Bergabreitens«. Auch hier hilft nur Geduld und langwierige Gymnastizierung der Hinterhandgelenke, um diese zu beugen. Leider sind überbaute Pferde fast immer mit langen und

stumpfgewinkelten Hinterbeinen versehen, die die Gymnastizierung und Beugung besonders erschweren.
Ein besonderes Problem geben dem Reiter Pferde mit *falsch bemuskeltem Hals* auf. Jedoch sind die Schwierigkeiten in der Regel durch eine zwar zeitaufwendige, aber konsequente Gymnastizierung und Umformung des Pferdes zu beseitigen. Zeitweilig kann auch dabei die korrekte Anwendung verschiedener Hilfszügel (Ausbindezügel/Schlaufzügel) guten Nutzen bringen.
Ist ein Pferd jedoch mit sehr engen Ganaschen versehen, darf der Reiter auf keinen Fall versuchen, die Genickbiegung zu erzwingen. Diese Pferde müssen so lange in einer Dehnungshaltung gearbeitet werden, bis eine möglichst günstige Lage der unteren Halsmuskeln erreicht wird.
Schwerer als Gebäudefehler sind *Temperamentsfehler* zu korrigieren.
Temperamentsfehler haben allerdings oft ihre Ursache in falscher Ausbildungsarbeit – oft schon in der Gewöhnungsphase – oder in Überforderungen im anfänglichen Einsatz im Leistungssport. Die Neigung zu Aufregung und Heftigkeit resultiert dann aus dem Gefühl der Angst und Unsicherheit.
Genaue Überprüfung der bisherigen Arbeit, Untersuchung und Abstellung der Gründe dürften den Fehler des Pferdes beheben helfen, wenn er nicht angeboren ist. Pferde mit angeborenen nachhaltigen Temperaments- oder Charakterschwierigkeiten sollten, wenn überhaupt, nur von sehr erfahrenen Reitern geritten werden.

# ANHANG

## LANDESVERBÄNDE DER REIT- UND FAHRVEREINE
(MIT PROVINZIALVERBÄNDEN)

1. **Landesverband der Reit- und Fahrvereine Baden-Württemberg e.V.**
   Geschäftstelle: Postfach 1280, 7000 Stuttgart 1, Tel. (0711) 292041
   1.1 **Reiterbund Nordbaden e.V.**
   Geschäftsstelle: Rethelstraße 19, 6800 Mannheim 25,
   Tel. (0621) 406142
   1.2 **Verband der Südbadischen Reit- und Fahrvereine e.V.**
   Geschäftsstelle: Hansjakobstraße 7, 7832 Kenzingen,
   Tel. (07644) 1324 (Fr. Treuner)
   1.3 **Verband der Reit- und Fahrvereine in Württemberg – Schwäbischer Reiterverein e.V.**
   Geschäftsstelle: Dornröschenweg 100, 7000 Stuttgart 80,
   Tel. (0711) 714191 (Fr. Mußler)
2. **Bayerischer Reit- und Fahrverein e.V.**
   Haydnstraße 11, 8000 München 2, Tel. (089) 537907
   2.1 **Verband der Reit- und Fahrvereine Franken e.V.**
   Brauhausstraße 16, 8800 Ansbach, Tel. (0981) 86222
   2.2 **Verband der Reit- u. Fahrvereine Niederbayern-Oberpfalz e.V.**
   Gestütsstraße 5a, 8300 Landshut, Tel. (0871) 21327
   2.3 **Verband der Reit- und Fahrvereine Oberbayern e.V.**
   Berg-am-Laim-Straße 38, 8000 München 80, Tel. (089) 494721
   2.4 **Verband der Reit- und Fahrvereine Schwaben e.V.**
   Bismarckstraße 57, 8901 Stadtbergen, Tel. (0821) 523027
3. **Landesverband der Reit- und Fahrvereine Berlin e.V.**
   gleichzeitig Geschäftsstelle für die persönlichen Mitglieder der FN in Berlin
   Stadionallee – Reiterstadion, 1000 Berlin 19, Tel. (030) 3053603
4. **Bremer Reitverband e.V.**
   Ellhorner Straße 20, 2800 Bremen 1, Tel. (0421) 310804/5/6
5. **Landesverband der Reit- und Fahrvereine Hamburg e.V.**
   Alsterarkaden 10, 2000 Hamburg 36, Tel. (040) 366606
6. **Hessischer Reit- und Fahrverband e.V. – im Landessportbund Hessen –**
   Geschäftsstelle: Goethestraße 55, 6100 Darmstadt, Tel. (06151) 84277
   6.1 **Verband der Reit- und Fahrvereine Hessen-Nassau**
   Geschäftsstelle: Goethestraße 55, 6100 Darmstadt,
   Tel. (06151) 84277

6.2 **Verband der Reit- und Fahrvereine Kurhessen-Waldeck**
Geschäftsstelle: Auf der Heide 4, 3501 Fuldatal-Rothwesten,
Tel. (05607) 7028

7. **Niedersächsischer Reiterverband e.V.**
Geschäftsstelle: Johannssenstraße 10, 3000 Hannover,
Tel. (0511) 325768

7.1 **Reiterverband Hannover-Bremen e.V.**
Geschäftsstelle: Johannssenstraße 10, 3000 Hannover,
Tel. (0511) 325768

7.2 **Verband der Reit- und Fahrvereine Weser-Ems e.V.**
Geschäftsstelle: Metzer Straße 29, 2900 Oldenburg,
Tel. (0441) 801464

8. **Verband der Reit- und Fahrvereine Nordrhein-Westfalen**
Endenicher Allee 60, 5300 Bonn 1, Tel. (02221) 7031

8.1 **Verband der Reit- und Fahrvereine Rheinland e.V.**
Endenicher Allee 60, 5300 Bonn 1, Tel. (02221) 7031

8.2 **Provinzialverband westfälischer Reit- und Fahrvereine e.V.**
Geschäftsstelle: Engelstraße 52, Postfach 6525, 4400 Münster,
Tel. (0251) 58066 oder 43581

9. **Landesverband der Reit- und Fahrvereine Rheinland-Pfalz**
Geschäftsstelle: Planigerstraße 36a, 6550 Bad Kreuznach,
Tel. (0671) 62810

9.1 **Verband der Reit- und Fahrvereine Rheinland-Nassau**
Geschäftsstelle: Aubachstraße 71–75, 5450 Neuwied 13,
Tel. (02631) 53061

9.2 **Verband Pfälzischer Reit- und Fahrvereine**
Geschäftsstelle: Ludwigshain 7, 6714 Weisenheim/Sd,
Tel. (06353) 369

9.3 **Verband der Reit- und Fahrvereine Rheinhessen**
Geschäftsstelle: Johanniterstraße 25, 6520 Worms,
Tel. (06241) 88766

10. **Landesverband saarländischer Reit- und Fahrvereine**
Geschäftsstelle: Am Ordensgut 66, 6600 Saarbrücken 1,
Tel. (0681) 51530

11. **Landesverband der Reit- und Fahrvereine Schleswig-Holstein e.V.**
Geschäftsstelle: Eutiner Straße 27, 2360 Bad Segeberg,
Tel. (04551) 2766